匠艺

壹

国网工匠技法

国家电网有限公司工匠技法

国家电网有限公司 编

中国电力出版社
CHINA ELECTRIC POWER PRESS

图书在版编目（CIP）数据

匠艺 : 国家电网有限公司工匠技法. 1 / 国家电网有限公司编. — 北京 : 中国电力出版社，2023.8（2025.3 重印）

ISBN 978-7-5198-8090-3

Ⅰ. ①匠… Ⅱ. ①国… Ⅲ. ①电力工业－先进工作者－先进事迹－中国 Ⅳ. ①K826.16

中国国家版本馆 CIP 数据核字（2023）第 157766 号

出版发行：中国电力出版社
地　　址：北京市东城区北京站西街 19 号（邮政编码 100005）
网　　址：http://www.cepp.sgcc.com.cn
责任编辑：刘红强　胡堂亮（010-63412520）
责任校对：黄　蓓　马　宁
责任印制：钱兴根

印　　刷：北京九天鸿程印刷有限责任公司
版　　次：2023 年 8 月第一版
印　　次：2025 年 3 月北京第五次印刷
开　　本：710 毫米 ×1000 毫米　16 开本
印　　张：39.5
字　　数：469 千字
定　　价：150.00 元（全 2 册）

前 言

PREFACE

2023 年 7 月 6 日，习近平总书记赴南瑞集团考察调研并作出重要指示、提出殷切期望，强调加快推动关键技术、核心产品迭代升级和新技术智慧赋能，提高国家能源安全和保障能力，勉励员工以十年磨一剑的韧劲，以“一辈子办成一件事”的执着，成就有价值的人生。党的二十大报告指出，“努力培养造就更多大师、战略科学家、一流科技领军人才和创新团队、青年科技人才、卓越工程师、大国工匠、高技能人才。”国家电网有限公司党组认真贯彻落实习近平总书记重要指示精神和党的二十大精神，深入实施高端人才引领、电力工匠塑造、青年人才托举“三大工程”，着力打造高素质职工队伍。国家电网有限公司工会落实公司党组决策部署，坚持以职工为中心，实施电力工匠塑造工程，将在“十四五”期间评选 5000 名电力工匠，为职工搭建成长成才、建功立业的平台，带动引领更多职工走技能报国之路。在推进“一体四翼”高质量发展的劳动创造中，有 3 名职工获评“大国工匠”荣誉称号，90 名职工获评“国网工匠”荣誉称号，311 名职工获评省部级工匠荣誉称号。

功以才成、业由才广。电力工匠的成长道路，是一丝不苟、精益求精的奋斗历程，是化茧成蝶、自我突破的成长蜕变，彰显了“执着专注、精益求精、一丝不苟、追求卓越”的工匠精神。为交流、传承工匠经验技能，努力培养造就更多电力工匠、高技能人才，营造人人皆可成才、人人尽展其才的良好局面，推动工匠身边再出工匠，国家电网有限公司工会组织编写了《匠艺——国家电网有限公司工匠技法》。

事非经过不知难，成如容易却艰辛。《匠艺——国家电网有限公司工匠技法》收录了大国工匠和国网工匠的135项技法，这些工匠“把每一项工作都做到极致”，撰写了“独门绝技”，配以专家点评，突出其“能”和“巧”。这些技法涉及运维检修、供电服务、信息通信、电力调度、产业发展、科学研究、新兴产业等专业，这既是对业务工作的总结提炼，也是对工作体会体悟的实践案例，实现“看着就能学、拿来就能用、照着就能做”。

在工匠技法审核中，国网设备部、营销部、科技部、数字化部、基建部、产业部、国调中心、特高压部、水新部给予了大力支持，立足专业提出评价意见，帮助工匠提炼的技法更具专业性、实用性、推广性，在此一并表示诚挚的感谢！

笃行致远，惟实励新。让我们牢记初心使命，在公司发展新征程中以精益求精专业专注的钻劲、敢为人先创新创造的闯劲、脚踏实地坚守奉献的干劲，让“劳动最光荣、劳动最崇高、劳动最伟大、劳动最美丽”在公司系统蔚然成风，坚定不移走中国式现代化电力发展之路，走“一体四翼”高质量发展之路，为以中国式现代化全面推进中华民族伟大复兴贡献国网力量。

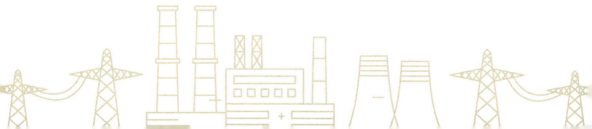

国家电网有限公司工会

2023年7月

目 录

CONTENTS

国网工匠2016

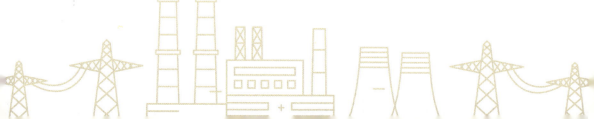

国网工匠2018

国网工匠2019

王进

WANG JIN

你感觉不到我的存在，
那是因为我一直都在。

王进，中共党员，国网山东省电力公司超高压公司输电检修中心输电带电作业班副班长，高级技师，党的十九大代表。他扎根特超高压带电作业生产一线 25 年，完成了世界首次 ±660kV 直流输电线路带电作业，牵头研发的“±660 千伏直流架空输电线路带电作业技术和工器具创新及应用”成果荣获国家科技进步二等奖。获评全国劳动模范、2018 年大国工匠年度人物、全国五一劳动奖章、全国青年岗位能手标兵、中国青年五四奖章、国家电网有限公司特等劳动模范等荣誉称号。

特超高压输电线路等电位带电作业进出电场“三个一”工作法

工作法简介

针对特超高压输电线路等电位带电作业中，进出电场环节安全风险较高，对人的心理与体能考验极大等问题，王进通过多年实践经验，总结探索出“一定神、一眼准、一招稳”的“三个一”工作法，将进出电场关键环节前期准备与操作过程高度概括，大大提升特超高压输电线路等电位带电作业的安全性和效率。

工作法背景

特超高压带电作业作为一种不停电开展作业的方式，可有效保障特超高压输电线路的安全稳定运行。特超高压输电线路带电作业中，进出电场是整个作业过程中最危险的一个环节，为进一步提升特超高压输电线路等电位带电作业的安全性和效率，提高作业人员心理素质，减少作业风险。王进结合自己的工作经验，总结归纳出特超高压输电线路等电位带电作业进出电场“三个一”工作法。

工作法应用

1.一定神，进出电场前稳定心神

工作开始前，电晕放电声会影响作业人员的心态，引起紧张感，增加体能的消耗。在上塔或登软梯前，需要保证等电位作业人员心率控制在 80 次 / 分左右，不得超过 100 次 / 分。对安全技术交底内容以及危险点再次进行明确，确保心中有数。作业人员在逐渐接近特超高压输电线路过程中，电晕放电声逐渐增大，此时对作业人员影响更大，在距离导线 2 米左右时，向工作负责人汇报准备等电位情况，通过双方沟通互动，为作业人员提供“定心丸”，消除恐惧感。

进出电场前稳定心神

2.一眼准，确定进出电场准确位置

进出电场前，快速找到一个参照物，准确把握安全距离。参照物的选择与塔形相关，如耐张塔以均压屏蔽环为参照、直线塔以跳线或导线为参照。通过选定参照物，确保特超高压带电作业转移电位过程安全距离符合要求。

3.一把稳，迅速进电场可靠等电位

进出电场瞬间，动作干净麻利，操作时迅速找到最佳姿态，既安全又省劲还省时地进行作业。在接近满足转移电位距离（距导线 40~50 厘米）时，作业人员应沉肩坠肘，手部放松，提前做好等电位准备；当满足转移电位距离时，作业人员应快速出击、迅速出手抓牢导线或通过电位转移棒实现电位转移，避免因未与导线可靠接触而引发的反复放电问题。

迅速进电场可靠等电位

专家点评

“三个一”工作法让带电进出电场工作化繁为简，流程更加有序，作业更加规范。本工作法实用、易操作，不仅适用于特、超高压输电线路，也适用于 110~220 千伏线路，可以全省推广培训，助力带电作业核心班组建设。

"无人机+"带电作业等电位五步工作法

工作法简介

王进总结带电作业工作经验，充分发挥无人机的飞行挂载能力，带领团队总结出以无人机+导线挂架+电动升降装置为主要手段的等电位作业等电位工作法，主要包括"确认挂点""调试装备""搭设通道""电动升降""进出电场"等五个步骤，保证带电作业工作安全性的同时，大大提高工作效率。

工作法背景

输电线路带电作业是消除设备缺陷的重要手段，能够在最大程度上保证输电线路稳定运行、持续可靠供电的同时，第一时间将设备隐患或缺陷消除，有极大的经济效益和社会效益。但是，等电位带电作业时，工作人员需要在高空强电场中作业，劳动强度大、危险系数高。目前，常规的等电位进电场方式有三种："软梯法""吊篮法""跨二短三法"，都需要复杂的安全措施布置和作业人员超强的体能保证。王进团队创新使用无人机+导线挂架+电动升降装置辅助开展带电作业，作业人员无需登塔，利用无人机将导线挂架固定在导线上，打通进出电场通道，等电位作业人员借助电动升降装置，直接从地面直升至等电位电场，由传统的“人力攀登、塔上辅助”模式转变为“一键升降、地面直达”模式，作业时间从小时级提升至分钟级，效率提升4倍，极大提升了作业效率和安全性。

工作法应用

1.确认挂点：选择最佳挂设位置

该等电位进电场作业方式需要构建导线和地面的传输通道，结合消缺作业点的位置和地面的实际情况，提前开展现场勘察，查看挂设点下面及邻近区域有无带电线路、构筑物、树木、水塘等影响作业的因素，确保导线挂架挂设位置的合理性。

工作负责人确认导线挂架挂点

2.调试装备：确保装备状态良好

调试无人机，确认性能良好；检查自动脱绳器的灵活性、稳定性；检查导线挂架开闭灵活；检查电动升降装置上下传动顺畅。配合人员用闭合扣将导线挂架与高强度传递绳连接牢固，将伞形挂钩与自动脱绳器连接牢固。

3.搭设通道：构建上下传送通道

无人机操作手遥控无人机垂直起飞，飞至导线挂点预设位置，一键脱扣，瞬间固定。配合人员利用望远镜辅助观测，确保导线挂架牢固挂于导线上。挂设完成后，无人机下降，将绝缘后备保护绳以同样方式挂设于另一根子导线上。构建完成传递绳和后备保护绳的上下传送通道。

操控无人机搭设电动升降通道
及后备保护通道

4.电动升降：实现人员自动传送

配合人员再次检查确认导线挂架和绝缘绳索安装牢固，将电动升降装置安装在绝缘柔性导轨绳上，将攀登自锁器安装在绝缘后备保护绳上。等电位人员与地面人员配合将电动升降装置、攀登自锁器分别与安全带可靠连接，确认连接可靠、冲击检查合格后，汇报工作负责人。得到工作负责人许可后，等电位人员将软梯头挂在安全带挂环上，操作电动升降装置自动爬升至指定位置。

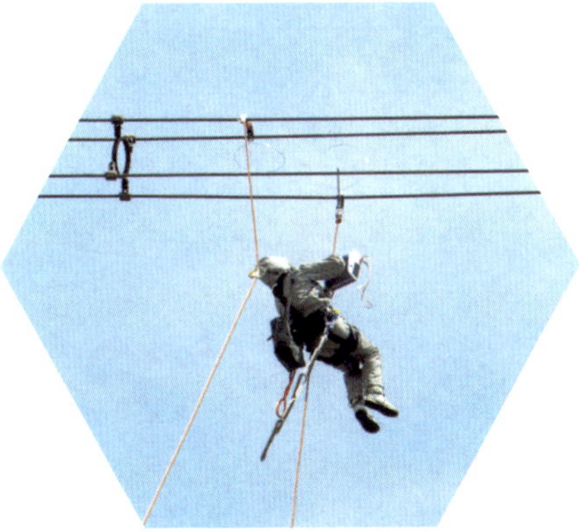

等电位人员乘电动升降装置
从地面起升

5.进出电场：保证安全转移电位

等电位作业人员操控电动升降装置爬升至导线下方合适位置，申请电位转移，进行上线操作。将走线用短腰绳与子导线可靠连接，将软梯头牢固挂设于子导线。登上软梯头后，解除攀登自锁器与安全带的连接，并将其牢固固定于软梯头上，解开电动升降装置与安全带的连接。等电位人员沿软梯头登上导线，扎好走线用长腰绳，走线至指定位置，开展等电位带电作业任务。

等电位人员利用电动升降装置进出电场

专家点评

“无人机+”带电作业等电位五步工作法拓展了无人机作业范围，减少了安全风险，降低了劳动强度，提升了作业效率，是传统电网运检模式向智能化转型的典型实践。

黄金娟

HUANG JINJUAN

人之所以能，

是相信能。

黄金娟，中共党员，国网浙江省电力有限公司营销服务中心正高级工程师、高级技师，首席技能专家。她扎根电力计量检定生产一线35年，牵头研发大规模自动化计量检定系统，实现了电能表检定从人工向智能化作业的跨越式发展，获评全国“最美职工”、全国五一劳动奖章、国家电网有限公司特等劳动模范等荣誉称号。

智能化电能表快速计量检定工作法

工作法简介

针对实现无人工干预的智能化检定工作法中多端子快速接拆、人工穿线封印、多维度移载等环节缺乏相应的技术与设备支撑的问题，黄金娟在实践中经过不断钻研、反复试验，提炼传统人工作业的 11 道工序，发明同步接拆、新型封印、智能移载核心技术，研发电能表检定节拍测算工具与质量溯源方法，创建了智能化电能表快速计量检定工作法，使检定效率得到了极大提升，检定可靠性达 100%。

工作法背景

传统电能表检定模式依靠人工完成挂表、接拆线、加封等 11 道工序，效率受到极大制约。随着电能表用表需求快速增长，资源的投入产出以及供需矛盾日益突出。此外，人员在检定过程中带电作业，存在安全隐患；直观检查和通电检查环节需人工识别判定，易引入人为误差，影响检定质量。因此智能化电能表快速计量检定工作法的出现使电能表检定工作更加高效、安全和可靠。

工作法应用

1.智能化基本检定单元的设计

针对传统检定作业中由人工完成的上料、移载、接拆线、身份识别、工频耐压试验、直观检查与通电检查、插卡验证、准确度检定与多功能试验、封印、贴标、下料 11 道检定工序逐个攻关，成功设计了 11 个自动化功能模块。

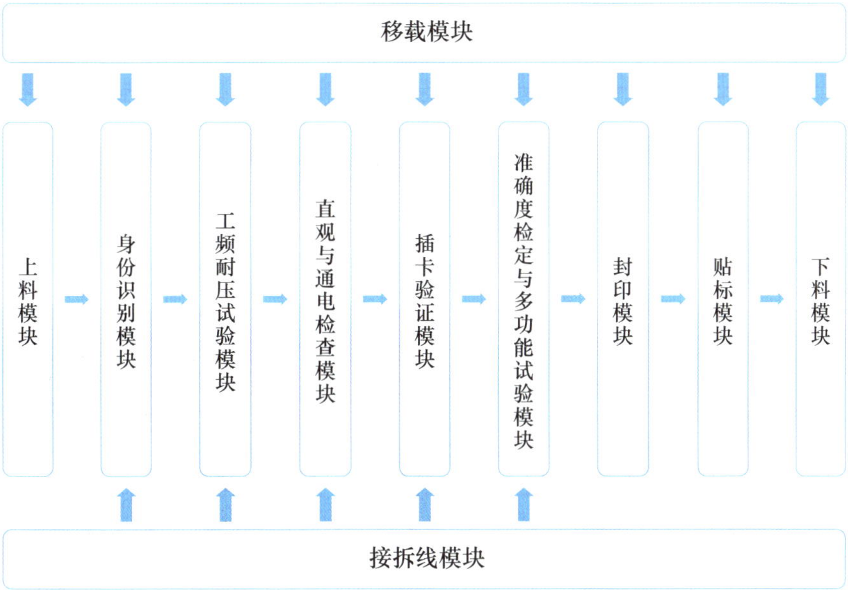

智能化检定单元功能模块

2.同步接拆、新型封印、智能移载技术的发明应用

同步接拆。使用接触力可调的自动化接拆装置。装置由多曲面接线柱、自保护装置和动力机构组成。多曲面接线柱与电能表接线螺钉及端子内壁恰好咬合；自保护装置实时监测温升，自动报警并将电流回路短

接隔离；动力机构分别给强电和弱点端子施加 60 ± 2 牛和 10 ± 1 牛的安全受力。

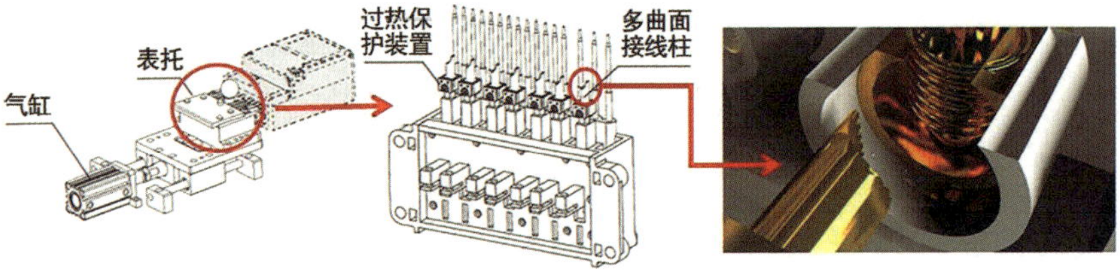

同步接拆

新型封印。使用嵌入式新型封印，通过垂直按压嵌入表盖螺钉孔，内部倒勾角紧紧抱扣住螺钉帽，止逆防撬。在打标环节，利用激光技术将加封人员、时间、表计资产号等信息以二维码形式刻录于封盖与表体骑缝面。

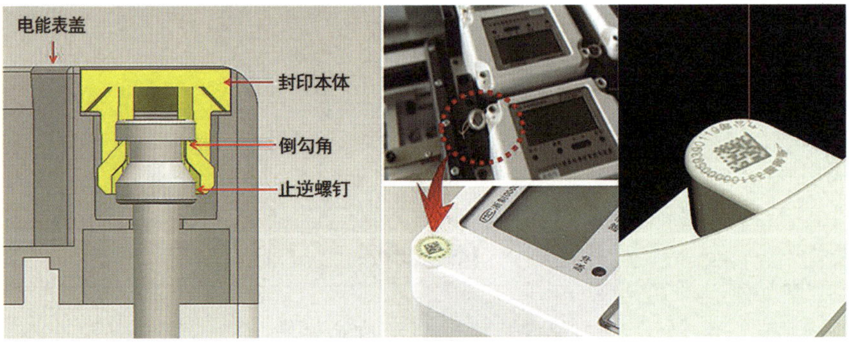

新型封印

智能移载。使用海绵吸盘式吸抓两用机械手进行周转箱和电能表的交叉上下料；使用导电板、绝缘板与底板三层拼叠结构的高压工装板作为电能表移载定位和耐压试验的双重载体。

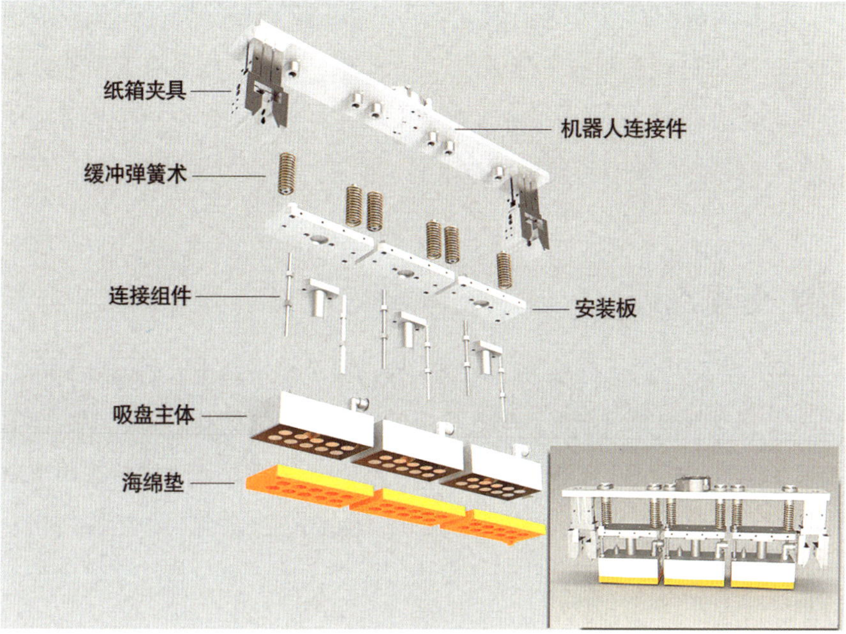

智能移载

3.节拍测算与质量溯源

节拍测算。根据检定作业工序和各模块作业耗时进行节拍测算，确定各功能模块、基本检定单元、输送线的合理配置方案。测算公式如下：

$$\frac{m_1n_1}{t_1}=\frac{m_2n_2}{t_2}=\cdots\frac{m_xn_x}{t_x} \qquad \frac{n_{tr}}{t_{tr}}=k\frac{n_{bu}}{t_{bu}}$$

式中，m_1~m_x 为单批次检定数量，n_1~n_x 为各模块配置数量，t_1~t_x 为各模块单批次检定耗时；n_{tr}、n_{bu} 分别为仓储输送线单批次输送数量、基本检定单元单批次检定数量，t_{tr}、t_{bu} 分别为仓储输送线单批次输送耗时、基本检定单元单批次检定耗时，k 为基本检定单元配置数量。

质量溯源。在检定身份识别环节，通过自动扫描电能表条码实现被检表计与对应工装板信息绑定。后续各环节的电能表检定信息自动写入工装板 RFID 电子标签中，并利用检定系统软件实时上传至可视化监控平台，实现全过程质量监控。

专家点评

电能表是电力贸易结算的计量仪表，其准确性直接关系百姓家庭支出、企业成本核算，电量数据直接反映国民经济发展状态。在智能化电能表快速计量检定工作法出现前，人工作业无法满足快速增长的检定需求一直是计量检定工作的痛点。智能化电能表快速计量检定工作法的出现极大地提高了电能表的检定效率，消除了人为误差，提升了操作安全性，降低了人力成本。

基于电能表自动化检定下的RFID质量溯源工作法

工作法简介

针对电能表自动化检定过程中无人工作业的情况，黄金娟通过不断研究实践，创建了基于电能表自动化检定下的 RFID（射频识别技术）质量溯源工作法，通过电能表条码和 RFID 相结合的方式对电能表进行实时状态检测。

工作法背景

电能表自动化检定开始代替传统人工作业，全过程无人工干预，批量电能表在自动化检定系统中流转时的质量溯源实现方式会对电能表的检定产生重大影响。因此，基于电能表自动化检定下的 RFID 质量溯源工作法的出现实现了检定全过程质量可靠溯源。

工作法应用

1.工装板内置RFID

使用工装板作为电能表在自动化检定系统中的流转载体，内置红外挡停机构和 RFID 电子标签，用于电能表在检定各环节精准定位和快速身份识别。

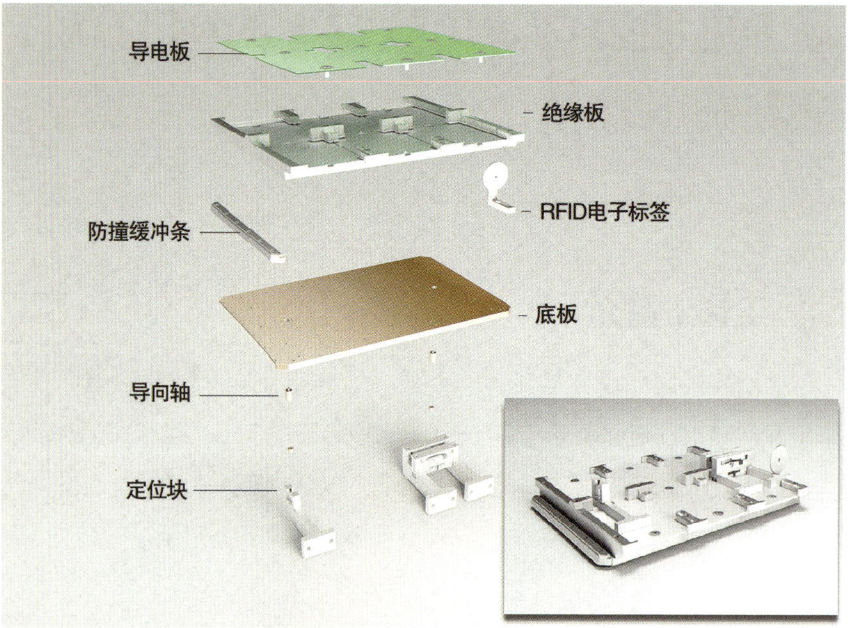

工装板

2.信息绑定

在检定身份识别环节，通过自动扫描电能表条码实现被检表计与对应工装板信息绑定。后续各环节的电能表检定信息自动写入工装板RFID电子标签中，并利用检定系统软件实时上传至可视化监控平台，实现全过程质量监控。

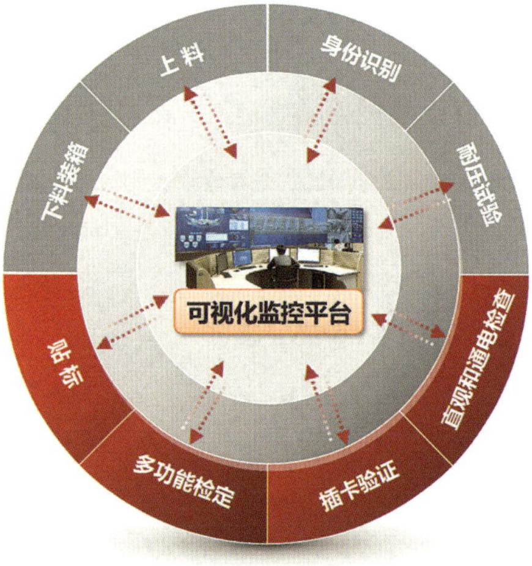

RFID全过程溯源示意

3.溯源纠错

当发生故障异常时，第一时间定位电能表身份信息和检定环节参数信息，实现溯源纠错，保障检定结果准确可靠。

4.数据分析与质量提升

通过质量溯源的数据进行系统分析，全方位掌握批量电能表的计量性能和误差分布曲线，针对性地提出电能表工艺改进建议，提升电能表整体质量水平。

专家点评

电能表质量溯源对于保证电能表的质量可靠性、计量的准确性和安全性都具有重要的意义，基于电能表自动化检定下的 RFID 质量溯源工作法结合电能表的自动化检定，实现了全过程的智能控制、远程跟踪和溯源纠错，为电能表的全寿命质量管控提供了技术支撑。

冯新岩

FENG XINYAN

我们是离工作现场最近的人，必须先行一步，解决问题。

冯新岩，中共党员，国网山东省电力公司超高压公司变电检修中心电气试验班副班长，高级技师、高级工程师，国家电网有限公司首席专家，党的二十大代表。他从事特超高压电气试验生产一线工作23年，成功总结出一整套的特高压变压器局部放电带电检测干扰排除及信号源定位技术，将变压器局部放电带电检测的准确率从不足50%提升至100%。获评2022年大国工匠年度人物、全国五一劳动奖章、山东省劳动模范、山东省优秀共产党员、全国电力行业技术能手、国家电网有限公司特等劳动模范等荣誉称号。

GIS特高频局部放电检测六步工作法

工作法简介

针对 GIS（气体绝缘金属封闭开关）设备局部放电检测问题，冯新岩在长期 GIS 带电检测工作中，总结出了以特高频法为主的 GIS 局部放电检测工作法，主要包括“找测点”“测背景”“看图谱”“排干扰”“做定位”和“查图纸”六个步骤，将特高频局部放电检测方法结合现场实际优化改进，保证 GIS 局部放电定位工作准确性的同时大大提高工作效率。

工作法背景

GIS 设备被广泛应用于 110 千伏及以上电压等级电网中，如果 GIS 带电运行中出现局部放电问题，将会导致设备故障，影响电力系统的正常运行，所以 GIS 局部放电带电检测必然成为带电检测中的重要项目。特高频法局部放电检测是目前 GIS 设备最有效的局部放电检测手段，与其他局部放电检测手段相比，特高频法具有灵敏度高、定位方便的优点，放电源的精确定位可以极大地方便查找放电缺陷部位及部位，提高检修工作效率。因此，在现场带电检测工作中有一套行之有效的 GIS 特高频局部放电检测方法，对提高带电检测效率及准确性有极大的改善。

工作法应用

1.找测点，选择最佳检测位置

特高频的电磁波由于自身的局限性，很难穿透金属物，而且 GIS 设备本身结构都会对电磁波的传播产生一定的影响，因此首先查看 GIS 有无内置式特高频传感器、盆式绝缘子有无金属屏蔽、金属屏蔽有无浇注口等，依次按照内置传感器、盆式绝缘子、接地开关外露绝缘件、隔离开关观察窗的优先级顺序选择检测点。

特高频传感器放置位置

2.测背景，记录环境背景噪声

连接好特高频传感器、信号放大器、检测仪器等各部件后，将传感器放置到空气中，测量并记录周围环境背景噪声。

3.看图谱，辨别是否存在放电

将特高频传感器布置到 GIS 测点上，借助示波器或其他局部放电检测仪器查看信号图谱，对比检测信号的 PRPS 图谱或 PRPD 图谱与典型放电图谱是否相似，进而判断是否存在放电信号并确定其放电类型。

4.排干扰，去除干扰信号影响

如检测到具有放电特征的信号，可采用背景比较法、屏蔽法、滤波法及时差法等方法判断是不是干扰。

5.做定位，寻找放电来源位置

确定设备内部存在放电后，可采用幅值法、特高频时差法、声电联合法进行定位。当存在超声波信号时，应优先采用声电联合法定位，即利用特高频信号作为触发源，寻找声电关联信号，依据声电信号时差精准确定信号源位置。

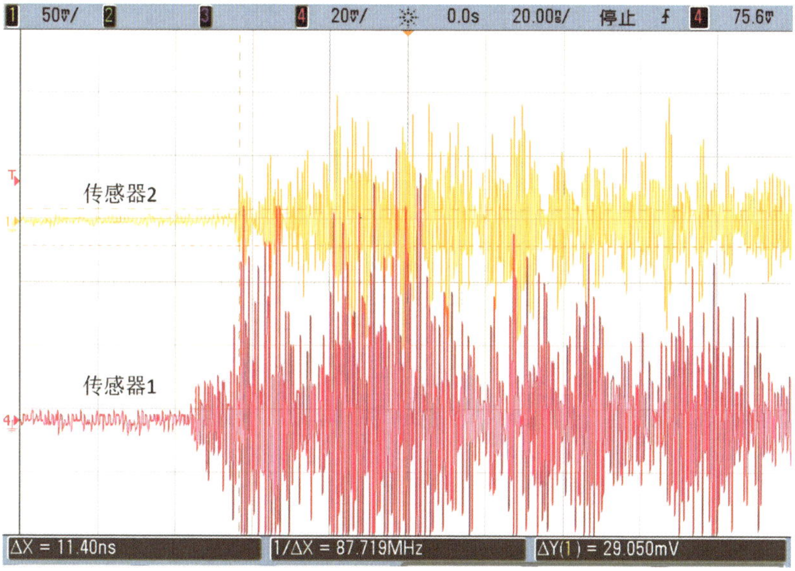

定位波形

6.查图纸，查找放电源实际部件

查看设备结构图，结合放电类型、定位结果对设备放电部件及危害程度进一步做出分析判断。

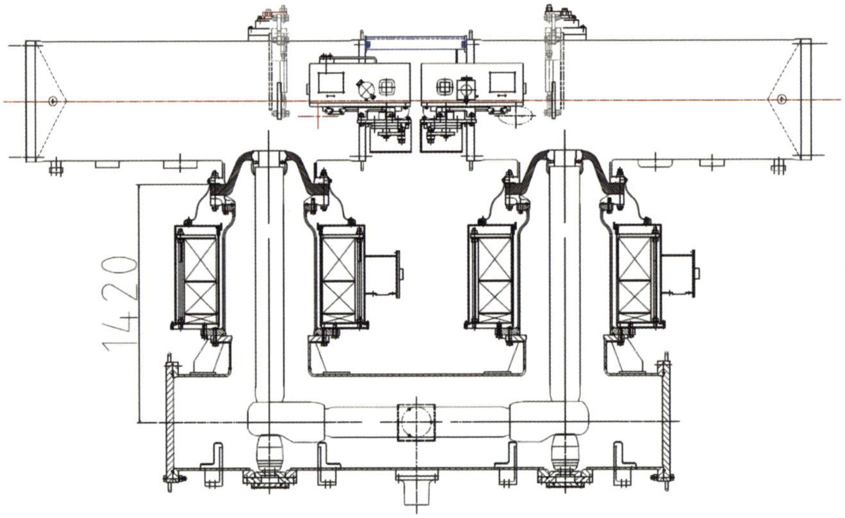

GIS结构

专家点评

GIS 特高频局部放电检测六步工作法，优化了特高频局部放电检测方法的步骤和流程，解决了 GIS 特高频局部放电检测的 3 大难题，有利于现场 GIS 特高频局部放电检测的标准化实施，提升工作质效。

多传感融合的变压器局部放电定位四步工作法

工作法简介

针对变压器内部局部放电信号定位问题，冯新岩在长期带电检测工作中，总结提炼出一套实用高效的变压器局部放电定位工作法，主要包括“查测点”“粗定位”“细定位”和“查图纸”四个步骤，融合特高频、高频、超声波三种检测手段进行分析研判，实现快速、精准定位变压器内部局部放电源位置。

工作法背景

局部放电是导致变压器运行中出现快速发展型故障的最主要原因，加强运行中的变压器局部放电带电检测对排查变压器运行隐患具有重要意义。确定变压器存在局部放电后，还需精准定位放电源位置，为进一步确定放电性质提供支撑，并可极大地方便停电后查找缺陷部位。传统的超声波法定位效率低，成功率低，多传感融合的定位法可有效提升定位效率。

工作法应用

1.查测点，寻找特高频检测位置

特高频的电磁波无法穿透金属物，因此变压器特高频局部放电检测需使用内置式特高频传感器。如无内置式特高频传感器，则可采用高频与特高频融合法，在变压器油箱缝隙、法兰对接面等部位查找有无内部放电产生的特高频信号，确定检测点。

在法兰缝隙检测特高频信号

2.粗定位，判断放电源大致部位

变压器器身如果有多个部位可以测到特高频信号，则可利用这些特高频信号进行大致定位。定位方法有平分面法、到达时间差法等。其中平分面法适用于上下油箱对接面可传出特高频电磁波的情况。到达时间差法适用于 4 个以上检测点可测到特高频电磁波的情况。当检测点为 2 个或 3 个时，可用特高频法确定大致部位。当周围空气中有特高频干扰信号时，可将特高频与高频信号关联分析，减少干扰信号的影响。

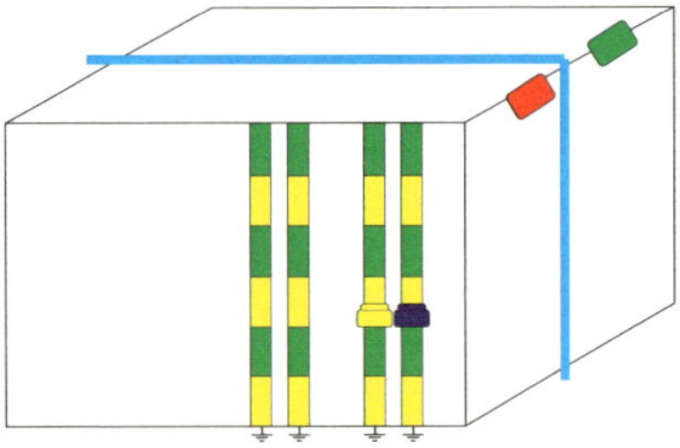

利用特高频信号定位

3.细定位，精准判断放电源位置

对高频或特高频信号以及声信号同时进行检测，并将电信号作为触发源，寻找声电关联信号，依据声电信号时差精准确定信号源位置。

声电联合精准定位

4.查图纸，查找放电源实际部件

查看设备结构图纸，结合放电源所在部位、放电类型进一步确定放电的部件，评估放电危险程度，还可为停电检修工作提供准确位置信息，减少拆装工作量，提高检修效率。

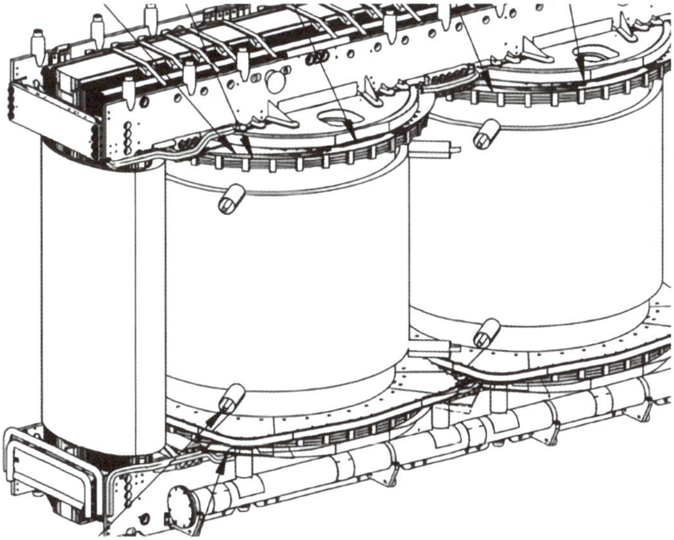

查阅对应部位结构

专家点评

在传统超声波检测和高频检测的基础上创造性引入特高频检测方法，3 种方法的有机结合与交叉验证，能够迅速排除干扰信号、精准定位局部放电源，极大降低了变压器局部放电检测难度。

张文新

ZHANG WENXIN

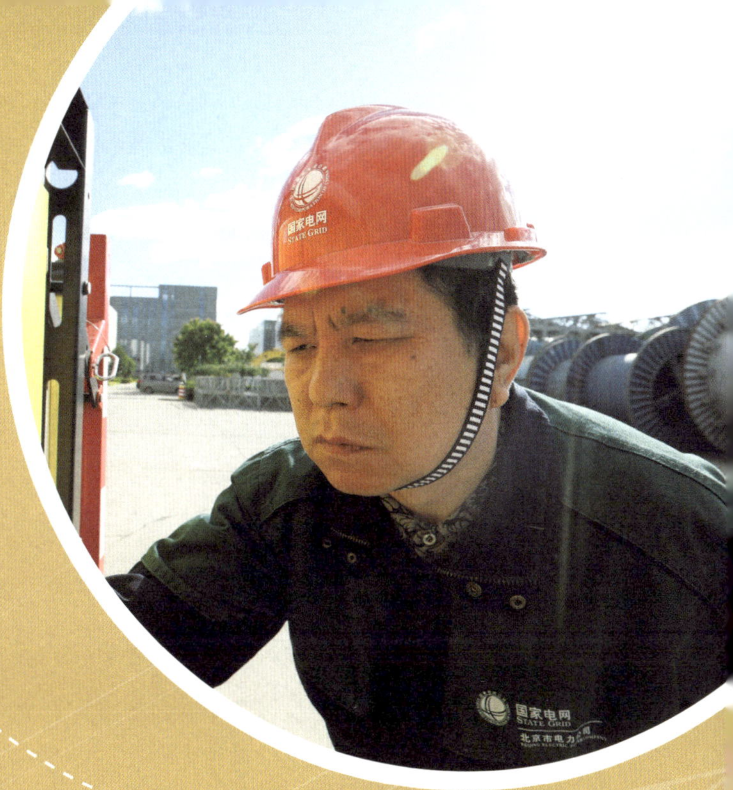

生活要像静水一样平和，工作要像水滴一样坚韧，持之以恒；生活要用爱心，工作要用匠心，不仅要匠心独运，更需要匠心齐运。

张文新，中共党员，北京电力工程有限公司副总工程师，正高级工程师，国家电网有限公司优秀工程技术专家，国网北京市电力公司电缆首席专家。张文新同志作为电缆专业人才，一直坚持所学知识和生产实践相结合，先后编制《电缆施工技术问答》《电缆工技能培训》，组织编写了《电缆施工作业指导书》等教材，并在国内知名杂志以及国内学术刊物上发表多篇论文。2010 年北京电力工程有限公司成立了以他名字命名的劳模创新工作室，在他的带领下不断开展技术创新活动，硕果累累。获评全国五一劳动奖章、全国劳动模范、首都劳动奖章、国家电网有限公司劳动模范、国网工匠等荣誉称号。

判断电缆线路交叉互联接线正确性工作法

工作法简介

针对高压交流电缆线路交叉互联系统接线的正确性，张文新总结提炼出一套简洁高效的判定方法。首先在电缆线路首段安装不同电压的电池组，然后在电缆线路的直接接地箱及电缆线路末端处测量电压，最后判定交叉互联系统接线的正确性。及时发现问题，提高接线准确性。

工作法背景

当单芯交流电缆线芯通过电流时，就会有磁力线交链铝护套或金属屏蔽层，使它的两端出现感应电压。感应电压的大小与电缆线路的长度和流过导体的电流成正比，电缆很长时，护套上的感应电压叠加起来可达到危及人身安全的程度。

电缆线路很长时（大约在 1000 米以上），可以采用金属套交叉互联来降低金属护套的感应电压。这种方法是将电缆线路分成若干大段，每一大段原则上分成长度相等的三小段，每小段之间装设绝缘接头，绝缘接头处的电缆金属套三相之间用同轴电缆经接地箱进行换位连接，绝缘接头处装设一组保护器，每一大段的两端金属套分别互联接地，线路上每两组绝缘接头夹一组直通接头。

交叉互联系统接线完成后，需要对其接线的正确性进行判定，以保证电缆线路的安全稳定运行。

工作法应用

挂电池：在电源侧终端处接地线的 A、B、C 相与地之间分别挂上 1.5 伏、3.0 伏、4.5 伏的电池。

测电压：分别用万用表或电压表在第一个交叉互联段的末端 1# 接地箱处，第二个交叉互联段的末端 2# 接地箱处，第三个交叉互联段的末端 3# 接地箱处，以此类推至最后一个交叉互联段的末端负载侧接地箱处核定相位。

正接线判定：如果为正接线，第一交叉互联段处应为，A 相 3.0 伏，B 相 4.5 伏，C 相 1.5 伏；第二交叉互联段处应为，A 相 4.5 伏，B 相 1.5 伏，C 相 3.0 伏；第三交叉互联段处应为，A 相 1.5 伏，B 相 3.0 伏，C 相 4.5 伏。

反接线判定：如果为反接线，第一交叉互联段处应为，A 相 4.5 伏，B 相 1.5 伏，C 相 3.0 伏；第二

用万用表测量交叉互联正确性

交叉互联段处应为，A 相 3.0 伏，B 相 4.5 伏，C 相 1.5 伏；第三交叉互联段处应为，A 相 1.5 伏，B 相 3.0 伏，C 相 4.5 伏。

本工作法在金沟河 110 千伏输变电工程中的电缆电气工程、东升—中关村 110 千伏第二回线路工程、北京通州田府 110 千伏输变电工程变电站电气及电缆安装施工等多个工程进行应用，提高了工作效率，保证了基建工程的建设质量，确保了电网的安全运行。

专家点评

如何判断单芯交流电缆的交叉互联接线方式的正确性是非常关键的，一旦出现接线错误的情况，将发生接地电流过大的问题，降低电缆线路的输送容量，甚至危及人身和设备安全。张文新工作法可以有效判定交叉互联系统接线的正确性，该方法简便快捷，准确可靠。

电缆弯曲半径测量工作法

工作法简介

针对高压电力弯曲半径检查的问题，张文新在电缆专业长期工作中，总结并形成电缆弯曲半径测量工作法，通过研制一套弯曲半径测量尺，在现场通过与电缆比对，测量出电缆弯曲半径，提高工作效率，保证电缆敷设施工质量。

工作法背景

电缆施工位于电缆隧道、竖井、电缆夹层等地点，敷设过程中不可避免沿路径进行转弯变相，为解决电缆敷设中弯曲半径对电缆运行、寿命、可靠性等问题产生的影响，张文新创新工作室开展电缆弯曲半径测量尺的研究，形成了电缆敷设弯曲半径精确测量的工作方法。

工作法应用

根据电缆不同的外径、不同的弯曲半径要求，选择各种规格的专用标准尺，在现场通过与电缆比对，测量出电缆弯曲半径。其外侧与内侧的弯曲半径数值不同。对于外弧（a 侧）方便测量的地方，用专用工具弯曲内侧靠电缆外弧。若中间有缝隙或者均完好接触，则符合要求；若中间接触，两边有缝隙，则弯曲半径不符合要求。对于内弧（b 侧）方便测量的地方，则用专用工具外侧靠电缆内弧。若中间接触、两端不接触或者均完好接触，则电缆弯曲半径符合要求；若中间有缝隙，两端接触，则弯曲半径不符合要求。采用本方法，能简便检查电缆弯曲半径；检查电缆弯曲半径的时间由原来的 60 分钟降到 5 分钟。

研发至今，电缆弯曲半径测量工作法在龙潭湖—弘善 110 千伏线路工程、郭公庄 110 千伏主变扩建工程、北宫 220 千伏站 110 千伏切改工程进行试点应用。相比传统电缆工程弯曲半径三角函数测量法，电缆弯曲半径测量工作法耗时少、对测量人员要求不高、方法简易，将该工序工作效率提高约 80%，有效缩短施工工期，保证电缆敷设质量。

现场测量弯曲半径

专家点评

本工作法使用弯曲半径测量尺，提高现场电缆敷设水平，同时能够有效指导人员进行施工作业，提高现场的作业规范性，提高了工程的综合效益，满足质量要求，为作业人员带来良好的质量控制生产环境。

电缆隧道有限空间作业智能管控工作法

工作法简介

针对高压电缆有限空间准入作业管控的问题，张文新创新总结有限空间作业管控方法，研制电缆隧道有限空间作业智能机设备，包括“现场准备”“先评估”“后通风”“复检测”“再进场”“作业监护”“工作结束收尾”七大步骤，形成了电缆隧道有限空间智能管控工作法，降低有限空间准备工作时间，提高有限空间智能化管控水平。

工作法背景

电缆施工位于电缆隧道、竖井、电缆夹层等地点，属于有限空间作业，为解决电缆工程有限空间作业流程繁杂、设备种类繁多、准备布置耗时等问题，张文新创新工作室开展电缆隧道有限空间作业智能机的研究，形成本工作法。

工作法应用

1.现场准备

在施工区域周围设置临时围挡，作业地点两侧的井口分别布置智能机用于送风，布置排风一体机用于排风。对于单孔电缆竖井，可设置一台智能机用于送风。启动电缆有限空间作业智能机（简称智能机），开启自检模式，检测风速仪、气体检测仪等各部件通信是否正常。

110千伏线路迁改入地（丽泽商务区）一期工程应用

2.先评估（有限空间评估检测）

（1）气体检测前进行风险辨识，分析有限空间、连通管道及其周边环境可能存在的风险源。

（2）作业人员站在有限空间外，将采样管伸入有限空间内。通过采样泵吸取隧道内的气体进行检测，智能机根据各种气体含量检测数值，智能评估当前有限空间环境等级。

（3）当评估检测结果为二、三级环境时，允许作业人员进入有限空间作业；当评估检测结果为一级环境时，禁止作业人员进入有限空间作业。

（4）气体检测点的数量不应少于 3 个；上、下监测点距离地下有限空间顶部和底部均不应超过 1 米，中间检测点均匀分布，检测点之间的距离不应超过 8 米；每个检测点的每种气体应连续检测 3 次，以检测数据的最高值为依据。

3.后通风（通风换气）

检查风管与风机的连接，确认无误后将风管伸入电缆管（竖）井内进行通风。智能机实时监测通风量，风速不合格时，发出相关语音提示。

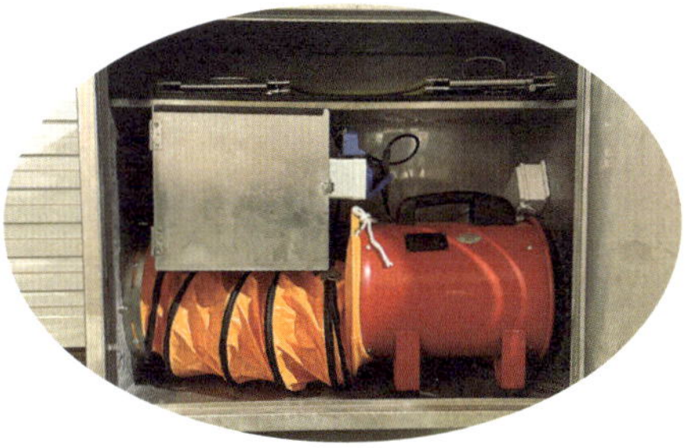

排风一体机

4.复检测（有限空间准入检测）

（1）作业人员每次进入电力隧道作业前应进行准入检测，准入检测的时间应在进入有限空间前 10 分钟内进行。

（2）准入检测结果为一级环境时禁止作业，应保持持续机械通风，直到准入检测结果变为二、三级环境时，方可作业。

（3）气体检测点的数量和要求和评估检测时一致。

5.再进场（人员进场）

准入检测合格后，作业人员佩戴必要的安全防护用品及通信工具，依次人脸识别打卡后，进入电力隧道作业。当识别到人员库以外的人员时，智能机会发出禁止人员进入有限空间的语音指令。

6.有限空间作业监护

（1）有限空间监护人负责有限空间作业的全程监护，应在有限空间外持续监护，能够与作业人员进行有效的信息沟通，防止未经授权的人员进入。

（2）在紧急情况时，监护人应立即向作业人员发出撤离警告的提示，必要时呼叫应急救援服务，并在有限空间外实施紧急救援工作。

7.工作结束收尾

工作结束，作业人员从有限空间撤出后，依次人脸识别打卡，智能机根据识别结果，智能显示井上、井下人员数量。工作终结后，如还有人员在有限空间内，智能机会发出语音告警。作业人员全部撤出后，关闭智能机并清理现场，履行工作票终结手续后撤离现场。

2021 年至今，本工作法在国网北京市电力草头草沙 110 千伏电力迁改工程、民和 110 千伏电缆安装工程、草六一二 110 千伏线路迁改入地（丽泽商务区）一期工程进行试点应用。相比传统电缆工程有限空间作业，本工作法降低有限空间准备工作时间，提高该工序工作效率约 40%，有效缩短了施工工期。

专家点评

本工作法使用电缆有限空间作业智能机，智能管控电缆工程有限空间作业信息，通过**“先评估、后通风、复检测、再进场”**等流程，增强施工的安全可靠性，提高现场安全管控水平，提高现场的作业规范性，为作业人员带来良好的安全生产环境。

张黎明

ZHANG LIMING

工作是快乐的，
创新让工作更快乐。

张黎明，中共党员，国网天津市电力公司滨海供电分公司正高级工程师、高级技师。他爱岗敬业，工作 30 多年始终奋战在电力抢修一线，以实际行动践行“人民电业为人民”的企业宗旨。他矢志创新，牢记习近平总书记嘱托，成功研发出第四代配电网带电作业机器人，带领团队开展技术革新 500 余项，获国家专利 240 余项。他敢于奉献，带领黎明共产党员服务队，十几年如一日开展学雷锋志愿服务，用爱心搭起了党与群众的“连心桥”。荣获“时代楷模”“改革先锋”、最美奋斗者、全国道德模范等诸多荣誉称号，被誉为“点亮万家的蓝领工匠”“创新型一线劳动者的优秀代表”。

配电网低压用户低电压故障五查工作法

工作法简介

针对用户低电压故障难以快速查找的问题，张黎明在长期配电抢修工作中，总结提炼出一套实用高效的工作方法，主要包括“一查二次保险”“二查二次电压”“三查一次保险”“四查变压器线路侧”“五查变压器本体”五个步骤，对常见的用户低电压故障查找方法进行优化改进，使得故障查找与抢修效率大幅提升。

工作法背景

用户低电压是一类常见故障类型，常常表征为用户电灯亮度不足、电器无法正常工作等现象，严重影响客户用电体验，故障原因可能涉及线路虚接、负荷过大、高压缺相等，经验不足的抢修人员无法快速判断低电压故障原因，导致抢修时间过长，给企业与用户的生产生活带来不便。因此，急需一种能快速查找配电网低压用户低电压故障原因的标准工作方法。

工作法应用

1.一查二次保险：排除变压器二次保险故障

检查故障用户的配电变压器二次保险外观是否正常，若有虚接、烧灼痕迹等异常情况，则可确定故障出现在二次保险侧，应及时更换。如均正常，初步排除变压器二次保险故障，应继续测量变压器二次电压。

2.二查二次电压：排除因负荷过大导致的低电压故障

检测配电网变压器二次侧电压

使用万用表测量故障用户的配电变压器二次电压，若三相相电压数值均在 200 伏以下且数值相近，则可判定用户低电压是因负荷过大导致，调整变压器分接头即可恢复电压水平。若两相相电压在 200 伏以下，且两相相电压之和在 380 伏左右，另一相电压为 30~40 伏，可判定用户低电压是由于变压器一次侧缺相导致，需进一步检查。

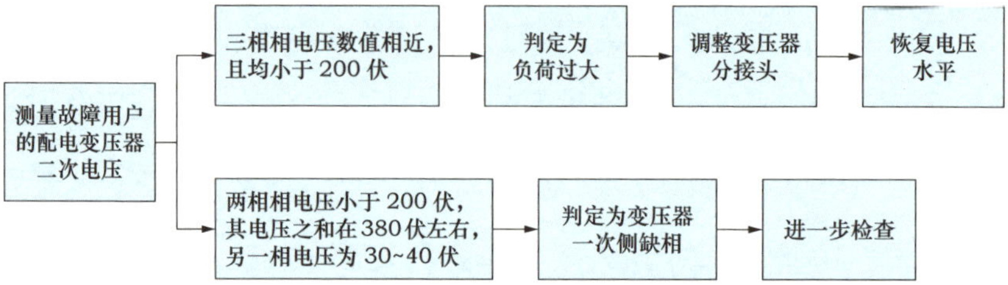

配网变压器二次电压异常检测流程

3.三查一次保险：排除变压器一次保险故障

引起变压器一次侧缺相的主要原因有：一次保险故障、来电侧缺相、本体故障。首先应检查变压器一次保险是否正常，在确认变压器转入检修后取下跌落式熔断器的熔管，若保险异常，则更换保险后再次测量变压器二次侧电压，电压正常即排除故障。若一次保险正常，则继续检查变压器线路侧带电情况。

检查配电网变压器一次侧保险

4.四查变压器线路侧：排除变压器线路侧缺相故障

使用验电器对变压器线路侧进行验电，若发现电压缺相，则判断为线路侧故障，需着重对其所属线路进行查验。通过检查线路侧高压刀闸、柱上开关及相应的引流线是否正常，确定故障元件并进行更换。如果变压器线路侧三相都带电，则说明故障点位于变压器内部。

5.五查变压器本体：确定变压器本体故障类型

打开故障变压器漏油阀，检查油口颜色和气味，使用兆欧表对变压器绕组进行摇测，确定变压器是否存在单相对地短路、相间短路等故障，并根据对应故障类型及时处理。

专家点评

配电网低压用户低电压是一种常见的故障现象，因涉及电力设备元件较多且排查环节繁琐，对抢修人员技术水平要求较高。根据文中提到的工作法，抢修人员只要熟练掌握低电压故障的五个检查步骤，便可安全、精确、快速查找造成用户低电压的原因。总体来说，该工作法实用性强，具有很强的专业指导性，可有效提高配电抢修效率，优化营商环境，提升用户供电可靠性。

杨庆华

YANG QINGHUA

技术只有起点，
创新没有终点。

杨庆华，中共党员，国网上海市电力公司超高压分公司输电运检中心专业工程师、高级技师。38 年来他始终坚守在上海超特高压架空输电线路运检一线，组织或主持完成公司重大输电线路工程施工项目 100 余项，为上海电网安全运行做出了突出贡献，获评中华技能大奖、全国劳动模范、全国五一劳动奖章、全国技术能手、上海市十大工人发明家、上海工匠等称号，享受国务院政府特殊津贴。

220千伏输电线路铁塔易地升高改造带电施工六步工作法

工作法简介

杨庆华通过研究带电组立新塔塔身、带电导线间扒杆安装及稳定提升、带电吊装地线支架及横担的工艺、带电提升导线及附件安装等技术难点，形成了一整套双回路双分裂输电线路直线塔带电易地升高改造方法，填补我国在 220 千伏同塔双回路输电线路抢修及升高改造技术上的空白。

工作法背景

随着经济社会发展，越来越多市政设施的建设无法避开输电线路，需要从输电线路下方穿越，致使原输电线路导线与被跨越物间的安全距离不符合有关的电力法律法规要求，因此必须要对这些线路杆塔进行移位升高改造。按照传统的线路施工方法，必须双回路线路同时停电，然后易地进行新塔的组立、导线的提升及附件安装及拆除旧塔的现场施工工作。此种方法现场施工工作量大，停电时间长，直接影响区域供电稳定性。

工作法应用

1.带电易地组立新塔

在双回路输电线路之间的纵向空间中，利用落地扒杆及高强度绝缘起吊绳，带电逐根吊装塔材（顺线路起吊方式保证与带电导线 3 米安全距离），易地带电散立新塔塔身，通过绝缘起吊绳索分片带电吊装地线支架并固定。

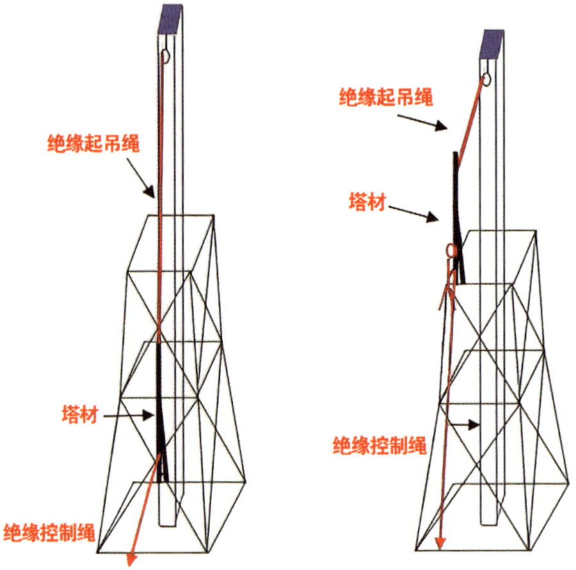

绝缘双绳控制塔材起吊示意

2.带电提升、安装地线

在新塔处分别提升位于其两侧的现有地线，至旧塔处地线悬挂金具 / 附件不受力为止，拆除旧塔地线的悬挂金具 / 附件，新塔提线并完成地线相应悬挂金具 / 附件的安装。

3.带电提升、安装上相导线

起吊地线支架及上相横担安装时可对上相导线保持充足安全距离，因此将地线支架及上相横担框架体横线路方向分成 2 片，通过扒杆竖直起吊一片至安装位置，将下端角钢与塔身通过螺栓连接，以此为支点缓慢放松起吊绳使其转至安装位置，连接螺栓固定。新塔分片吊装上横担，上横担就位后，在新塔处分别提升于其两侧的现有上相导线，至旧塔处上相导线悬挂金具 / 附件不受力为止，拆除旧塔上相导线的悬挂金具 / 附件。

4.带电分拆旧塔横担

根据现场工况，选用内扒杆法散拆旧塔，扒杆选用 160 毫米 ×250 毫米 ×16 米扒杆，限吊 200 千克。散拆地线支架时，将支架转移至顺线路塔身中部吊下。按上述新塔吊装横担的方法，将旧塔横担散拆为 2 片吊下。

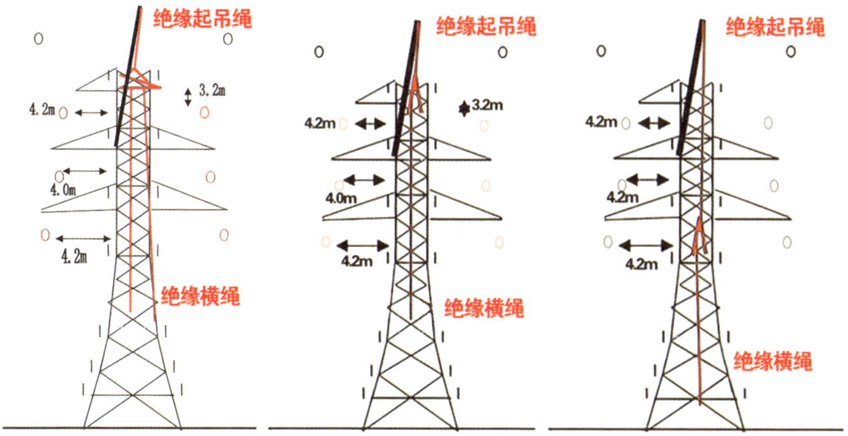

带电拆除旧塔示意

5.依次提升，安装中、下相导线，拆除旧塔横担

重复上述 3、4 步操作，分别依次顺序提升中、下相导线至安装位置，依次完成新 / 旧塔中、下相横担及悬挂金具 / 附件的安装 / 拆除工作，至此新塔全部组立完成，相应悬挂金具 / 附件安装完毕，旧塔仅剩塔身部分。

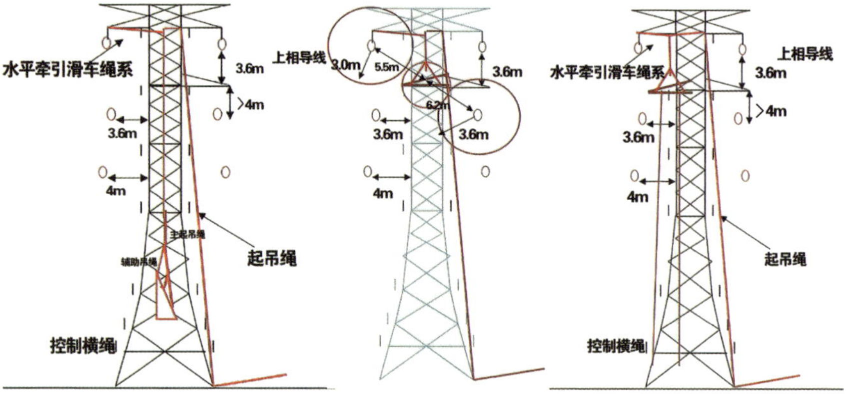

中相横担安装示意

6.带电拆除旧塔塔身

按组立新塔塔身的方法逆序施工，逐根散拆旧塔角钢。

通过采用上述方法，完成 220 千伏双回路双分裂输电线路直线塔的易地升高改造施工，避免了同塔双回路同时停电，提高了电网安全可靠性。

专家点评

按照传统的线路施工方法，220 千伏铁塔升高改造必须双回路线路同时停电后施工，工作量大、停电时间长，根据 220 千伏输电线路铁塔易地升高改造带电施工六步工作法，通过研制专用的导轨提升架、翻转支架，保证了落地扒杆就位的准确性和倒组装提升扒杆的稳定性，利用高强度纺纶绝缘绳作为起吊绳确保了对两侧带电导线的安全距离。实现了在 220 千伏双回路输电线路不停电的条件下，对杆塔的易地升高改造，填补我国在 220 千伏同塔双回路输电线路抢修及升高改造技术上的空白。

220千伏同塔双回路线路单侧停电更换OPGW光缆七步工作法

工作法简介

杨庆华从施工现场布局、安全距离控制、机械设备研发等方面入手，采用带电更换220千伏同塔双回输电线路停电侧OPGW光缆新工艺，首次使用自主研发的特制压接管压接和四滑轮翻转滑车作放线滑轮，实现对放线过程中展放通道的安全距离全过程控制和新旧光缆和高强度绝缘绳相互连接强度的全面提升。

工作法背景

目前，上海电网中同塔双/多回路线路占总数的90%以上，同时OPGW光缆作为电网主干通信网的主要线路通道，在保障电网安全运行中发挥着重要作用。早期的OPGW光缆运行至今已超过20年，面临大规模的更换，而传统调换220千伏同塔双回路线路OPGW光缆的工艺方法，需双回线路同时停电可进行施工，一定程度上影响了地区用户供电和电网可靠性。因此，迫切需要研究开发在双回路线路一回路停电，一回路带电的条件下，带电调换停电侧回路220千伏线路OPGW光缆的施工技术。

工作法应用

1.布置牵引场与张力场

选择前尽头耐张塔（2.5倍塔高处）为牵引场，后尽头耐张塔（2.5倍塔高处）为张力场。根据牵引机、张力机宽度埋设地锚，地锚深度大于2米，对地夹角不小于20度，与牵引机连接用链条葫芦收紧另用钢丝千斤作为保护，连接地锚与牵引机（张力机布置同牵引机）。

牵张一体机

2.布置高空越线架

每个高空越线装置都应设专人（2人）看管监护，1人掌握绝缘控制绳，1人掌握绝缘尾绳，以防止展放的光缆因风偏与有电导线之间的安全距离不够，还可以作为跑线时的保护措施。结合计算根据架空输电线路档距合理设置多个高空越线装置，组成高空越线架。

直线杆、牵引场、张力场高空越线架布置如右图所示。

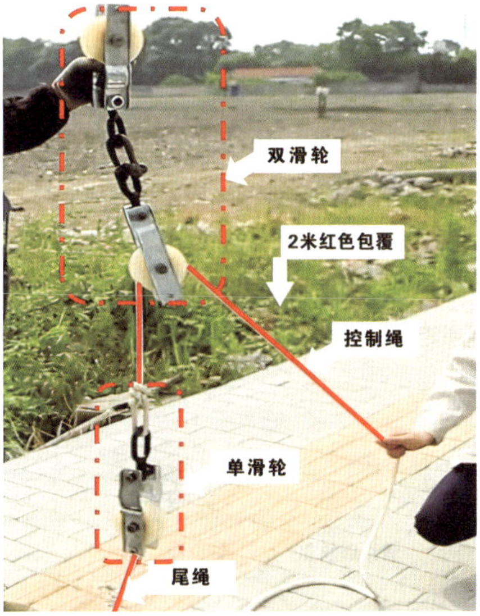

高空越线架装置

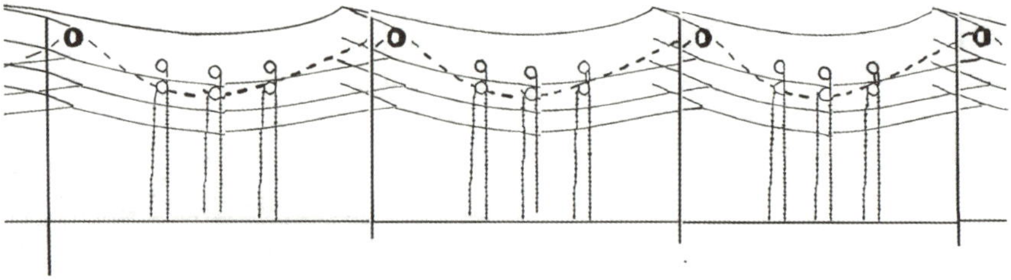

直线杆高空越线架布置

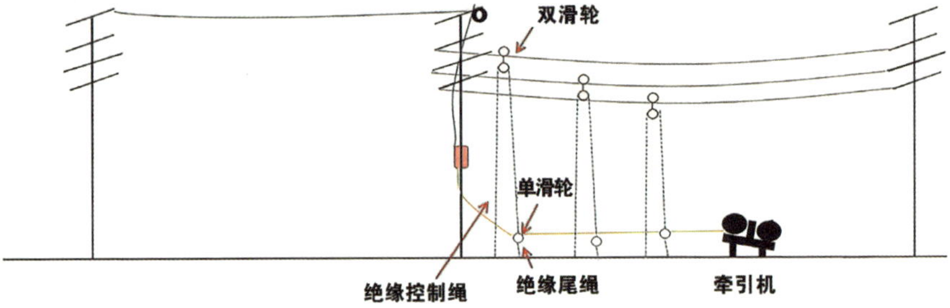

牵引场高空越线架布置

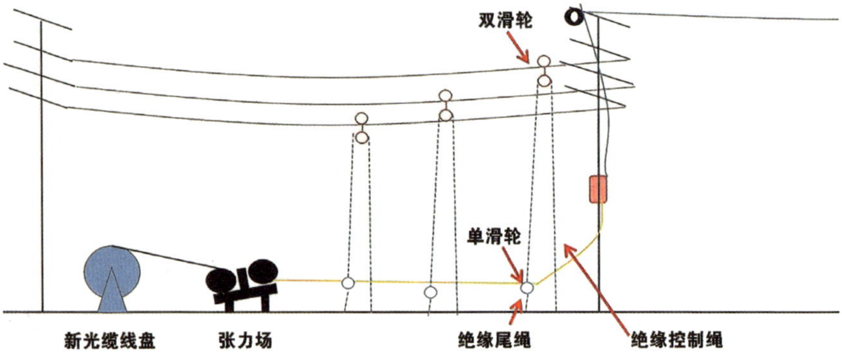

张力场高空越线架布置

3.控制光缆引下线

作业过程应控制光缆不偏离越过双回线路中心线。

不偏离越过双回线路中心线

4.联接新旧光缆

新旧光缆连接，使用旋转联接器、专用光缆压接管压接光缆，待换光缆联接部分握着力确能保持大于 2.5 倍预定牵引张力。

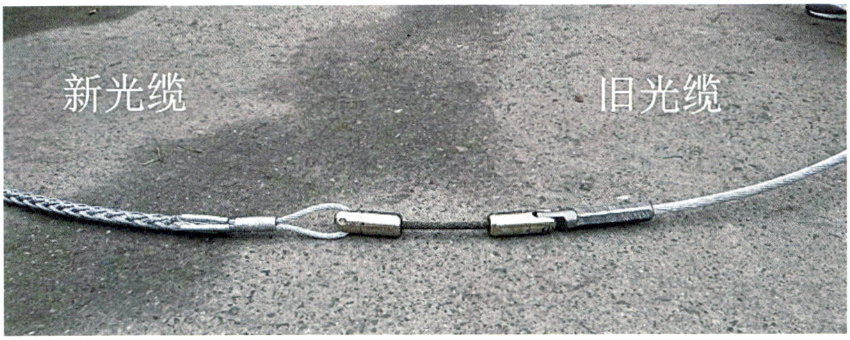

联接新旧光缆

5.带电更换OPGW光缆

（1）张力放线的现场指挥位置设在牵引场，全区段按现场指挥的统一指令操作作业。

带电更换OPGW光缆

（2）牵引机、张力机装设接地，并分别在牵引张力机进口旧光缆和张力机出口新光缆上装设接地滑车，且连接牢固。

（3）张力场张力机略收紧新光缆，牵引场牵引机缓缓收紧旧光缆，待所有跨越档安全距离有保证后，牵引场开始牵动旧线，张力场慢慢地释展新光缆。

（4）张力机、牵引机操作前按规定项目进行常规检查和开机，在空载情况下检查各部件运转、操作传动系统和刹车可靠性情况。

（5）若在放线过程中出现光缆弧垂过大的情况，应立即调整光缆张力，减小弧垂。

6.恢复OPGW光缆

（1）拆装光缆绞线时应用扎线临时固定，防止端口松散。

（2）开断光缆外层绞线时，须避免损伤或切断不锈钢管。

7.拆除高空越线架

（1）高空越线架拆除时顺序应与安装时相反。

（2）地面作业人员将高空越线装置沿线路牵拉近塔身，到达合适位置后上相导线处作业人员走线到防震锤外，将三相导线的下子导线翻出高空越线装置，并将绝缘控制绳、绝缘尾绳圈回，利用无极绳圈将高空越线装置及剩余绳索传递到地面。

（3）高空越线装置应逐个拆除。

拆除高空越线架

专家点评

国内首次实现了在一回路停电，另一回带电条件下，调换停电侧的OPGW 光缆，提高了输电线路检修效率，增强了供电可靠性和电网稳定性，标志着 OPGW 光缆带电作业从理论研究跨入了实施应用阶段，具备较强的可操作性和应用推广价值。

朱洪斌

ZHU HONGBIN

不放弃是成功的基础。

朱洪斌，国网江苏省电力有限公司电力科学研究院高级专家，长期从事电力用绝缘材料智能化分析方法及电力设备故障预警诊断工作。扎根一线 30 余年，带领团队致力于电力用绝缘材料智能化分析及电力设备故障预警诊断，作为第一完成人荣获省部级及以上科技奖励 10 余项，获得授权发明专利 20 项，制修订国家、电力行业标准 21 项。获评全国五一劳动奖章、全国劳动模范、全国最美职工、全国创新争先奖状、江苏省五一劳动奖章、江苏大工匠、江苏省企业首席技师、国网工匠等荣誉称号，获得国家科学技术进步奖等众多国家级荣誉，享受国务院政府特殊津贴。

变压器油色谱分析标准油配制工作法

工作法简介

针对变压器油中溶解气体组分含量色谱分析缺乏标准样品、仪器校准无法涵盖全过程的问题，朱洪斌在长期反复试验和不断钻研中，总结提炼出一套变压器油色谱分析标准油配制工作法，充分提高了油色谱检测数据的准确性，为充油设备的故障诊断分析提供有力依据。

标准油配制用标准气采集

工作法背景

油色谱分析是保障充油电气设备安全运行的重要手段，在设备内部潜伏性故障诊断方面具有不可替代的作用，但在准确性方面急需提高。因油色谱数据失真造成的误判断误停运仍屡见不鲜，给电网的供电可靠性及经济效益都带来负面影响。油色谱数据失真最大的误差来自于色谱仪分析系统的标准传递。色谱仪分析系统包括样品前处理（取气）装置、色谱仪和数据工作站三部分。目前只能采用的气体标准物质仅对色谱仪本身进行量值传递，而忽略了过程复杂影响因素众多的样品前处理（取气）装置，从而造成油色谱数据失真。变压器油色谱分析标准油配制工作法将成功改变目前油色谱分析的现状，大幅度提高检测数据的重复性和再现性，最大程度减少了油色谱数据不可信造成的误判断、误停运现象。

工作法应用

1.保障离线油色谱分析数据准确

变压器油色谱分析标准油配制工作法，实现了变压器油实验室色谱仪的定期比对、校准，提高了检测精度，有效控制了误差范围，保障了色谱仪的稳定性和检测的准确性，为设备状态评价提供了真实可靠的数据支撑。

2.推动在线油色谱监测装置校验

变压器油色谱分析标准油配制工作法，实现了变电站油色谱在线监测装置的现场不停电校验，能够真实有效地反映在线色谱装置的测量水平及误差范围，并通过对异常装置的及时整改消缺，保证在线色谱数据的准确性的同时，充分提高了工作效率，保障电网的安全运行。

专家点评

变压器油色谱分析标准油是油色谱分析量值传递的基础，油色谱分析对检测人员技术水平要求较高，检测人员只要熟练掌握油色谱分析标准油配制工作法，并通过标准油对实验室色谱仪进行校准，便可准确判断色谱仪是否存在异常，检测数据是否准确。另外，标准油可以根据实际需求进行任意组分、任意浓度范围的配制，在色谱仪老化严重时可以对其进行检测限及灵敏度等关键指标的状态评估，及时对不满足标准要求的仪器设备进行维护消缺。总体来说，该工作法实用性强，具有很强的专业指导性，可大大提高油色谱检测水平和检测精度，提高工作效率。

绝缘油中含气量测定过程一次转移工作法

工作法简介

针对绝缘油中含气量气相色谱测定法步骤烦琐、样品气转移次数较多，试验结果准确性低、误差大等问题，朱洪斌在长期反复试验和不断钻研中，总结提炼出一套绝缘油中含气量测定过程一次转移工作法，有效保证绝缘油中含气量检测数据的准确性，为评估变压器运行状态提供有力支撑。

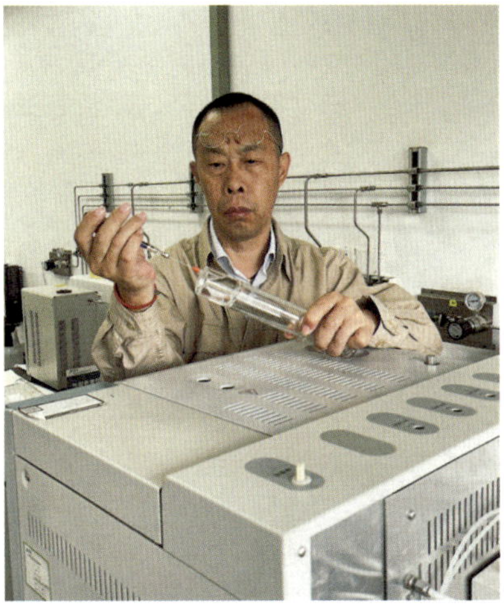

油中含气量平衡气直接转移

工作法背景

绝缘油中含气量的大小是影响变压器绝缘性能的重要因素之一，油在含气量指的是绝缘油中溶解的气体总量。含气量大时，在高场强的作用下，气体析出易造成绝缘油击穿，危及设备安全运行。目前，气相色谱测定法用于测定油中含气量技术成熟，被广泛采用。但是该方法在实际操作过程中存在多次气体转移步骤，始终存在油中溶解气体向外逸散和外界空气等杂质气体渗漏到样品气中的现象，影响试验准确性。绝缘油中含气量测定过程一次转移工作法可以有效较少气体逸散及渗漏环节，保证样品气的真实性，大幅度提高了检测数据的准确性，最大程度避免了多次采样复测等不必要的重复劳动，提高了工作效率。

工作法应用

采用传统的样品气多次转移方法对同一个油样进行了两次含气量重复性检测，第一次检测结果为 3.9%，第二次检测结果为 2.6%，可以明显看出两次检测结果相差很大，根据标准评定第一次检测结果不合格，第二次检测结果合格。

采用绝缘油中含气量测定过程一次转移工作法同样对以上油样进行了两次含气量重复性检测，第一次检测结果为 2.4%，第二次检测结果为 2.5%，可以明显看出两次检测结果非常接近，根据标准评定两次检测结果均合格。

对比以上两种方法得出，传统方法存在着较多不确定的误差因素，对检测结果影响较大，无法准确判断绝缘油中真实的含气量数值，而绝缘油中含气量测定过程一次转移工作法则可有效避免这一情况，检测结果准确性高、重复性好，对变压器运行状态评估具有指导性意义。

专家点评

绝缘油中含气量国家标准规定了具体的控制指标，要求超特高压设备投运前含气量不能大于 1%，运行中含气量不能大于 3%。由于空气中的主要成分为氧和氮，因此在试验过程中空气极易对油中含气量的检测结果造成影响。油中含气量的气相色谱测定法对检测人员技术水平要求较高，检测人员只要熟练掌握绝缘油中含气量测定过程一次转移工作法，减少不必要的气体转移过程，便可大大提高检测数据的准确性，对准确评估绝缘油中含气量，维护设备安全运行具有重要意义。

许启金

XU QIJIN

工作就是责任与担当。

许启金，中共党员，原任国网安徽省电力有限公司宿州供电公司输电线路检修工，高级技师。41 年来，许启金始终坚守一线，高质量完成 1000 多项高压带电作业，累计消除 3000 多处输电线路隐患，获评全国劳动模范、央企楷模、央企优秀共产党员、全国技术能手、第六届全国道德模范、江淮杰出工匠、国家电网有限公司生产技能专家、国家电网有限公司特等劳动模范、国网工匠等荣誉称号。2017 年当选党的十九大代表，2018 年当选十三届全国政协委员。

“全过程追踪管控”带电更换220千伏悬垂绝缘子工作法

工作法简介

针对带电更换 220 千伏悬垂绝缘子的工作场景，许启金创新总结出“全过程追踪管控”工作法，具体包括“前期准备无遗漏”“现场作业无差错”“质量验收无问题”三个步骤，可以有效提高施工安全性，保障施工质量，提高电网运行可靠性。

工作法背景

输电线路长期在野外运行，线路绝缘子等构件发生缺陷的机会较多，如果采取停电处理缺陷，不仅影响社会效益，还给人民生活带来不便。为保障电网安全稳定运行，提高输电设备安全可靠性，保障带电作业安全高效，确保用户连续供电，许启金总结开发了一套“全过程追踪管控”带电更换 220 千伏悬垂绝缘子工作法，实现带电更换绝缘子高效、高质量、低风险。

工作法应用

1.前期准备无遗漏

作业前认真开展现场勘察，工作负责人根据勘察结果编制作业方案；

许启金在作业现场进行现场勘探

为保证带电作业安全，应选择晴好天气时作业，无雨、雾、冻、冰、雪和雷，风力和气温符合规程要求；带电作业工具、材料应准备充足，作业前应检测合格；作业人员数量适当，包括工作负责人1名，等电位电工1名，地电位电工1名，专责监护人1名，地面辅助人员3~5名，作业人员的身体状况和精神状况应良好；作业前应与调度联系停用重合闸。

2.现场作业无差错

接受工作任务后召开班前会，作业人员应将工作范围、工作内容、人员分工、现场技术措施及安全措施牢记于心，清楚作业每个流程、环节的风险辨识和控制措施，熟练掌握施工方法。工作负责人现场核对线路名称和杆号，确保无误；实时掌握作业安全距离，确保防触电、防高坠、防高空落物和防导线脱落等措施落实到位；作业过程中相互监护提醒。作业依次完成人员登杆、进入等电位、传递工器具、收紧绝缘子、取下和更换绝缘子、拆除工器具、离开电场和人员下塔等作业

许启金在作业前召开班前会

步骤，安全高效完成作业。

3.质量验收无问题

作业完成后仍需对施工质量进行检验，确保碗头与绝缘子串重新连接好，弹簧销已安装到位，线路上无遗留物。对本次作业流程、安全控制和施工工艺进行分析总结，指导今后更好作业。最后，还应及时完成系统台账维护，检修材料归档，确保台账与现场一致。

作业现场质量验收

专家点评

绝缘子在架空线路中起着两个基本作用，即支撑导线和防止电流回地。绝缘子承受的机械负荷除了导线和金属附件的重量外，还必须承受恶劣天气情况下的风载荷、雪载荷、导线舞动以及运输安装过程中操作不当引起的冲击负荷。带电更换绝缘子工作强度高，根据本工作法，施工人员可以实现高效率、低耗时带电更换绝缘子。本工作法实用性强，具有较好的专业指导性，可以有效提高带电更换 220 千伏悬垂绝缘子的效率，显著改善线路的安全性能。

夏增明

XIA ZENGMING

不断以新高度作为新起点！

夏增明，中共党员，国网湖南省电力有限公司超高压输电公司高级工程师、高级技师，省公司技能类一级领军专家。他扎根输电线路检修生产一线 33 年，率队完成首次直流特高压输电线路等电位带电作业，实现了国网湖南电力特高压等电位带电作业零的突破，获评全国劳动模范、全国技术能手、中电联百名电力工匠、国网工匠等荣誉称号，享受国务院政府特殊津贴。

架空输电线路带电修补断股地线六步工作法

工作法简介

针对架空输电线路地线断股带电修补的问题，夏增明总结提炼出一套高效实用的带电修补断股地线工作法，主要包括“勘现场”“核距离”“算强度”“托绳索”“测距离”“修补线”六个步骤，可极大提高作业安全性，降低劳动强度，提高现场修补地线工作效率。

工作法背景

架空输电线路处在郊外，受到雷、雪、雹、雨、雾、风等天气和机电荷载的影响，另外地线制造、放线施工、运行日久锈蚀、振动和舞动疲劳等因素均容易造成地线断股。架空地线断股会缩短架空地线与带电导线之间的安全距离，引发跳闸、断线、倒杆（塔）等严重事故，造成输电系统巨大损失，因此需要及时进行处理。但是，带电修补断股地线存在较大风险，必须严格按照规程要求规范操作，否则将严重危及作业人员安全和线路安全。因此，采取一套行之有效的带电修补地线方法，可以极大地提高作业安全性。

工作法应用

1.勘现场：夯实安全作业基础

现场勘查采用无人机对地线进行整档拍摄，并登塔对本档两端杆塔处地线悬挂点金具紧固情况、地线断股锈蚀情况进行检查。如不符合带电作业条件，则应禁止带电作业并尽快停电消缺。

2.核距离：掌握安全作业关键环节

将作业人员的质量及作业点数据代入以下公式中进行安全距离校验，计算出弧垂变化后的数值，比较地线载重后弧垂变化对导线间的距离是否满足该电压等级下的安全距离。

$$f=\frac{1}{\sigma_0\cos\beta}\left[\frac{yx(L-x)}{2}\right]+\frac{xqb}{\sigma_0 L}$$

3.算强度：排除不安全因素

计算断股地线剩余拉断力，考虑安全裕度，完成工作场景下的机械强度校验。计算公式如下：

$$\sigma_2-\frac{El_0^2g_l^2}{24\sigma_2^2}-\frac{l_xq(q+l_xg_lA)E}{8A2\sigma_2^2\sum l_1}$$

$$=\sigma_1-\frac{El_0^2g_l^2}{24\sigma_1^2}-aE(t_2-t_1)$$

4.托绳索：减轻修补点集中荷载

为减轻地线断股作业点集中荷载，出线过程中在地线上等距分段安装绝缘牵引绳承托滑车。

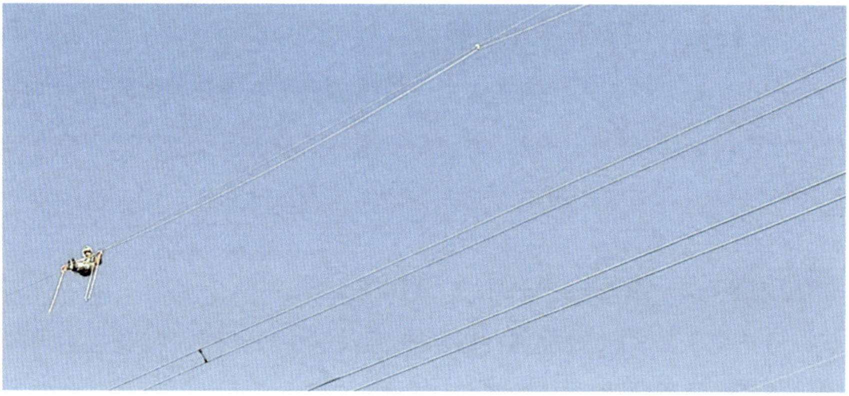

修补地线绝缘绳索分段承托

5.测距离：排除安全距离不够造成的危险

在出线梯头下方挂设绝缘测距绳，直观有效地监测地线作业人员与带电导线的距离，确保作业人员与带电导线保持足够的安全距离。

6.修补线：消除地线断股缺陷

严格按照地线断股修补工艺标准要求消缺。

专家点评

架空输电线路带电修补断股地线是一项危险性高、难度较大的工作，对带电检修人员的技术水平要求较高。根据文中提到的工作法，检修人员只要掌握六个步骤，便可安全快捷消除带电线路地线断股缺陷。另外，通过“勘现场”“核距离”“算强度”可判断带电作业的可行性，评估作业的安全性，将带电作业的安全风险降到最低；而“托绳索”“测距离”“修补线”三个步骤则是排除在带电工况下各种可能危及作业人员安全因素完成地线修补，确保作业人身安全和设备安全。总体来说该工作法实用性强，具有很强的专业指导性，可极大提高作业安全性，降低劳动强度，提高工作效率。

带电更换±800千伏特高压直流线路直线绝缘子“V吊提线”十步工作法

工作法简介

针对特高压直流带电更换直线绝缘子的问题，夏增明总结提炼出一套高效实用的“V吊提线”带电更换绝缘子的方法，主要包括“查资料”“编方案”“观天气”“测工具”“退保护”“进电场”“V吊提线”“换绝缘子”“出电场”“投保护”十个步骤，使更换绝缘子工作更加快捷可靠。

工作法背景

绝缘子具有良好的绝缘性能是确保线路稳定运行的重要因素，因此及时带电更换不良绝缘子对线路健康运行具有重要意义，但是带电更换直流特高压直线绝缘子存在较大困难，必须严格按照规程要求规范操作，否则将严重危及人身安全和设备安全。因此，采取一套行之有效的带电更换绝缘子方法，可以极大地提高作业安全性及作业效率。

工作法应用

1.查资料：夯实安全作业基础

现场勘察及资料收集是确保工作安全开展的前提，是确定作业方法及工具配置的重要依据。在现场勘察及资料收集的基础上计算判断作业能否确保各项安全距离，如不能满足带电作业条件，禁止开展带电作业并申请停电检修，避免给作业人员带来危险。

2.编方案：掌握安全作业关键环节

根据计算结果，满足带电作业技术条件情况下，择优选择进出电场方法，配备充足的人员组合，配置合适的作业工具，精准详实明确作业流程及安全注意事项。

3.观天气：掌控安全作业先决条件

作业前，确认现场天气符合带电作业要求。

4.测工具：奠定作业安全基础

现场仔细检查检测工具，排除不合格工具进入现场。

5.退保护：支撑作业安全可靠

作业开始前，工作负责人向调控申请退出线路两侧直流再启动保护装置，得到许可后方可开工。

6.进电场：严格规范操作

直流特高压线路直线塔宜采用吊篮法进入强电场，等电位作业人员穿全套合格特高压屏蔽服、戴好

带电更换直流特高压V串绝缘子工具长度测量

屏蔽面罩、使用电位转移棒，在确保各项安全距离要求的情况下快速与导线同电位。

7.V 吊提线：简化工具配置

采用在线路导线上方横担两侧联板施工孔和导线侧联板施工孔组装承力工具，在横担联板施工孔安装 Y 形连接头，中间用不小于 6.8 米绝缘有效长度绝缘拉棒，下连钛合金调节板，再连液压丝杆及导线侧联板施工孔安装牛头卡具，因工具少而轻，减轻了作业人员的劳动强度。

V 吊提线法带电更换特高压 V 串绝缘子

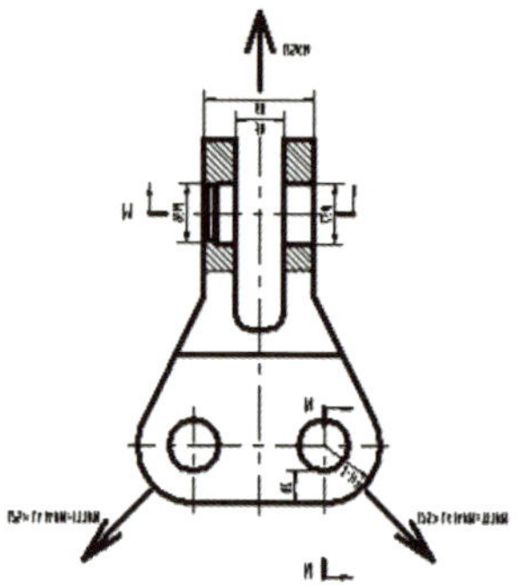

V 吊提线法带电更换特高压 V 串绝缘子牛头卡具

8.换绝缘子：排除不良缺陷绝缘子

检查工具连接可靠后收紧液压丝杆转移导线荷载，冲击试验确无问题后用小张力转移器转移长绝缘子弯曲张力，可进行绝缘子更换工作。

9.出电场：拆除工具返回地面

检查屏蔽服、屏蔽面罩是否连接良好，使用电位转移棒，快速脱离导线退出等电位。

10.投保护：恢复线路健康状态

作业结束，工作负责人向调控申请恢复线路两侧的直流再启动保护装置。

专家点评

带电更换 ±800 千伏特高压直流线路直线绝缘子工作，是带电检修难度最高的一个项目，对检修人员的技术水平要求高。根据文中提到的办法，检修人员只要熟练掌握十个关键步骤，便可顺利完成直流特高压直线绝缘子更换。通过“查资料”“编方案”可判断带电作业的可行性，评估作业的安全性，将带电作业的安全风险降到最低；后续八个步骤则是排除带电工况下各种不安全因素更换绝缘子，确保作业人身安全和设备安全。总体来说该工作法实用性强，具有很强的专业指导性，可提升作业安全性，降低劳动强度，大大提高工作效率。

周红亮

ZHOU HONGLIANG

人生只有走出来的美丽，
没有等出来的辉煌。

周红亮，中共党员，国网陕西省电力有限公司宝鸡供电公司工程师、高级技师，宝鸡市首席技师。他坚持 26 年春节假日驻扎秦岭保电融冰，保持和弘扬了“特别能吃苦、特别能战斗、特别能奉献的线路铁军精神。获评全国劳动模范、陕西省总工会“三秦工匠”、国家电网有限公司、特等劳动模范等荣誉称号。

遥控带电作业的输电线路快速分流发热消缺工作法

工作法简介

针对输电线路因螺丝松动等原因造成接点发热、引流烧断问题导致发生故障的风险，周红亮以一种新型遥控带电作业快速分流线夹为基础，提炼出一套有效的解决实施方法，具有低成本、操作方便，连接可靠的特点，能够保障作业人员的人身安全、避免线路停运，有效提高输电线路安全运行性能。

工作法背景

根据 2019—2021 年度数据统计，国网陕西省电力有限公司输电线路发热接点 289 处，典型原因包括：并口线夹螺丝松动、导线表面氧化、夹杂异物发热等。

螺栓松动

夹杂异物

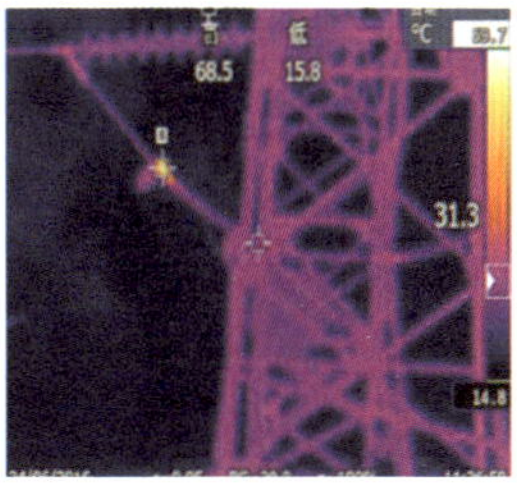

接点温度过高

在输电线路运行过程中，由于连接金具松动或引流连接板中夹杂异物，经常会造成线路接点处局部电阻增大，轻者会在该处产生大量焦耳热，造成能源损失，重者会造成导线熔断的严重故障。因此，一旦发现输电线路接点发热隐患，应尽早采取措施进行处理，以消除事故隐患。

工作法应用

1.工作法创新点

遥控带电作业的输电线路快速分流发热消缺工作法可用于处理输电线路接点发热隐患。因目前行业内多采用并联旋转线夹处理故障，故本工作法处于国内行业领先水平，其创新点主要包括以下 4 点。

（1）机电一体化设计。采用电机旋转带动线夹螺栓机械旋转，从而达到线夹与导线连接紧固。

（2）遥控自动控制。通过遥控信号在地面进行遥控操作锁紧杆升降，实现了线夹自动锁紧、收缩以及弹射的功能。

（3）锁紧方式。将人工手动旋转操作杆的锁紧方式转变为冲击式螺栓旋转锁紧的方式，极大地增加了锁紧力矩，改善了线夹在长时间受力情况下易松动的问题。

（4）主机与线夹分体式设计。该设计有效避免电机长时间处于野外而受损严重的情况发生，实现了一套主机可配合多组分流线夹一同使用，有效降低了经济成本，提高了带电作业的工作效率，减少了停电损失，延长了主机的使用寿命。

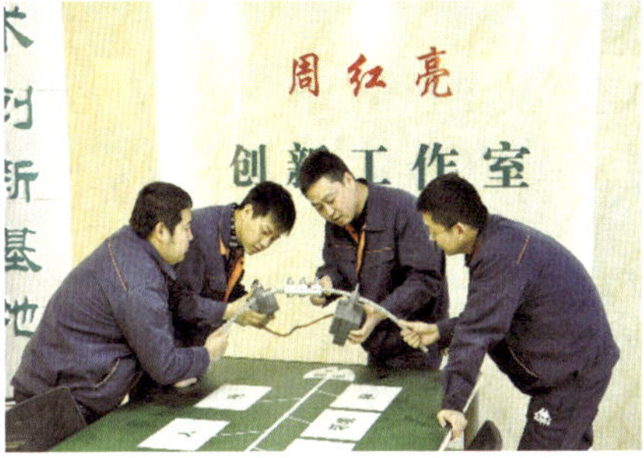

工作室做试验

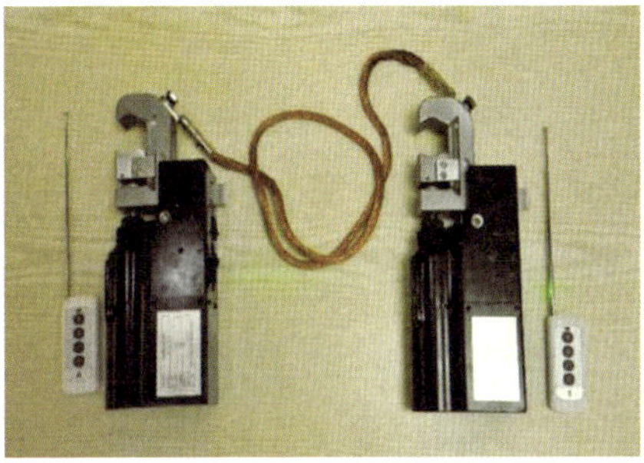

分流装置成果

现场消除缺陷

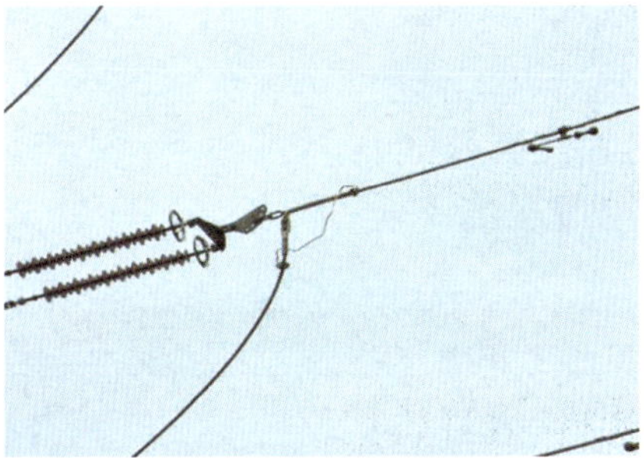

实施结果

2.工作法效益

遥控带电作业的输电线路快速分流发热消缺工作法的成功应用，使处理接点发热的检修质量明显提高，作业时间缩短到 10 分钟以内，作业流程明显减少，同时带电作业人员劳动强度明显降低。本工作法可广泛应用于架空输电线路接点发热处理的工作，开拓了带电处理接点发热缺陷的新领域，具有普遍的推广性。同时该工作法还能应用于配网临时搭接头和变电站接点发热缺陷处理作业，并已在陕西省内推广使用且反响良好，通过该工作法的实施，解决了工作中的实际问题，消除了线路运行过程中的安全隐患，推动了输电线路消缺工作的标准化、规范化，在现场应用中获得了高度评价，创造了良好的社会效益。

根据陕西地区的平均电网负荷计算，与传统停电检修处理工作法至少需要停电 4 小时相比，使用遥控带电作业的输电线路快速分流发热消缺工作法单次处理接点发热缺陷可节约 6.75 万千瓦时的电量损失。全省 289 处缺陷消除预计节约费用 1156 万元。减少了停电损失的同时，有力保障了电网的安全稳定运行，并且避免了因为接点发热而引起的接点熔断甚至断线倒塔等严重故障的发生，提高了输电线路运行的安全可靠性。

3.遥控带电作业的输电线路快速分流发热消缺工作法实际应用情况统计

线路名称	杆号	相序	接点温度恢复正常所用时间（分钟）
联雍线	10号塔大号侧	A	8.5
姜中线	15号塔大号侧	A	7
硖姜Ⅱ线	13号塔小号侧	C	7.8
马姜Ⅰ线	26号塔大号侧	B	9
马明线	30号塔大号侧	C	9.5
岭代线	28号塔大号侧	B	8
段蔡线	19号塔大号侧	A	8.2
马卧线	35号塔大号侧	B	7.9

续表

线路名称	杆号	相序	接点温度恢复正常所用时间（分钟）
雍卧线	50号塔小号侧	A	8.8
马岭线	43号塔小号侧	C	9.2
	平均用时		8.39

专家点评

遥控带电作业的输电线路快速分流发热消缺工作法，可有效降低输电线路因螺丝松动等原因造成接点发热、引流烧断问题导致发生故障的风险。该工作法实用性高，具有很强的专业指导性，极大地提高了输电线路安全运行性能，已在国网陕西省电力有限公司 12 家地市公司多条输电线路治理项目中得到落地应用。

张毅

ZHANG YI

传承带电技艺，
发扬奋斗精神。

张毅，中共党员，国网重庆市南供电公司带电作业技术管理专责，高级技师、高级工程师、重庆市电力公司高级专家、全国带电作业标准化技术委员会委员。有着 34 年 10~220 千伏带电作业经历，是国网重庆电力配网带电作业的开拓者，坚持“专家带专业”，参与完成了 100 多项带电作业国家标准、行业标准的修编与审定工作，帮扶国网重庆电力 20 多家兄弟单位实现配网不停电作业从无到有。擅长运用蜂窝梯、蜈蚣梯、多功能平台等绝缘工具开展多种形式的不停电作业，成功破解了不停电作业在山地、丘陵受限难题。获评全国劳动模范、中华技能大奖、全国技术能手、中央企业百名杰出工匠、中国好人等荣誉称号，享受国务院政府特殊津贴。

山地丘陵地区人工带电立杆四步工作法

工作法简介

针对重庆多山地、多丘陵的地形特点，张毅提炼出一套不使用特种作业车的人工带电立杆作业法，主要利用“蜈蚣梯”代替绝缘斗臂车、利用抱杆加绞磨机代替吊车，实现山地带电组立电杆并组装横担及金具，提升了重庆山地丘陵地区特别是乡村地区的企业和居民用电客户的幸福指数。

工作法背景

随着乡村振兴战略的不断推进，以及城乡电网的建设和城乡一体化的发展，减少停电提高供电可靠率已成为考核电力企业的重要指标。受重庆山地、丘陵地理环境的限制，带电作业特种车辆能抵达的作业点大约只占 30%。若采取停电作业的方式完成电杆的组立和新变压器的安装并投入使用，会造成大面积停电，影响客户用电幸福度。因此，打破工器具的限制，实现山地人工带电立杆，可以极大地提高山地供电可靠性，为乡村振兴和经济发展助力。

工作法应用

1.编写方案

带电立杆工作属于配网不停电作业工作项目中的第三类复杂项目，工作负责人和工作票签发人需要进行现场勘察，根据现场实际情况找准蜈蚣梯、抱杆、绞磨机的合适位置，编写详细的山地带电立杆实施方案。

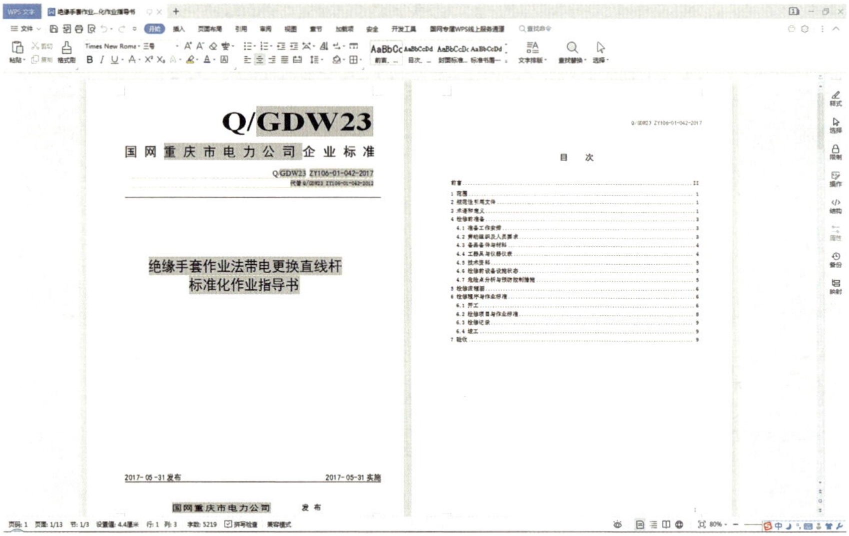

编写立杆指导书

2.设置遮蔽

地面电工在合适位置安装蜈蚣梯底盘，并在四角设置揽风绳，将蜈蚣梯安装并固定。操作电工以蜈蚣梯代替绝缘斗臂车作为主绝缘登杆，以“先近后远、先带电体后接地体”的原则完成导线的绝缘遮蔽，随后拆除蜈蚣梯。使用蜈蚣梯完成绝缘遮蔽，既保证了作业人员的人身安全，又保证了作业过程中设备的安全。

使用蜈蚣梯设置遮蔽

3.组立电杆

地面电工在合适位置安装绞磨机和抱杆的底座，并在四角设置揽风绳，将抱杆安装并固定。工作负责人指挥起吊电杆至合适高度，地面电工使用电杆遮蔽罩对电杆顶部进行绝缘遮蔽后，方可继续指挥起吊完成该项工作。

4.安装金具

重新安装蜈蚣梯，操作电工使用蜈蚣梯登杆，严格控制作业幅度，始终保持导线绝缘遮蔽重叠部分大于 15 厘米的要求，按照工作要求完成电杆横担、金具、绝缘子的安装以及引流线的搭接，实现电气设备带电投入使用。最后按“先远后近、先接地体后带电体”的原则拆除绝缘遮蔽与蜈蚣梯。

使用蜈蚣梯安装金具

专家点评

该工作法采用“蜈蚣梯”、抱杆等工具代替了特种作业车，在保证安全的前提下充分解决了重庆山地、丘陵为主的地势导致特种作业车无法到达的棘手问题，极具地方特色。

应用便捷式绝缘杆进行带电接火作业六步工作法

工作法简介

针对重庆多山地、多丘陵的地形特点，张毅从实际情况出发，研制便捷式绝缘杆带电接火工具并总结出六步工作法，通过纵向伸缩开合的线夹夹头机构、咬合齿Z型压板、死点式锁定装置等三个结构实现10千伏引流线的便捷搭接，极大地提高了山地丘陵地区用电设备的带电新投和使用效率。

工作法背景

在落实乡村振兴战略的进程中，保障乡村企业扩容接电是重中之重。带电搭接引流线可以在新客户接入配网主线路用电的同时，不影响主线路上其他用户的用电，是优化营商环境的重要一环。因此，在绝缘斗臂车无法抵达的乡村山地，绝缘杆操作法正是开展带电作业的不二法宝。

工作法应用

1.设置绝缘遮蔽

绝缘遮蔽是带电作业保障人身安全和设备安全的重中之重，操作人员首先使用绝缘操作杆对带电导线进行绝缘遮蔽。

设置绝缘遮蔽

2.剥除绝缘层

操作人员打开绝缘遮蔽，使用绝缘杆剥皮器在导线合适位置剥除绝缘层，作为引流线的搭接点。

剥除绝缘层

3.安装线夹

使用带电接火工具，通过纵向伸缩开合的线夹夹头机构，实现固定线夹的灵活开合，以此固定引流线线夹，便于单人固定线夹以及将线夹挂入主线。

4.穿入引流线

使用带电接火工具，通过咬合齿 Z 型压板，实现剥除绝缘层的引流线的有效固定，有利于保证单人使用工具时引流线的安全固定。

安装线夹并穿入引流线

5.固定引流线

使用带电接火工具，下压 Z 型压板连接杆手柄，通过死点式锁定装置实现安装工具对线夹和引流线的单人可靠固定以及安装工具的单人便捷拆卸。

6.完成搭接

完成引流线、线夹的固定后，使用带电接火工具将线夹固定至搭接点，随后取下工具，完成工作。

使用绝缘带电接火工具完成工作

专家点评

本工作法针对重庆特殊地形进行工具创新，设计纵向伸缩开合的线夹夹头机构、咬合齿 Z 型压板、死点式锁定装置等三个结构，实现 10 千伏引流线的便捷搭接，充分解决了重庆山地、丘陵为主的地势导致特种作业车无法到达的棘手问题，极具地方特色。

周喜军

ZHOU XIJUN

择一业，精一事，忠一生，不为繁华易匠心。

周喜军，中共党员，国网新源集团福建厦门抽水蓄能有限公司副总经理、党委委员，正高级工程师。他扎根机组调试电力一线25年，带领团队在工作实操中形成一套适用于国网新源控股有限公司特点的调试体系，完成国内抽水蓄能项目首次自主调试工作，实现我国抽水蓄能专业自主调试队伍从零到一的跨越式发展，获评国网工匠、国网新源控股有限公司优秀党务工作者等荣誉称号。

抽蓄机组导叶控制规律安稳区间寻优工作法

工作法简介

针对电站建设运行各阶段导叶控制规律发生偏差的问题，周喜军提炼出了一套导叶控制规律安稳区间寻优工作法，通过对电站机组运行过程的严格控制和运行阶段参数靶区的动态跟踪，严格控制导叶控制规律安全稳定区间，确定保证电站安全稳定运行的导叶控制规律的变化范围。

工作法背景

抽水蓄能电站机组运行工况复杂，在各种极端过渡过程工况下，保障电站全系统各水力单元的特征参数，特别是机组甩负荷过程中转速上升率、蜗壳进口压力和尾水管进口真空度及调压室涌浪水位等关键特征参数在电站安全运行保证值范围之内意义重大。而机组导叶启闭规律对上述主要特征参数指标具有关键性的影响，因此在电站机组调试、运行、检修中采取一套确定机组导叶启闭规律安稳区间自动优化工作法，对机组安全运行意义重大。设计和施工阶段进行导叶控制规律优化时，一般只给出一条最优的开启或关闭规律，没有考虑动水关闭条件及电站长期运行后导叶控制规律发生偏差对过渡过程参数的影响，给抽水蓄能电站安全稳定运行带来了巨大挑战。

工作法应用

1.电站预可研阶段：确保目标电站与参考电站的流道参数和转轮参数相似

优选同类型流道布置型式和类似水泵水轮机水力参数模型，根据初拟的机组及输水系统参数进行大波动过渡过程计算，并留较大裕度，一般优选一段关闭且不进行小波动、水力干扰过渡过程计算。

2.可研及招标设计阶段：确保主体土建标和主机标招标文件详实

进行详细的大波动、小波动、水力干扰过渡过程计算，对输水发电建筑物体型、尺寸、机组参数等进行优化，为水工、机电招标设计提供依据。

3.技术施工设计阶段：根据工程开挖和转轮真机特性曲线开展过渡过程复核计算，优化导叶控制规律安稳区间

进行过渡过程复核计算，进一步确定调压室孔口的尺寸、优化机组导叶关闭规律和调速器参数，复核调压室涌浪水位，保证水电站安全稳定运行。转速在 −6%~+6% 速度偏差范围内，单台机组导叶关闭速度发生偏差不会对过渡过程造成影响，而两台机组同时发生异向偏差时，可能会导致尾水管进口最小压力低于控制值要求，造成过渡过程风险，本阶段需高度重视，寻找导叶控制规律最优区间。

4.机组调试阶段：整定导叶启闭规律和调速器参数，开展过渡过程反演分析

结合机组的调试运行工况和电站实测资料，开展过渡过程反演分

析，对比仿真计算结果与实测结果的差异，修正仿真计算模型，确定最终的导叶关闭规律和调速器参数，控制机组转速上升率、蜗壳进口压力和尾水管进口真空度及调压室涌浪水位等关键特征参数在电站安全运行保证值范围之内。

周喜军在实验室进行参数测算

5.机组运行阶段：控制导叶控制规律安全稳定区间，确定保证电站安全稳定运行的导叶控制规律的变化范围

“一机一策”实时比对机组开停机及特定工况参数“标靶”对导叶开启和关闭规律及转速、压力等特征参数监测预警，提升机组安稳运行水平。

（1）单台机组发生甩负荷工况，不必考虑速度偏差对机组过渡过程的影响。

（2）一管双机同时甩负荷情况。虽然调试期间对机组分别进行了导叶关闭规律校核，但两台机组具有独立的系统，长期运行使得两台机组的偏差方向具有不确定性，即两台机组关闭速度可能发生同向偏差或异向偏差。两台机组速度偏差的组合工况并不会引起蜗壳进口压力极值的超限，但可能会引起尾水管压力极值的超限，尤其当两台机组速度偏差方向不一致时极易发生超标，使双机甩负荷过程不满足调节保证要求。

发生速度偏差方向不一致的情况具有随机性，为了保证双机甩负荷过程的安全性，电站的导叶关闭速度偏差不宜超过 ±2%。

专家点评

抽水蓄能电站导叶启闭规律是控制过渡过程极值参数的关键因素，在转轮特性已确定的情况下，导叶关闭规律作为限制机组转速和输水压力极值的主要手段，其精准度对机组的稳定运行起着决定性作用。调试人员只要严格执行该工作法，将可能出现的最危险工况确定为目标优化工况，通过选取目标优化工况下的最优导叶控制规律，快速准确地确定最优的导叶控制规律安稳区间，保证电站运行于最危险工况下依然能够保持安全可靠运行。该工作法贯穿抽蓄电站建设全过程，具有较强的指导意义。

抽蓄机组“一管双机”甩负荷过渡过程反演跟踪工作法

工作法简介

周喜军针对试验过程中的风险点，创新提出抽蓄机组“一管双机”甩负荷过渡过程反演跟踪工作法，通过理论仿真计算、真机试验、真机反演论证三步走，对“一管双机”甩负荷过程做闭环控制，确保抽水蓄能机组安全稳定运行。

工作法背景

抽水蓄能电站输水系统有一管四机、一管三机、一管两机和一管一机等多种布置形式，以占据主流设计方式的抽水蓄能电站一管两机布置进行背景说明。双机同时甩负荷时引水系统压力钢管和尾水管所承受的压力变化、机组振动过速以及两台机组相互之间的影响，均较单机甩负荷大，很有可能出现水工建筑物受损或机组设备部件因振动大而出现松动、脱落等事故，故双机甩负荷试验是抽水蓄能电站调试过程和生产过程中最重要且最具危险性的项目，电站过渡过程安全关系到整个电站的运行安全。抽水蓄能电站水力过渡过程计算（调节保证计算）贯穿于电站建设的全过程，从可行性研究阶段采用类似的机组特性曲线进行初步计算到机组投产前的调试阶段采用真机特性曲线进行复核仿真计算以及利用真机试验数据进行反演分析计算，均是为了更准确地评估机组在启动、增负荷、甩负荷、断电等过渡过程中的参数变化，保证抽水蓄能机组和电站安全稳定运行，进而提升抽水蓄能电站服务电力系统安全稳定运行的能力。

工作法应用

理论复核仿真计算：复核典型水头下，真机模型和实际开挖流道参数下的过渡过程极值，为现场试验提供实施依据。

复核蜗壳进口最大压力、尾水管进口最小压力、机组最大转速、调压井最大最小涌波水位、输水系统典型特征点的最大及最小压力的计算值与合同保证值基本一致。

真机试验：做好事故预想，落实安全措施，确保实测数据符合实际。

事故预想：

（1）双机在甩负荷时，压力钢管、蜗壳压力会瞬间急剧上升，可能会导致流道、调压井以及相关机组管路出现受损故障。

（2）双机在甩负荷时，尾水管锥管压力会瞬间降低，有可能出现负压，导致机组振动摆度增大甚至机组锥管受损故障。

（3）双机在甩负荷时，机组各部振动、摆度会突然急剧增大，可能会导致机组转动部分、管路及阀门松动开裂。

（4）电气设备中的 500 千伏出线设备、GIS、500 千伏电缆等首次带大负荷运行，可能会出现保护误动以及部分设备过热现象，甚至可能导致 500 千伏和厂内 10 千伏停电。

安全措施：

（1）在双机组甩负荷试验前，所有人员均熟悉试验方案及双机甩负荷应急预案。试验过程中，服从统一指挥，运行操作由运行值班人员执行。

（2）完成水淹厂房应急演练，参试人员熟悉逃生通道。

（3）试验前确认机组振动、摆度、蜗壳压力、尾水管进口压力、机组转速、接力器行程等测试仪表工作正常，确认调速器参数及励磁调节器参数正确。

（4）试验前做好安全技术交底，清理地下厂房内所有无关人员，限制与试验无关人员在地下厂房内工作。

（5）试验中加强对上下水库进水口的监测，限制人员进入上下水库进出水口闸门附近，对整个压力管道系统、蜗壳进口压力、尾水管压力以及机组转速上升、压力脉动等进行实时监控，发现异常，立即停止试验。

（6）试验后，分析判断数据正确且确认甩负荷数据没有超过规程和合同规范要求后，方可进行下步试验。

（7）试验后严格对双机进行检查，只有在检查确认无误后，方能进行下步试验。

真机反演论证：利用真机试验数据，修正计算模型，提升模型精度，通过反演计算外推电站机组在全水头下运行的安全性。

重点针对试验采集的蜗壳压力、尾水管进口压力原始数据进行分析，采用经验模态分解法（EMD），将压力分为趋势项和脉动项，并将趋势项与计算值对比，统计计算偏差。对于脉动项，采用95%的置信度进行分析，获得压力脉动的峰值。实现抽水蓄能电站过渡过程极值压力的精准预测。

周喜军带领团队进行真机反演论证

专家点评

双机甩负荷试验目的主要是检验调速系统的动态调节性能，校核导叶接力器紧急关闭时间，蜗壳水压上升率，机组转速上升率，尾水管压力等参数是否符合设计规定；校验调节参数的整定值是否满足调节保证计算的要求；检验双机甩负荷后的各项指标是否满足合同及规范要求，以保证机组安全运行。抽水蓄能电站对此项试验高度重视，并对试验过程中可能出现的各危险点进行仔细论证，确定了“理论仿真计算一遍、真机现场试验一遍、真机反演论证指导一遍”的双机甩负荷工作法，对“一管双机”甩负荷过程做闭环控制，确保抽水蓄能机组安全稳定运行。该工作法对“一管双机”甩负荷安全实施具有重要指导意义。

黄旭

HUANG XU

为生产一线解决实际问题，是我坚持创新的初衷。

黄旭，中共党员，国网天津市电力公司城东供电分公司副高级工程师、高压线路带电检修技师，国网工匠，国家电网公司生产技能专家。他扎根配电生产一线 15 年，带领团队开展高压带电作业 4280 余次，为津城百姓多供电量 2000 余万度，研发新型带电绝缘棘轮剪刀等 50 余项创新成果、获得了 48 项国家专利授权，先后完成习近平总书记来津视察、建党 100 周年《伟大征程》重要活动和河南抗洪抢险等重特大保电任务上百次，获评全国劳动模范、全国电力行业技术能手、国网工匠等荣誉称号。

人机协同配网带电作业机器人作业现场勘察六步工作法

工作法简介

针对无法精准判断某一作业现场是否可以使用人机协同配网带电作业机器人作业的问题，黄旭在长期带电作业机器人试点应用工作中，总结提炼出一套人机协同配网带电作业机器人现场勘察方法，主要包括“一察线路形式”“二察引线情况”“三察行线情况”“四察作业空间”“五察现场地面”“六察民事影响”六大步骤，最终得出能否采用人机协同配网带电作业机器人作业的结论。

工作法背景

目前，国网天津电力积极开展人工智能配网带电作业机器人的试点应用工作，按照能机器人作业全部采用机器人作业的方式开展。但由于配电线路设备形式多样，环境复杂，很多现场受杆上设备、周围环境等因素影响不满足机器人作业条件，机器人到达现场发现无法施工或在作业过程中出现引线搭接、导线剥皮失败情况时有发生，影响带电作业计划执行率，同时对带电作业小组的时间也是一种浪费，还会降低班组使用机器人的积极性。为此，在现场勘察环节采取一套行之有效的现场勘察方法，可以大大提高机器人作业成功率。

工作法应用

1.一察线路形式，勘察作业杆塔杆头布置情况

到达作业点位后，首先确认杆头布置情况，包括：主线路是单回还是双回，行线列方式是水平、三角还是垂直，杆塔是直线杆、耐张杆还是转角杆，行线与引线的相对位置是顺线路、垂直线路还是有一定的夹角等，并填入现场勘察记录。

勘察作业杆塔杆头布置情况

2.二察引线情况，勘察待接引线情况

察看引线情况，包括：引线规格，引线三相预留长度，引线是否需要更换或加装绝缘子，引线是否带钢芯，引下线是否会与机器人及绝缘臂发生干涉等，并填入现场勘察记录。

3.三察行线情况，勘察主导线情况

察看主导线情况，包括：主导线规格，主导线绝缘层为单层还是双层，主导线搭火点附近是否安装防雷线夹，主导线线外直径，三角形排列时中间相与两边相垂直距离，横担宽度等内容，并填入现场勘察记录。现场无法确定的数据可查找运行部门台账。

勘察主导线情况

4.四察作业空间，勘察作业斗工作位时周围空间情况

勘察作业斗工作位置周围空间情况

察看作业斗工作位置周围空间情况，包括：引线一侧直径2.5米半球形空间内是否有遮挡，引线下方是否有过线、过线距边相行线距离是否不小于2.5米，行线上方是否有过线、过线距中相行线距离是否不小于0.5米，电杆附近是否有其他带电体会影响绝缘斗三相搭火作业空间，周围是否有其他建筑物或树木等，并填入现场勘察记录。

5.五察现场地面，勘察作业区域内地面情况

察看作业区域内地面情况，包括：是否有4米×8米平坦坚实地面停放绝缘斗臂车，绝缘斗臂车停放位置与车头朝向是否符合要求，绝缘斗臂车转盘中心与作业点电杆直线距离是否小于7米，地面是否有其他方案作业的障碍物等，并填入现场勘察记录。

6.六察民事影响，勘察作业时对周围民事影响

察看周围环境，作业时是否对民事造成影响，包括：作业是否占用农田或绿化带，作业地点是否需进入非报装用户或居民楼院内，是否占用道路，过往车辆行人是否密集，是否堵塞占用商家门口等，并与相关单位个人提前协调，将以上情况及协调结果一并填入现场勘察记录。

勘察作业时对周围民事影响

专家点评

配网带电作业机器人作业是配网带电作业人工替代的有效方案，但受限于科技水平，目前机器人的适用性还不是很强，这对机器人作业前的现场勘察工作提出了更高的要求。根据该工作法，带电作业人员只要熟练掌握现场勘察时的“六大步骤”，便可以精准判断该现场是否可以采用机器人作业。总体来说，该方法实用性强，可推广性高，具有很强的专业指导性，可有效提升人机协同配网带电作业机器人的现场应用成功率。

李征

LI ZHENG

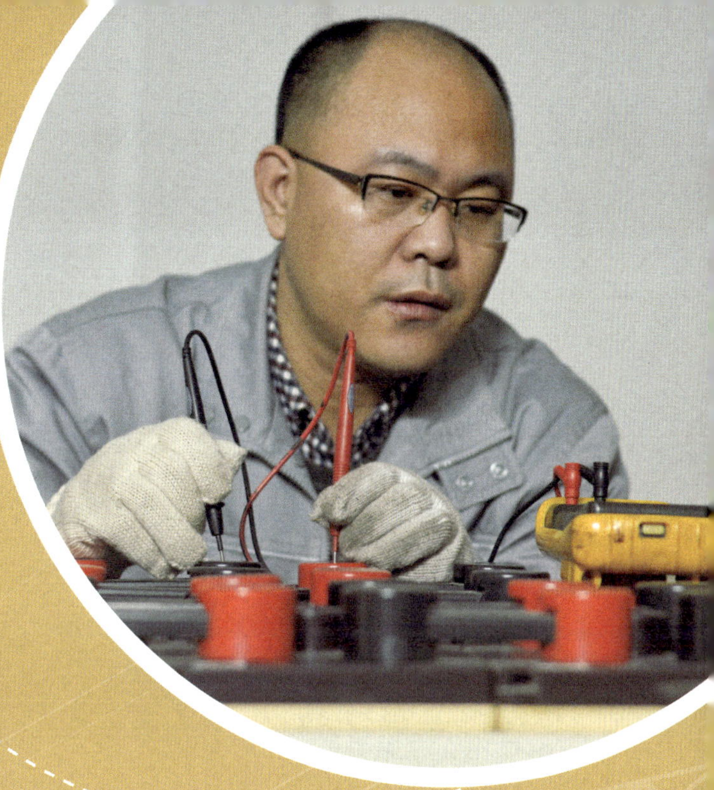

成功——奋斗的起点，

失败——前进的动力。

李征，中共党员，国网冀北电力有限公司唐山供电公司二次检修中心四级职员，高级技师，高级工程师，全国示范性劳模和工匠人才创新工作室、国家级技能大师工作室——“李征创新工作室”领军人。参加工作以来，李征累计解决技术难题 465 项，完成创新成果 168 项、国家专利 256 项、论文 233 篇、国家标准 2 部，创造经济效益 9500 多万元，培养各级专家人才和技术能手 42 人。获评全国劳动模范、中华技能大奖、全国技术能手、国网楷模、国网工匠等荣誉称号，享受国务院政府特殊津贴。

变电站端子箱运维五步工作法

工作法简介

李征针对变电运维工作场景，改善工作流程，总结形成变电站端子箱运维五步工作法，具体包括“维护箱体”“维护驱潮加热”“维护封堵”“红外检测”“二次元件维护”五个步骤，实现对端子箱本身状态和端子箱内部元器件的有效维护，保障变电站安全稳定运行。

工作法背景

目前变电站设备自动化程度越来越高，端子箱作为室外断路器、隔离开关等电气设备与室内测控、保护以及通信等二次设备连接的衔接环节，其运行状态对电力设备监控及控制作用逐渐增强。因此，在实际端子箱维护工作中采取一套行之有效的工作方法，可以极大提高端子箱维护效率和质量，提前消除安全运行隐患。

工作法应用

1.维护箱体：判断设备外部状态

检查密封条、箱门铰链或把手、箱体锈蚀、二次接地、黄绿相间的接地标识等情况，维护完毕后检查箱门关闭是否良好、严密、无卡涩。

2.维护驱潮加热：判断设备内部运行环境

根据环境变化驱潮加热装置是否自动投切判断装置工作是否正常，维护时做好与运行回路的隔离措施，断开驱潮加热回路电源，更换损坏的加热器、感应器、控制器等元件，工作结束逐一紧固驱潮加热回路内二次线接头，防止松动断线。

3.维护封堵：判断防止小动物情况

封堵时应用防火堵料，必要时用防火板等绝缘材料封堵后再用防火堵料封堵严密，以防止发生堵料塌陷。封堵时应防止电缆损伤、松动造成设备异常，封堵完毕后检查孔洞封堵是否完好。

4.红外检测：判断端子发热情况

检测范围为端子箱及检修电源箱内所有设备，重点检测接线端子、二次电缆、空气开关、熔断器、接触器。测试设备温度是否在正常范围，如有疑问应汇报并进行复测。

5.二次元件维护：判断内部元件状态

熔断器、空气开关及接触器等损坏后，应先查找回路有无短路，更换配件应使用同容量备品设备，熔断器、空气开关更换应满足级差配置要求，通电后插座电压测量正常。更换后，熔断器再次熔断或空气开关再次跳闸，应查明具体故障原因。

变电站进行端子箱维护时按以上五个步骤对端子箱进行全方位维护，可以确保外部防风雨、防小动物，内部二次元件运行可靠，实现维护全面且到位，保障电网一、二次设备可靠运行。

测试工作室维护元件

专家点评

变电站端子箱是室外断路器、隔离开关等电气设备与室内测控、保护以及通信等二次设备连接的衔接环节，一般就地安装在室外一次电气设备间隔，端子箱内二次元件可靠运行对变电站设备安全稳定运行起到至关重要的作用。技术人员只要熟练掌握“变电站端子箱运维五步工作法”，便可以保证端子箱内二次元件的正常运行，避免二次端子接触不良，造成电流回路端子发热甚至开路，引起保护拒动或误动等事故。该工作法具有很强的实用性和专业指导性，对变电站端子箱及内部二次元件运维发挥关键作用，可以有效提高变电运维人员工作效率，防止因端子箱漏雨、内部发热和小动物造成的事故，提高电网安全运行水平。

姜涛

JIANG TAO

奋战于黑暗，
播撒着光明。

姜涛，中共党员，国网山东省电力公司济南供电公司电缆运检中心班长，高级工程师、高级技师，省公司高级专家。他扎根电缆运检一线20年，累计巡视电缆线路7万余千米。工作中他对技艺精益求精，他个人并带领徒弟多次获得国家级、省部级竞赛与行业竞赛个人、团体第一名，获评全国五一劳动奖章、全国技术能手、全国电力行业百名“电力工匠”等荣誉称号。

高压电缆附件安装预处理三环工作法

工作法简介

针对电缆附件安装中经常出现的问题，姜涛在长期的电缆工作中，总结了一套行之有效的电缆附件安装预处理方法，主要包括“精准切割处理护层”“精雕细琢处理绝缘屏蔽”“精细打磨处理绝缘”三个环节，有助于保证附件安装后长期安全稳定运行。

工作法背景

附件是电缆系统最为薄弱的环节，是决定电缆运行可靠性的关键因素。附件的安全运行受多重因素的影响，如运行环境、附件材质本身的质量、安装工艺以及电缆预处理的情况。其中，电缆预处理是最关键的环节，它直接决定了电缆附件是否能够正确安装。电缆预处理对施工人员的技术水平有较高的要求。因此，一套行之有效的电缆预处理标准工艺流程，对于电缆附件的安装和安全运行意义重大。

工作法应用

1.精准切割，护层处理

外护套剥除，应明确护套的厚度，根据厚度合理操作手锯或月牙刀，使切入的深度为总体厚度的三分之二，以免伤及内层结构。本方法中，为了方便操作人员对切入深度的掌握，可在锯条或月牙刀面进行标记。另外，断口处按照工艺图纸尺寸要求的石墨层应刮除干净，不应有残留。

金属护套剥除同外护套类似，切割厚度为金属护套厚度的三分之二，不应切透，以免伤及绝缘。金属护套断口应胀成喇叭口形状，并应去除尖角和残余金属碎屑。

2.精雕细琢，屏蔽处理

传统的绝缘屏蔽处理都是一次刮除并将断口成型，光滑过度不够。本方法将屏蔽层的去除分成“粗刮”和“精修”两步，降低了绝缘屏蔽层的处理难度。

“精修”处理绝缘屏蔽断口

“粗刮”绝缘屏蔽指按照工艺图纸要求，用玻璃刮除规定尺寸内的绝缘屏蔽，一定要刮除干净，绝缘上不得残留颗粒。同时，刮除的过程应控制好玻璃片的角度，与电缆轴线的夹角约 15 度。将绝缘屏蔽刮除至距断口 2~5 毫米的位置，再进行“精修”操作。“精修”处理绝缘屏蔽断口时，断口应平直，与绝缘形成光滑的过渡，不应存在尖角毛刺，为达到上述目标，需要使玻璃片在形成断口处一贯而下，不应停顿。此处操作玻璃片的速度不宜过快，同时动作幅度不宜过大。

3.精细打磨，绝缘处理

绝缘应进行打磨抛光处理，打磨应使用 320~1000 号的砂纸。首先使用打磨机或 320 号砂纸进行初抛，使用砂带机时手要扶稳，砂带机的移动一定要严格垂直于电缆的切面，速度保持均匀。然后按照由小至大的顺序选择砂纸进行打磨，打磨每一号砂纸应从两个方向打磨 10 遍以上，直到上一号砂纸的痕迹消失。同时，打磨应均匀，无论机砂还是手砂，在所有位置的打磨时间应大致相同，不应该在同一个位置打磨过长时间，以免出现凹坑。

专家点评

电缆预处理是电缆附件安装的基础，是附件安装质量的根本保证。高压电缆附件的安装对于安装人员的技术水平要求很高。该工作法中的附件预处理各个环节中的成品要求和技术要领，是保证预处理合格的有效手段。

中压电缆故障查找五步工作法

工作法简介

针对电缆故障查找困难的问题，姜涛根据多年工作经验，结合故障查找设备的发展，总结提炼出了电缆故障查找工作法，具体包括“定区间”“判性质”“选方法”“预定位”和“精定点”五个步骤，将复杂的电缆故障查找步骤进行优化改进，有效提升电缆故障查找效率。

工作法背景

电力电缆设备故障主要由外力破坏、中间接头故障、终端头故障和电缆本体故障等引起。因电缆敷设在通道中，故障发生时现象难以观察，尤其是一部分电缆本体故障发生后，电缆外观无异样，需进一步排查。这给电缆故障查找工作带来了极大的困难。行波法是目前电缆故障查找常用的方法，以行波法为基础，综合利用多种电缆故障定位方法可以精准定位故障点。因此，一套行之有效的中压电力电缆故障查找方法，可以大大提高电缆故障查找效率，缩短抢修时间。

工作法应用

1.定区间：确认故障区间

根据自动化信息和初步绝缘摇测结果判断出故障电缆段。对于有些配网自动化未能有效判别故障区间的电缆故障，由于电缆段数较多，电缆绝缘的摇测策略需要根据配网拓扑结构进行优化。在本工作法中，选用“二分法”作为区段判定的策略，即选择在停电区域中段，通过停电区间内拉合开关分段进行电缆绝缘摇测，快速判断故障电缆段，并对该段电缆外力破坏隐患点第一时间进行排查。

2.判性质：辨认故障性质

测量故障电缆段主绝缘电阻，根据绝缘电阻大小或耐压试验结果，判断电缆故障性质。绝缘电阻小于 100 欧为低阻故障，绝缘电阻大于 100 欧为高阻故障；绝缘测量合格，耐压试验时击穿为闪络性故障。其中，绝大多数的中压电缆故障都是高阻故障，在确定故障性质后，即可选取适当的方法进行故障的查找。

3.选方法：选择测试方法

根据故障类型和故障性质，当故障电阻过高（兆欧级）或出现闪络性故障时，需通过烧穿法进行故障点降阻；当故障电阻降到一定数值（千欧或欧姆级）时，选择适宜的测距方法及定点方法确定故障点的位置，包括低压脉冲法、脉冲电流法、二次脉冲法、电桥法等。

4.预定位：故障初步测距

选取方法后即可进行故障的预定位。目前广泛采用的是行波法（低压脉冲、脉冲电流、二次脉冲）。进行测距时，脉冲信号施加在故障相，根据反射波形的情况进行判定。非故障相要进行短接接地，设备地线均要与地网充分搭接。

使用行波法进行故障预定位

5.精定点：故障点精确定点

故障预定位后，大致推算出故障的区间，由于中压电缆多为接头故障，可对照台账、图纸直接到对应距离的接头处查看。对于无法观测到故障点的，应选用声磁同步法或声测法精确定点。对于没有放电声音的金属性接地故障，可考虑用音频信号感应法精确定点，进一步对故障位置定位。

专家点评

中压电缆故障查找五步工作法总结出了电力电缆故障查找的五大步骤，能够规范高效的指导电力电缆故障查找的现场工作，有效提升故障查找工作效率，缩短故障停电时间。

曹辉

CAO HUI

从身边的小事开始，把简单一直重复下去，我们都是个人梦和中国梦的建设者。

曹辉，中共党员，国网浙江省电力有限公司温州供电公司变电检修中心高级技师，高级工程师。二十五年扎根变电检修一线，完成重大保电任务 90 余次，参与科技创新 56 项，消除设备缺陷 3000 余项，2017 年远赴西藏那曲参与电网建设帮扶工作，为藏区送去光明。获评全国劳动模范、浙江工匠、浙江省首席技师、国网工匠、全国电力行业技术能手等荣誉称号。

开关柜内VS1型断路器合闸弹簧检修“六拆四装”工作法

工作法简介

曹辉针对开关柜内 VS1 型断路器合闸弹簧拆装这一工作场景，改进常规操作需使用专用工器具、费时费力的情况，总结形成包括“卸－量－包－拉－推－放、拉－推－放－扣”等步骤的合闸弹簧“六拆四装”工作法，实现无需借助专用工具安全拆除合闸弹簧，极大提升工作效率。

工作法背景

KYN28-12 开关柜内 VS1 型断路器操作机构储能电机是实现断路器正常分合闸的重要部件。储能电机一旦出现损坏，将导致断路器不能正常工作从而影响供电可靠性。而储能电机故障处理的关键就是合闸弹簧的拆卸，常规合闸弹簧的拆卸需要使用专用工具，费时费力，所以掌握一种快速拆装断路器合闸弹簧的“绝活”至关重要。

工作法应用

1.开工前准备

工作前要求：工作负责人许可工作票后，列队召开站班会，交代工作任务，明确工作任务与工作地点，正确着装，然后交代分工、技术措施及其他注意事项。履行好开工前相关要求后，开始工作。

2.现场安全措施

断开断路器二次电源，取下航空插头。然后手动分合操作断路器，释放弹簧能量；确认断路器处于未储能且分闸状态。打开机构箱门，再次确认弹簧能量已释放。

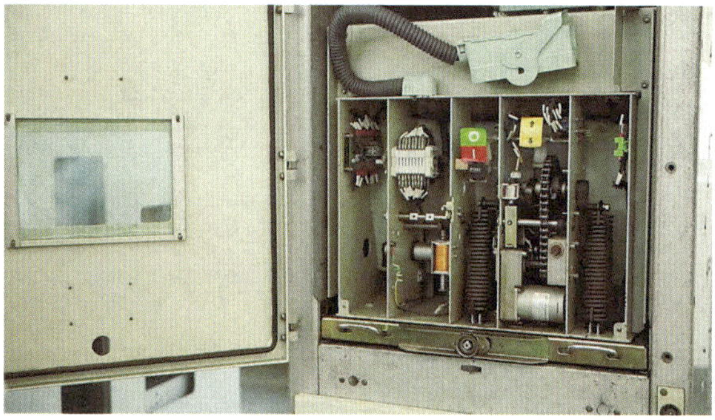

能量释放后的断路器操作机构内部

3.合闸弹簧的拆卸

（1）卸下合闸弹簧下部固定销一边卡簧。

卸下合闸弹簧下部卡簧

（2）取2.5平方毫米的软股对折导线约80厘米。量好尺寸，具体尺寸为前柜右边处一直到机构箱门左开槽处。打好结，减去多余部分并拉紧。将做好的导线撸直，对折。

准备好导线

（3）将对折后的导线，无结的一头弯出一道弧度。将带弧度的一头绕过合闸弹簧。这里要注意的是导线绕过弹簧后，无结一头穿过有结一头，同时导线无结部分需要压住结头以防止装卸过程中结松垮。包绕位置为第五至第六根弹簧处。然后拉紧线头，使导线紧紧包绕弹簧，线头穿过手车左边操作把手。

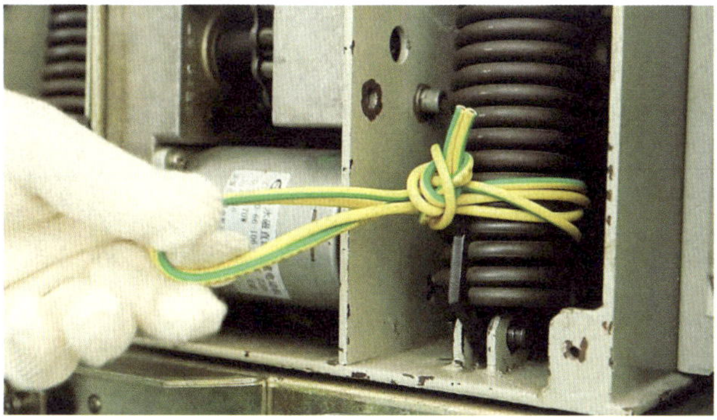

导线包绕弹簧

（4）使用长柄螺丝刀穿过线头，再穿过下柜孔借助柜孔下拉受力。左手虎口向下，拇指、中指、无名指、小拇指用于握紧弹簧，食指用于拨开弹簧固定销，右手握住长柄螺丝刀。

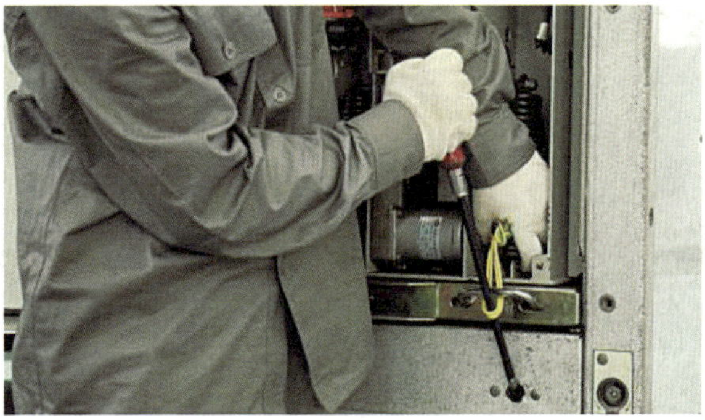

具体操作手法示例

（5）开始拆卸弹簧，右手向下拉下螺丝刀，给弹簧一个向前下的力，使弹簧适当延长。左手握紧弹簧处用于前后摆动，在适当位置时用食指推开固定销，取下弹簧。临时固定弹簧后，即可对电机进行拆卸。

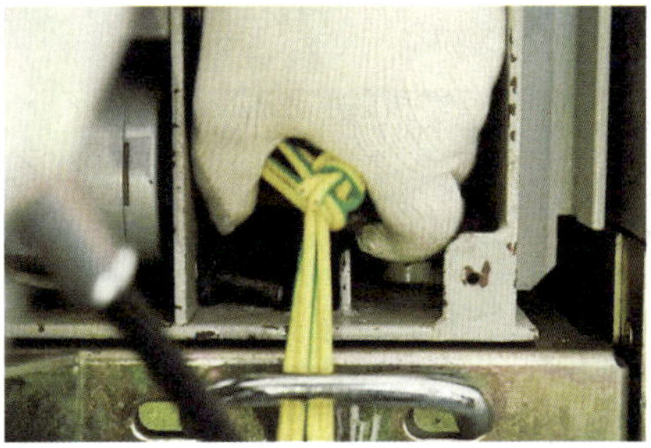

固定弹簧后拆卸电机

（6）装复过程与拆卸过程大致相同，首先将弹簧固定销摆好位置，放下弹簧，然后同样左手虎口向下，用于握紧弹簧，右手向下拉下螺丝刀，适当位置时用拇指推入固定销，最后装回卡簧。

弹簧装复

合闸弹簧拆卸安全注意事项有三点：第一是拉开电机空开；第二是取下航空插头；第三是释放弹簧能量，防止断路器误动引起人体伤害。合闸弹簧拆装的方法步骤总结为：拆步骤为“卸－量－包－拉－推－放”。装步骤为“拉－推－放－扣”。

专家点评

合闸弹簧的拆装是KYN28-12开关柜内VS1型断路器检修工作的一个关键步骤，是现场检修人员技能水平的综合体现。根据文中曹辉总结的工作法，检修人员只要熟练掌握“六拆四装”工作法，就能快速且无需借助专用工具安全地拆除，效率极大提升，非常适合现场使用，另外文中总结的合闸弹簧拆卸安全注意事项针对性强，措施准确。总体来说，该工作法实用性强，现场检修效率高，可大大提高检修效率，降低安全风险。

变电开关柜局部放电整治八步工作法

工作法简介

针对变电开关柜带电检测时无法区分局部放电的相别、难以准确定位隐患点等问题，曹辉总结提出一种全新的开关柜局部放电处理方法，核心是在绝缘件处理的过程中开展带电检测，确定局部放电的相别和位置后再进行处理，有效解决传统处理方式的不足，能够很好地整治开关柜局部放电。

工作法背景

开关柜局部放电会对设备绝缘产生严重的危害，对开关柜的安全稳定运行是一种隐患。开关柜局部放电传统处理方式是将开关柜停电检修，根据带电检测的结果对绝缘件进行检查处理。然而这样的处理方式也存在着不足，由于开关柜的结构原因，带电检测时无法区分局部放电的相别更难以准确定位，停电检修时对绝缘件的外观检查也不易发现一些微小的放电痕迹。这样一来，开关柜局部放电在处理时就容易产生遗漏，造成重复检修，留下安全隐患。为此，曹辉提出一种全新的开关柜局部放电处理工作法，该工作法的核心是在绝缘件处理的过程中开展带电检测，确定局部放电的相别和位置后再进行处理，能将局部放电消除在处理阶段。

工作法应用

1.工作前准备

工作负责人许可工作票后，召开站班会，交代工作任务、安全措施、分工及其他注意事项，工作班成员确认签字，开始工作。

2.现场实施

（1）逐相加压。选取一个间隔作为电压注入点，通过无局部放电工频耐压试验设备将开关柜逐相加至运行电压，注意非加压相应短接接地。

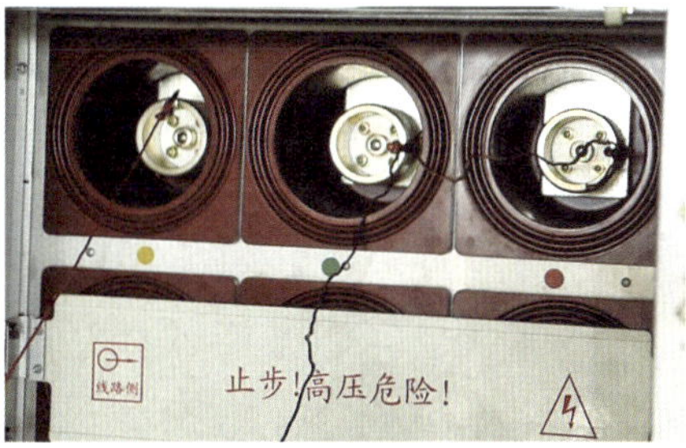

将开关柜逐相加压

（2）带电检测。在加压的情况下使用开关柜局部放电检测仪进行带电检测。

（3）确定局部放电源位置。由于是逐相加压，这样便可确定局部放电的相别和位置。检测时还应结合带电检测的历史数据，对有怀疑的间隔进行重点关注，在保证安全的前提下还可以适当加高电压，激发局部放电，

使用检测仪进行带电检测

以便准确定位。

（4）绝缘件处理。根据带电检测的结果对存在局部放电的绝缘件进行处理。

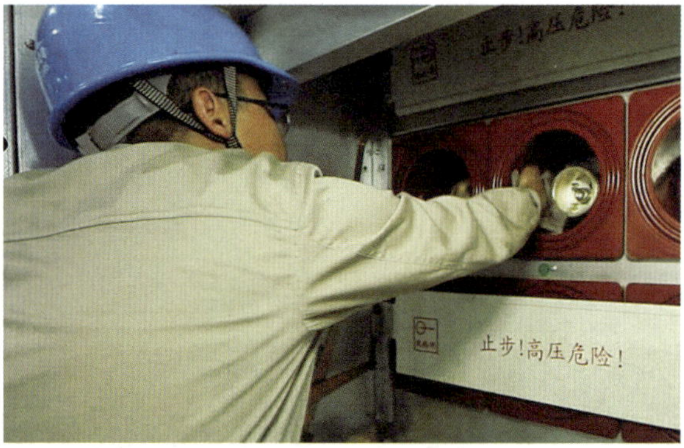

处理局部放电的绝缘件

（5）复查。在处理完绝缘件后需进行复查，即再次逐相加压并使用开关柜局部放电检测仪进行带电检测。若发现局部放电信号，可根据上述步骤再次进行定位、处理，直至局部放电全部消除。

进行复查

（6）现场工作结束。在全部工作完成后，清理工作场地，并终结工作票。

（7）投运后跟踪检测。在设备投运后，可对其进行跟踪检测。并且在工作中要注意收集分析局部放电案例，优化完善局部放电处理步骤。

最后回顾一下开关柜局部放电整治工作法的操作步骤：①工作前准备；②逐相加压；③带电检测；④确定局部放电源位置；⑤绝缘件处理；⑥复查；⑦现场工作结束；⑧投运后跟踪监测。

专家点评

开关柜局部放电整治的关键在于精准定位隐患点，曹辉在长期开关柜检修工作中总结出一种全新的开关柜局部放电处理工作法。该工作法解决了传统处理方式的不足，能够很好地整治开关柜局部放电。

郭跃东

GUO YUEDONG

鸡蛋，从外打破是食物，
从内打破是生命。
人生，从外打破是压力，
从内打破是成长。

郭跃东，中共党员，国网河南省电力公司南阳供电公司变电检修中心一级专家，从事变电检修工作 30 年，总结提炼的变压器整体更换十步工作法。先后获评全国劳动模范、全国五一劳动奖章、国网工匠、最美国网人、河南省技术创新能手、河南省“十大能工巧匠”、河南省技术能手、河南省中原技能大奖、河南省中原大工匠等荣誉称号，享受河南省政府特殊津贴。

变压器整体更换十步工作法

工作法简介

针对变压器整体更换的难题，郭跃东在长期的变电设备检修工作中，总结提炼出一套安全高效实用的变压器整体更换工作法，主要包括“尺寸测量”“位置确认”“路径选择”“附件安装”“油化试验”“电缆敷设”“接线调试”“整体退出”“整体就位”“验收送电”十个步骤，对传统变压器更换方法进行优化改进，使得变压器更换工作更加安全、高效、快捷。

工作法背景

按照传统的变压器更换流程，在旧变压器停电后，排空变压器本体内的绝缘油、拆除高压套管、散热器、储油柜等附件后，再将变压器本体退出；新变压器本体就位后再吊装附件，停电时间长，已不能满足当前社会经济快速发展过程中对电力的需求，尤其是城区重负荷或大负荷变电站，供需矛盾会更加突出。采用这种新的更加安全高效快捷的变压器整体更换工作法，能够大大缩短停电时长且提高工作效率。

工作法应用

1.尺寸测量：确保安装尺寸精准

根据新旧变压器图纸分别核对变压器在长、宽、高三个方向的尺寸，找出差异并做好标识、记录，尤其是变压器低压侧套管与高压室穿墙套管之间的尺寸偏差，不然直接影响到低压侧母线桥制作尺寸的精准度。

2.位置确认：确保附件吊装顺利

新主变压器到站后，首先要确认其落地位置应满足附件安装过程中所需的最小空间以及与带电部分安全距离的要求，同时不应影响旧主变压器的整体退出。位置确认原则：由近到远。在满足安装空间及安全距离的前提下优先考虑离旧主变压器最近的位置。

3.路径选择：确保进退道路畅通

旧主变压器在不放油、不拆卸附件的情况下整体从运行位置移至旧设备存放区的通道不应受新主变压器附件组装后最大尺寸的影响。路径选择原则：先直后曲。优先考虑直线通道，如果受新主变压器组装后以及与带电部分安全距离的影响，可以考虑曲线通道或“直线＋曲线”等灵活组合的进退方式。

4.附件安装：确保安装质量工艺

新主变压器落地位置确认后，有序安装变压器有载调压开关、散热器、高压套管、温度计、储油柜、连管及中性点附属设备等附件。

5.油化试验：确保试验项目合格

对新变压器配送的绝缘油进行酸值、闪点、水含量、击穿电压、油色谱等油化试验，不合格的应及时处理，直至各项指标合格后将绝缘油注入变压器。

6.电缆敷设：确保敷设质量工艺

对变压器有载调压开关、风冷系统端子箱、油温监测系统、中性点隔离开关操动机构、套管电流互感器等所需的信号、控制、动力电缆提前敷设，确保具备新变压器二次接线调试、试验条件。

7.接线调试：确保接线正确无误

将新敷设的电缆接至新变压器，对每根电缆的线芯端头做好号头标识，同时完成新变压器高、中压侧引线和低压侧母线桥制作及全部试验项目，确保新变压器具备运行条件。

8.整体退出：确保整体退出安全

在新变压器具备运行条件后，申请旧变压器停运并整体由运行位置退出至旧设备存放区。

9.整体就位：确保整体就位安全

将已具备运行条件的新变压器由组装区移至运行位置，将新敷设的电缆按照号头标识恢复，同时完成新制作的高、中压侧引线及低压侧母线桥的连接安装。

10.验收送电：确保最终顺利送电

在上述每一工序工作过程中及时组织阶段验收，发现问题及时整改，避免返工，确保最终验收一次通过，顺利送电。

专家点评

变压器作为变电站重要的主设备，其更换过程涉及专业多、流程复杂、劳动强度大、风险高。文中介绍的这种变压器整体更换工作法，将传统停电期间的工作提前至变压器停电前全部完成，其间的部分工序由原来的串联改为并联，作业流程得到最大程度的优化。总体来说，该工作法在缩短停电时间的同时提高工作效率并把人员的劳动强度和作业风险降至最低，具有很强的实用性和推广前景。实践中，用此工作法在16小时内更换1台110千伏变压器，刷新了国内纪录。

气动机构高压空气内部渗漏点查找及处理三步工作法

工作法简介

针对气动机构高压空气内部渗漏点查找及处理的问题，郭跃东在长期变电检修工作中，总结提炼出一种断路器气动机构高压空气内部渗漏点查找及处理工作法，主要包括“观察”“找点”“处理”三个步骤，可实现对比较隐蔽的内部渗漏点快速、安全、精准定位及高效处理。

工作法背景

目前，气动机构高压空气渗漏是导致断路器故障停运的重要因素。高压空气的渗漏可分为内部渗漏和外部渗漏两种类型，内部渗漏危害更大。对处于运行状态下的断路器气动机构高压空气内部渗漏点的准确查找和及时正确处理就显得尤为重要，所以采用一种高效、准确的查找方法和及时、正确的处理方法，可以极大地提高对内部渗漏点的查找效率和查找的准确率。

工作法应用

1.观察：确认渗漏类型

断路器高压空气系统主要有空气压缩机、高压管路、管接头、逆止阀、储气罐等主要部件组成。可根据高压空气系统的结构特征和位置形状，对可能存在渗漏的点通过采用“涂抹法”“包扎法”等方法进行观察，确认渗漏类型，究竟是内渗还是外渗。

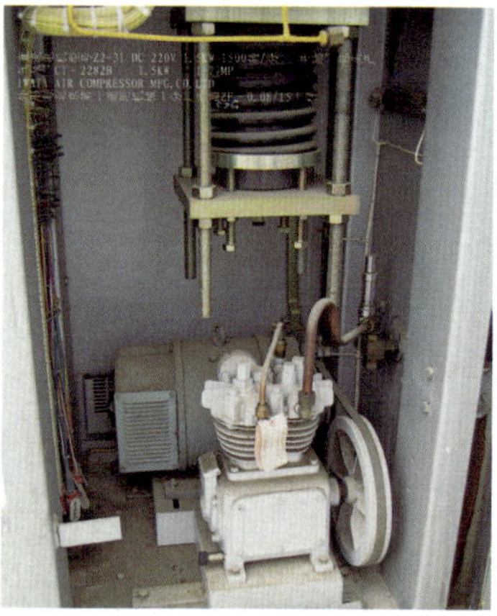

确认高压空气渗漏类型

2.找点：精准确认位置

通过“涂抹法”“包扎法”观察后，如果外部无渗漏则可确认为内部渗漏，内部渗漏的唯一位置就是有逆止阀安装的位置，内部渗漏的点就是逆止阀阀芯与阀口密封的接触面。对于内部渗漏点的确认，可在空气压缩机的注油口处使用保鲜膜进行包扎，包扎前先排空保鲜膜内侧的空气，再将保鲜膜绑扎在空气压缩机的注油口上，此时观察保鲜膜，会发现保鲜膜会逐渐膨胀开，说明被压缩的高压空气从高压储气罐经过高压管路、逆止阀和空气压缩机的活塞回流到大气中。

高压空气外部渗漏点查找

3.处理：快速准确治漏

外部渗漏的处理方法相对比较简单：

（1）如果是存在砂眼可在找准渗漏点位置后用尖头錾子对准漏点，用手锤敲击錾子，可有效治漏。

（2）如果是高压管接头处渗漏，可泄压后紧固管接头。

（3）如果是密封垫老化或破损，可直接更换密封垫。

内部渗漏具有一定的隐蔽性，其处理方法也相对比较复杂，可在泄压后先拆下逆止阀本体，再拧开逆止阀端部密封盖，取出逆止阀阀芯，仔细检查逆止阀阀芯与阀口密封的接触面之间有无微小异物、杂质等，如接触面之间无明显的微小异物、杂质，可用无水乙醇轻擦并用高压空气清洗后回装；如接触面之间存在明显的微小异物、杂质且无法清除或接触面有划痕印迹，可用研磨膏进行研磨处理。

专家点评

气动机构高压空气渗漏是一种常见问题，如果不能及时发现，会造成气动机构频繁打压，严重时会闭锁断路器分、合闸动作，引发设备或电网故障。气动机构高压空气系统结构复杂，高压空气渗漏点位置比较隐蔽，尤其是高压空气内部渗漏点的查找过程及处理方法对检修人员的技术技能水平和现场经验要求较高。根据文中提到的查找及处理工作法，检修人员只需熟练掌握“三步工作法”，即可轻松判断渗漏类型并确认渗漏点的准确位置。总体来说，该工作法准确性高、操作简单、实用性强、安全可靠，能有效提高工作效率，对渗漏点的精准判断和及时正确处理具有重要的指导意义。

琚永安

JU YONGAN

工作就是一种修行；创新就是一种态度。我要在职业生涯中留下一点痕迹。以尘雾之微，补益于山海；以荧烛末光，增辉于日月！

琚永安，中共党员，国网吉林省电力有限公司四平供电公司正高级工程师、高级技师，国家级劳模创新工作室和吉林省首席技师工作室领衔人。他在工作中致力创新攻关，完成创新百余项，涵盖电网系统的各个专业，发表论文 20 余篇，出版著作 1 部，获 32 项专利。获评全国劳动模范、全国五一劳动奖章、吉林省特等劳动模范、全国“全民节约 节俭养德”活动先进个人、吉林好人 · 最美职工、国网工匠等荣誉称号，被中共中央、国务院、中央军委授予“庆祝中华人民共和国成立70 周年”纪念章。他领衔的工作室荣获四平市、吉林省、国网公司的示范性创新工作室，被全国总工会授予全国示范性劳模和工匠人才创新工作室，被省人社厅授予琚永安首席技师工作室。

OPGW复合光缆电动旋切剥离工作法

工作法简介

针对 OPGW 在线路施工接续过程中存在的痛点问题，据永安创新研发一种“OPGW 复合光缆电动旋切剥离机”，该剥离机包括固定部分、驱动部分、切割部分、控制部分、电源部分五个部分，实现全面解决手工切割的弊端，极大提高质效、缩短故障抢修时间。

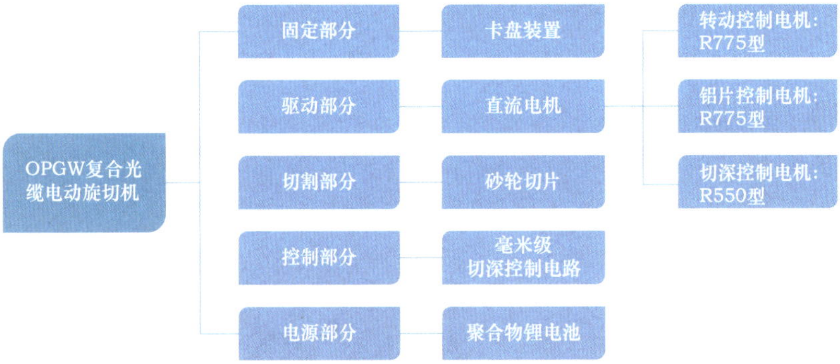

技术方案树

工作法背景

OPGW 即电力架空地线复合光缆，是电力系统特有的一种光缆，有别于以往的 ADSS 以及公网专网的其他光缆结构。它在架空地线的多股镀锌钢绞线或铝包钢绞线中包覆一根不锈钢管，管内填充光纤。当光缆接续或者终端使用时，需将外层钢绞线剥离，再切断钢管，露出光纤进行熔接，钢绞线端头固定在接头盒内。

由于电力通信光纤线路承载电网的继电保护和安全自动装置业务，通信线路运行的可靠性直接影响到电网安全，为此，光纤接续工艺质量尤为关键。

以往对钢绞线的切除，没有专业工具，一般使用钢锯手工锯断。由于钢绞线硬度高、韧性强，很难切割。一般切割过半时用钳子掰断，造成钢绞线破股，端部毛糙，影响工艺质量，工效低下。另外，钢绞线的韧性强，容易导致锯条侧滑造成操作人员伤手。

因此研发一种更为简单实用、灵活方便的新型专用电动开缆工具解决行业急需，具有重要意义。

工作法应用

1.同心固定装置

为确保外层钢绞线切割时深浅一致，必须保证切割段光缆的平直、稳固、同心。该部件通过借鉴机床的卡盘结构，设计了四爪手紧卡盘，可以灵活调节以适应不同线径的光缆。

同心固定装置

2.旋转机构实现圆周切割

为实现对光缆的圆周均匀切割，借鉴了工业机器人专用的交叉滚子轴承原理，实现内外双层配件安装及机构动作等功能，利用内层固定、外层旋转的结构，形成可以绕圆周切割的转动部件，实现圆周切割。

圆周旋转切割

3.切深调节机构

为适应不同直径型号导线的切割，确保切割深度灵活调节，对比力矩控制、杠杆控制、张力索控制等多种控制方式的试验，最终确定切深调节机构。

4.科学配置通用配件

动力方面，为满足电机动力需要以及充电、更换电池的便捷性、持久性和性价比等因素，采用专用动力电池组，切割电机采用直流动力高速电机，切片经实际检验后，根据数据确定尺寸及材质。

5.专用工具箱

将主机、切片、备用电池、充电器、随机工具等装置收集于专用工具箱内，便于野外作业。

6.工作质效

以往手工作业处理每个作业点需要半小时左右，该方法切割每个断面所需时间仅为 1 分钟左右，工作效率的提升极为显著，同时切割效果和安全性更是本质的提升和飞跃。

该工作法涉及的相关成果曾获中电联电力职工技术创新二等奖、中国能化地质系统优秀职工技术创新成果二等奖，入选国家电网公司首批优秀创新成果（11个）孵化项目并圆满验收出孵，列入2023年运检业务职工技术创新推广应用清单并即将在全国推广。经第三方（北京中企华资产评估有限公司）评估：其无形资产价值148.02万元，市场产品价值约1592万元/年，目前已经进入实质性产品生产转化阶段。

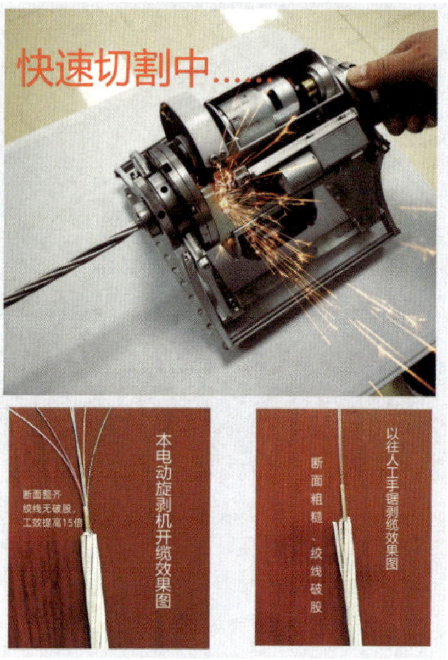

效果对比

专家点评

光缆接续是线路施工运维中最常见、最关键的环节，是保证电网和通信系统安全可靠运行的基础。文中通过研制一种OPGW复合光缆电动旋切剥离机的办法，成功替代以往复合光缆接续时用手工钢锯切割外层钢绞线的原始落后方式，杜绝钢绞线破股现象，端面极为平整光滑，全面提升光缆线路的接续质量和作业效率，保障了通信系统及电网系统的安全运行。

蒙媛

MENG YUAN

沉心练技能，
放开搞创新。

蒙媛，中共党员，国网四川省电力有限公司广安供电公司高级工程师、高级技师，高级技能专家，国家级技能大师工作室带头人，第十四届全国人民代表大会代表。她扎根电能计量一线工作 26 年，带领工作室完成技术攻关 200 余项，研发了客户端远程充值显示终端等创新成果 130 余项，助力电力企业数字化转型发展，获评电力工匠、全国行业技术能手、全国巾帼建功标兵、国家电网有限公司劳动模范、出彩国网人、国网工匠等荣誉称号。

线损异常原因查找五步工作法

工作法简介

针对线损异常原因查找的问题，蒙媛在长期的计量采集运维工作中提炼出一套实用高效的异常定位方法，包含“查冻结”“核档案”“抄状态”“绘曲线”“看现场”五个步骤，逐步排查即可完成线损异常原因查找工作。

工作法背景

线损不仅仅指输电线路上产生的电能损耗，营销系统中线损还包括未计量或少计量造成的电能量统计误差，包含台区线损，变电站母平损耗、专线损耗等。线损模型通常将台区、线路或母线视为同一节点，损耗即为供入减供出，因为各计量点电能表位置分布广、运行环境多样，常常因为各种因素导致线损不合格，这时需要计量采集运维人员通过各种方式进行异常查找再消缺。

工作法应用

1.查冻结

首先在用采系统中查询线损模型所涉及的所有计量点的日冻结值是否完整，双向计量的要注意正反向都添加进模型中，保证不漏算任何一个。

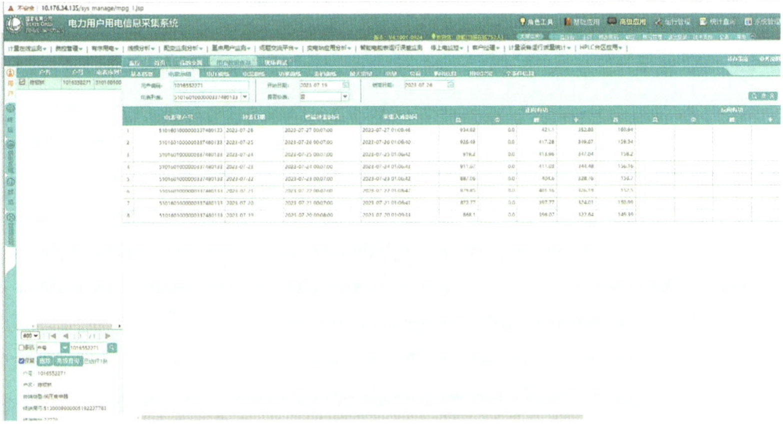

查询冻结数据

2.核档案

逐个核实线损模型中涉及的计量点档案，包括电能表表号、终端编号、互感器的电压等级与变比、采集系统中计量点对应的采集档案，特别留意测量点序号是否与现场档案一致。

核对档案

3.抄状态

通过采集系统主站透抄各个电能表的时钟以及终端时钟，排除因冻结时间偏差导致的电量误差。同时通过主站抄读各电表电压、电流、相位等信息。

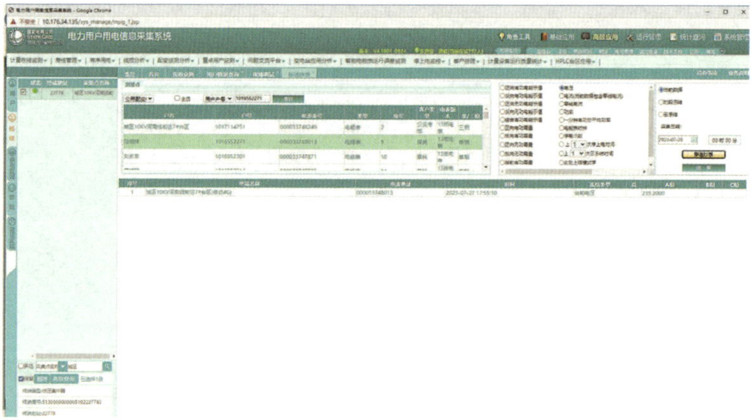

抄读电表数据

4.绘曲线

若通过以上步骤仍未找到问题，则可以绘制线损异常发生时间点前后各一段时间的损耗电量与各计量点电量的曲线，结合异常发生前后曲线，分析损耗曲线与各计量点曲线之间的关系，波动趋势与幅度关联度越高则越可能是故障计量点。

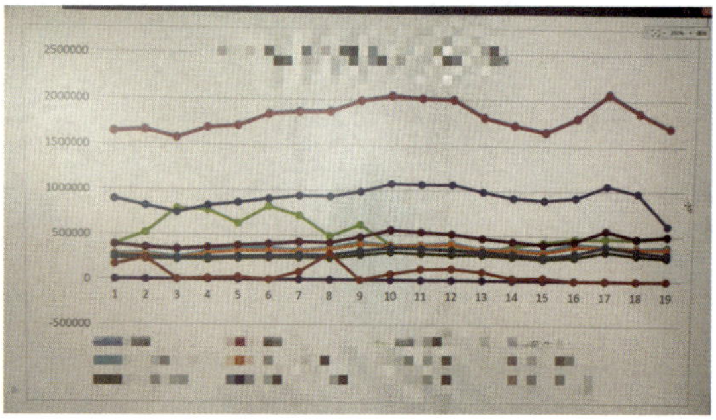

绘制关系曲线

5.看现场

根据前期分析，到现场进行电表、互感器误差及接线检查，核实故障点，按流程处置。

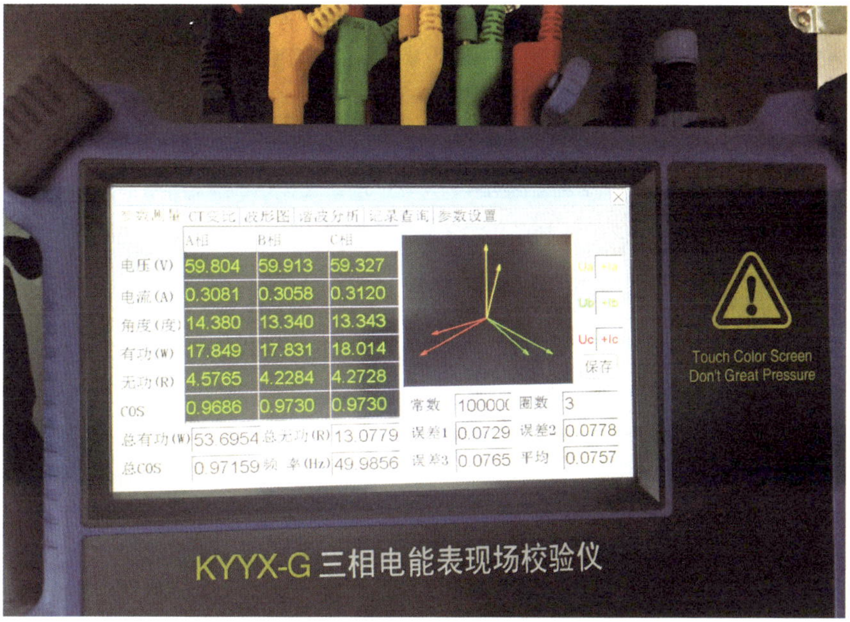

现场核实误差

专家点评

各项线损治理是当前营销计量采集工作中极为重要的一部分，线损异常原因复杂，对计量采集人员的综合能力和历史经验要求都很高。根据文中提到的查找方法，工作人员只要熟练掌握“五步排查法”，便可准确完整地找到造成线损异常的原因。该方法实用性强，具有很强的现场专业指导性。

电流互感器变比远程核查工作法

工作法简介

针对电流互感器变比现场带电核查存在效率低、安全风险大等问题，蒙媛在长期计量实践的工作中，总结提出一套安全高效的电流互感器变比远程核查工作法，主要基于核查算法，并利用用电信息采集系统的大数据开展在线分析实现远程核查，实现了对传统现场带电核查电流互感器变比方法的革新，使得电流互感器变比核查更加高效安全。

工作法背景

配电网互感器作为配电网一、二次间的枢纽设备，具有量大、直接关系广大用电客户的特点。为了更好地进行防窃电分析、确保核查资产档案一致性及线路拓扑信息正确性等，需对运行中的配电网电流互感器开展变比核查，目前主要用“高低压电流互感器变比测试仪”进行带电检测。该方式存在核查时间长、效率低、安全风险大、及时性差、需要用户密切配合等缺点，越来越不能满足现场要求，制约了优质服务、营商环境创建等工作的良好开展。因此，在电流互感器变比核查中采取一套行之有效的核查方法，可以极大地提高核查效率及安全性。

工作法应用

（1）确定被核查电流互感器，导出与该电流互感器相连的变压器（或用户）所在线路的拓扑结构和信息。

（2）通过用电信息采集系统获取该线路上各变压器（或用户）在同一时间段的电能量（包括供电端和负荷端），计算得到总输入电能量和除待核查用电变压器外的总消耗电能量。

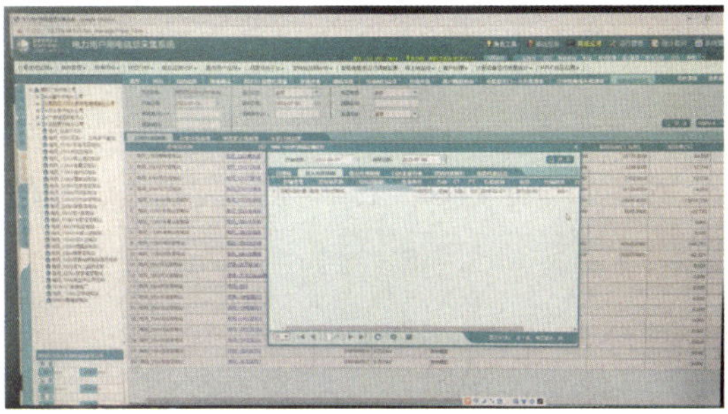

获取供入电量

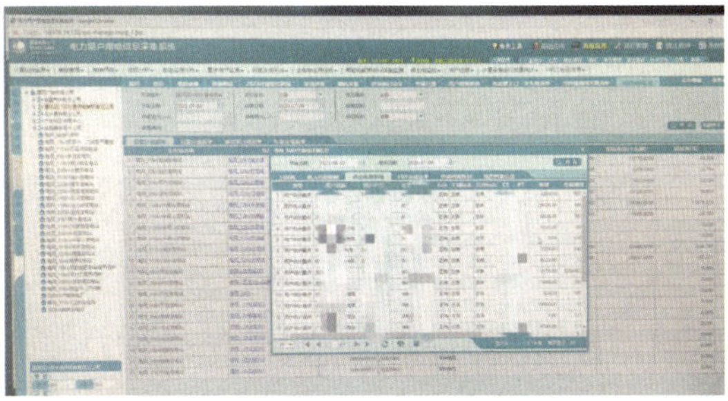

获取供出电量

（3）根据计算得到的总输入电能量、总消耗电能量、该线路的线损［线损可以根据该条线路一段时间（正常时）的统计平均值进行估算］

及待核查用电变压器的消耗电能量，计算待核查用电变压器对应电流互感器的计算变比。

（4）将待核查用电变压器对应电流互感器的计算变比与其对应的档案变比进行核查。

（5）轮流计算该线路上所有变压器（或用户）对应的电流互感器变比，查看各电流互感器计算变比与档案变比是否一致。

（6）若不一致，则将其中一台电流互感器的计算变比与档案变比进行替换，计算剩下的电流互感器变比并与各自的档案变比进行比较；若一致，则说明替换的电流互感器档案变比错误；若不一致，则重复此步骤，即更换一台电流互感器的计算变比与档案变比进行替换，计算剩下的电流互感器变比并与各自的档案变比进行比较，直到剩下的电流互感器变比与各自的档案变比一致，则说明此时被替换的电流互感器档案变比错误，完成变比核查及错误变比定位。

专家点评

电流互感器变比准确高效核查是长期困扰供电公司计量人员的一大难题。根据文中提到的办法，核查人员只要打开核查模块，利用用电信息采集系统的数据，便可远程准确获得电流互感器的运行变比，并与其档案变比进行比较，实现电流互感器的变比核查。另外，该工作法不需要核查装置，避免了购买核查装置带来的设备和管理成本；该工作法也不需要到现场开展带电试验，避免了到现场开展带电试验带来的交通和试验风险，有效提高核查的安全性。总体来说，该工作法实用性强，具有很强的专业指导性，可大大提高作业的安全性，显著提高工作效率。

李凤祁

LI FENGQI

天行健，君子以自强不息。

李凤祁，中共党员，国家电网有限公司直流技术中心首席工程师，正高级工程师。他扎根直流输电建设运行一线 25 年，从事直流输电控制保护系统国产化、标准化、可靠性提升等工作，将直流输电控制保护系统故障导致的年平均强迫停运次数从 2003 年单个工程十余次降低到 2022 年的三十余个工程两三次，获评国家电力调度系统继电保护专家组专家、国网工匠、全国电力工业设备管理直流输电专业首席专家等荣誉称号。

直流输电系统故障分析五步工作法

工作法简介

针对直流输电系统现场调试、运行维护等问题，李凤祁总结提炼出了一套实用高效的故障分析工作法，主要包括“收集数据”“分析数据”“验证结论”“制定措施”“举一反三”五个步骤，能有效分析处理公司直流输电系统急难险重故障，有力支撑公司直流输电系统长期安全稳定运行。

工作法背景

与交流系统相比，直流输电系统设备众多、控制复杂、故障形态多样，增加了故障分析的难度；直流输电系统输送功率大，快速恢复供电需求迫切，对故障分析的时效性提出了更高要求。因此，在现场运维工作中采取一套系统性的故障分析方法，可以大大提高故障处理效率、缩短直流停运时间。

工作法应用

1.收集数据

收集两站故障前运行工况、故障后的事件记录、故障录波、运行记录、设备手册等信息。

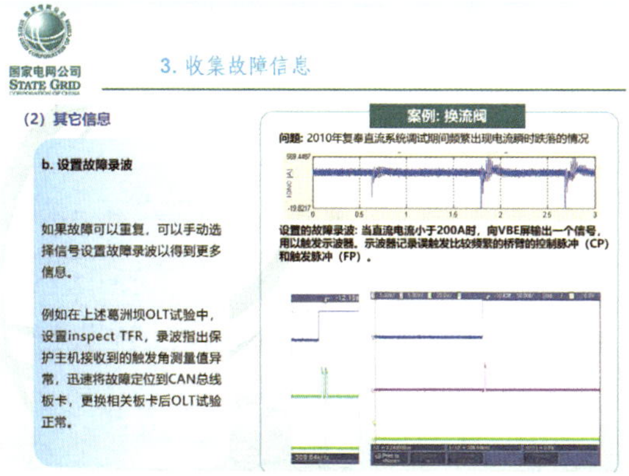

收集数据

2.分析数据

分析两站事件记录、故障录波，初步确认故障设备及故障原因，指导现场检查该设备并收集故障信息，得到初步结论。

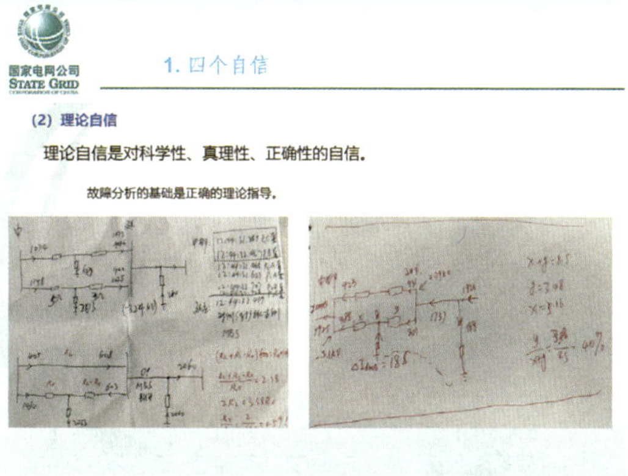

分析数据

3.验证结论

根据故障设备及故障性质设计验证方案，通过系统仿真或现场试验再现故障，验证分析结论的正确性。

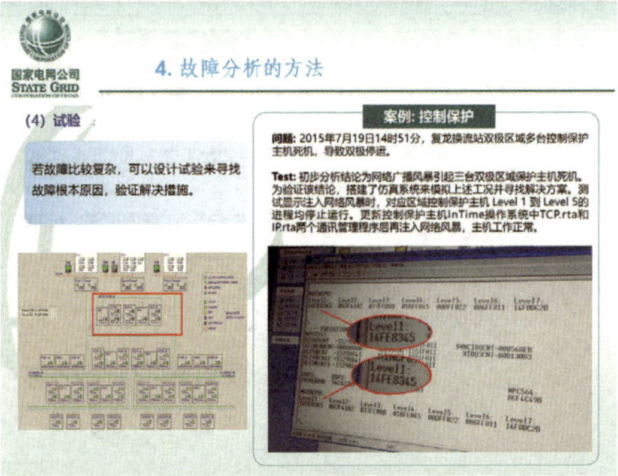

验证结论

4.制定措施

统筹经济性和安全性，根据分析结论制定针对性的故障处理措施，对于短期内无法解决的问题制定临时方案和最终方案。

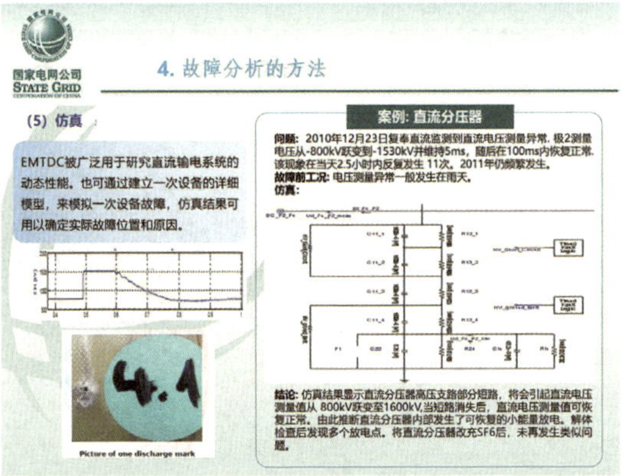

制定措施

5.举一反三

举一反三排查公司其他直流输电系统是否存在类似问题，根据问题影响程度择机在其他直流系统实施。

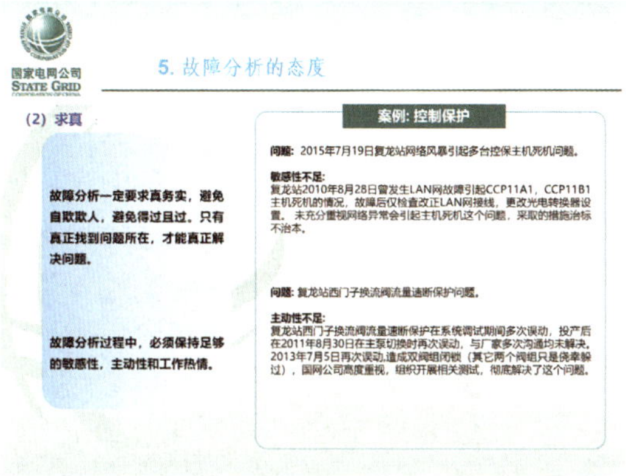

举一反三

专家点评

特高压直流输电线路是我国目前主要的跨区跨省能源传输通道。特高压直流工程涉及的直流输电系统设备众多、控制复杂，快速准确完成直流故障分析处理对电网安全具有重要意义。本文总结的直流故障分析方法通过五个步骤指导运维人员高效开展故障分析处理。该工作法实用性强，具有很强的专业指导性，可大大提高故障分析效率。

王月鹏

WANG YUEPENG

不因材贵有寸伪，
不为工繁省一刀。

王月鹏，中共党员，国网北京市电力公司昌平供电公司配电不停电作业室班长、高级工程师、高级技师，国家电网公司首席专家。

参加工作 25 年来，长期在生产一线从事带电作业、配电线路研究，在专业领域拥有精湛技艺和高超理论水平，积极发扬工匠传承精神，先后获得国家级专利 11 项，出版专业著作 1 部，发表论文 13 篇，编写规程、标准及作业指导书 15 项。在 2022 年北京冬奥会中，他以火炬的传递者、国旗的守卫者、电力的保障者三重身份参与冬奥、服务冬奥。获评全国劳动模范、全国五一劳动奖章、全国电力行业技术能手、北京市青年岗位能手、北京大工匠、北京市优秀共产党员、首都劳动奖章、中央企业先进职工、国家电网公司特等劳动模范、国网工匠、国网北京市电力公司高级专家等荣誉称号。

带电接分支线路引线五步工作法

工作法简介

针对10千伏架空线路带电接分支线路引线工作作业时间长、遮蔽复杂、风险高等问题，王月鹏基于对绝缘杆作业法的研究和现场工作经验，总结出“测、遮、剥、接、复”五步工作法，可以指导带电作业人员高效、安全地开展带电接分支线路引线工作，在全面提升此类工作效率的同时，大幅提升作业安全性。

工作法背景

10千伏架空配电线路带电接分支线路引线是带电作业日常工作的重点，工作量大，同时也是业扩工程的关键一步。传统的绝缘手套作业法作业人员需要直接接触带电体，遮蔽范围广、难度系数高、劳动强度大、安全隐患多，为应对潜在的安全风险，作业人员还需要穿着全套绝缘防护用具，又进一步增加了作业难度和对操作人员技能和体能的要求。

工作法应用

带电接分支线路引线工作作业步骤可以分为作业前准备、接引线作业和恢复绝缘三部分。作业前准备阶段主要包括主线路线径的测量、引线长度的测量、主导线的遮蔽以及引线的制作等步骤，这是该工作的基础，直接影响后面工序的质量；接引线作业主要包括绝缘层的剥除、线夹的安装以及引线之间距离的调整等步骤，这是该工作最核心的一步，是分支线路能否顺利接电和安全运行的关键；恢复绝缘工作主要包括三相线夹裸露处的绝缘恢复以及绝缘遮蔽措施的拆除，这是该工作的最后一个步骤，是后续线路无缺陷运行的重要保障。采用绝缘杆作业法开展带电接分支线路引线工作，由于人体与带电体保持足够的安全距离，不仅大大减少了大量的绝缘遮蔽工作，更减少了厚重的个人防护用具的穿戴，全面提升了作业效率和安全性。

1.第一步：测

作业人员登杆到作业点并与带电体保持足够的安全距离，使用测量杆对导线线径以及引线长短进行测量，为剥皮工具模具和线夹的选择提供依据，为引线制作提供准确数据。

测量引线长度

测量导线线径

2.第二步：遮

作业人员根据现场实际情况，依次使用射枪操作杆和配套的硬质导线遮蔽罩和硬质绝缘子遮蔽罩将作业范围内可能触碰的带电体进行绝缘遮蔽。遮蔽时应按照“先两边相，后中间相”的顺序进行。遮蔽过程中要控制作业幅度，避免引起导线大幅晃动造成安全隐患。

对带电体进行绝缘遮蔽

3.第三步：剥

选定剥除位置和模具后，操作剥皮工具剥除导线绝缘层，待剥除绝缘层的长度满足接引线需要后（剥除长度应长出 J 型线夹 10 毫米），配合绝缘勾杆，切断剥下的绝缘层，随后恢复裸露处的绝缘遮蔽，完成一相绝缘层剥除操作。按照相同的方法，依次完成三相绝缘层剥除工作。

剥除导线绝缘层

4.第四步：接

作业人员将三相引线调整固定好，并与带电体及接地体保持规定的安全距离。根据测得的主导线和引线线径选择相应型号的改进 J 型线夹

接引流线

线，并将线夹与引线进行固定，确认牢固后使用射枪式操作杆将引线和线夹一起安装到主导线开剥位置中央，使引线处于主导线正下方，扭动射枪操作杆紧固线夹螺栓，完成安装。三项引线按照“先中间相，后两边相”的顺序依次进行。

5.第五步：复

将绝缘护罩嵌入护罩安装工具卡槽内。作业人员操作护罩安装工具将绝缘护罩安装至 J 型线夹上，绝缘护罩开口应向下，随后使用绝缘卡线钩调整引流线，使其与绝缘护罩引流线槽相对应。确认位置无误后合上绝缘护罩，使用绝缘夹钳在非引流线主导线侧的下方将护罩开口夹紧，完成线夹恢复绝缘工作。按照作业步骤依次恢复三相线夹处的绝缘。随后拆除安装的绝缘遮蔽措施，完成作业。

恢复三相线夹绝缘

专家点评

带电接分支线路引线是带电作业中最基础的作业项目，也是开展最多的项目之一。文中提到的“测、遮、剥、接、复”五步工作法，是对工作精髓的提炼和总结，通过此方法可以让作业人员准确、快速的掌握技术要领，提升作业效率，降低作业人员风险。

高会民

GAO HUIMIN

不羡慕别人的成就，只专注当下的努力！惟有努力奋斗，才能成就梦想！

高会民，中共党员，国网冀北电力有限公司秦皇岛供电公司输电运检中心输电检修二班班长（五级职员）、高级工程师、高压带电检修高级技师、国网专家。高会民同志扎根输电生产一线 28 年，累计巡线 97000 千米，攀爬杆塔 17800 基，参与事故抢修 268 次，带电作业 670 次，验收 30 条线路约 2000 基杆塔。累计取得发明专利 9 项，实用新型专利 50 项，发表论文 5 篇，所研制的创新成果荣获国家电网有限公司科学技术进步奖、国网冀北电力科学技术进步奖、河北省科技奖等 30 多个奖项。获评全国劳动模范、全国五一劳动奖章、河北省劳动模范、河北省能工巧匠、全国电力行业技术能手、河北省突出贡献技师、国网工匠、中国能源化学地质工会大国工匠、中国电力设备部大工匠等荣誉称号，2022 年担任冬残奥会火炬手。

应用自锁滑轮吊装进行电力线路检修作业工作法

工作法简介

高会民结合电力线路检修作业实际，在传统滑轮的基础上进行改造升级，将滑轮加装闭锁装置，方便起吊较重物件，能够有效缩短检修工作时间，确保作业人员安全。通过采用不同材质制作自锁防滑脱滑轮，可应用于停电或带电等不同作业环境。

工作法背景

电力线路检修具有点多、面广、工作量集中、协调复杂、人员多、持续时间长、危险点多等特点，检修时经常使用滑轮起吊如绝缘子、金具、工具等物件，经常遇到起吊较重物件时，地面人员不能长时间将物件停留在一处，给杆塔上作业人员造成安装不方便，增加劳动强度，容易发生危险，电力维护人员在检修过程事故的发生频率高，人员危险性大。因此研制一种带自锁防止滑脱功能的滑轮，提高作业人员的安全系数。

工作法应用

自锁滑轮的研制，设计结构简单、使用方便，缩短了检修工作时

使用自锁滑轮作业

间，降低了检修作业人员的劳动时间、确保了作业人员的安全。通过试验与现场操作，创造性地解决了生产中的实际问题。

自锁滑轮将滑轮挂钩改成多角度挂点，方便作业人员操作。将滑轮加装闭锁装置，在起吊物件的过程中，打开闭锁功能后，地面人员即可松开绳索，闭锁装置由于物件的自重将其锁住；如需将物件放下时，解锁闭锁功能，既能顺利完成工作，又能大大提高作用人员在施工过程中的安全系数。此自锁滑轮采用两种材质做成：一种采用金属材料加工，用于停电作业；另一种采用材料加工，用于带电作业。

（1）自锁滑轮涉及输电工程、通信、救援、安全保护、建筑等工程技术领域，主要目的在于提高作业人员在电力施工过程中的安全系数。

（2）此自锁滑轮实现了闭锁功能，首先将滑轮进行技术改进，把原有封闭滑轮，在不改变其拉力要求情况下，设计为能打开，使绳索方便安装。

自锁滑轮分解图

（3）主要采用的技术方案为：将滑轮加装自锁功能，将开闭功能装置，改为离心圆，此技术可在起吊重物时，减少摩擦力，顺利开闭锁舌。

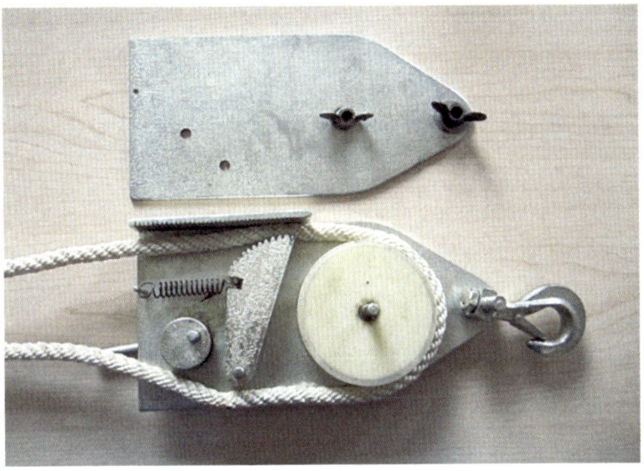

自锁滑轮闭锁装置采用离心圆设计打开或关闭

（4）通过滑轮上的离心圆控制开关，将锁舌关闭，使其在起吊物件时，人员可以中途停止拉绳索，自锁装置由于物件的自重将其锁住。（锁舌与挡板之间距离设计为 3.5 厘米，适用绳索规格在 ϕ5~ϕ30 毫米）拉簧起到将锁舌常闭锁状态，防止锁舌自行开合。

（5）通过滑轮上的离心圆控制打开锁舌，可作为滑轮使用，使物件自由上下，既能顺利完成工作，从而使得本实用新型多功能挂点自锁滑轮具备自锁功能，又能大大提高作业人员在施工过程中的安全系数。

1.应用效果

根据在 60 条线路上应用，累计节省人员 600 人次，节省时间 400 小时。间接节省资金约为 150 万元，缩短了检修工作时间，提升了供电可靠性，降低了检修作业人员的劳动强度；其次，新技术的使用，重塑了作业流程，简化了作业人员的工作程序；最后，提升了人员及设备的安全，消除了安全管控的空白点。

2.发展前景

高空作业存在着多重危险因素，安全要求较多，给检修作业带来部分局限性。本项目利用新技术创新作业方法，设计结构简单、操作方便，其创造性地解决了原有工具操作不便的实际问题，提高了作业安全和工作效率。目前该工具在国网秦皇岛供电公司输配电线路应用。

专家点评

电力检修作业自锁滑轮吊装是在传统滑轮的基础上进行改造升级。自锁滑轮的研制，设计结构简单、使用方便，缩短了检修工作时间，降低了检修作业人员的劳动强度，确保了作业人员的安全。通过试验与现场操作，创造性地解决了生产中的实际问题。

应用新型系列工器具进行输电线路高空作业工作法

工作法简介

高会民总结现场作业经验，针对施工用工器具安全保护空白点等隐患，研制包括绝缘循环绳索迁移障碍跨越器、可自动闭锁的跟斗滑车、绳索脱扣器、绳索缠绕器等新型系列工器具，使输电线路检修维护工作流程更加简便、高空作业更加规范，有效节省了工作时间，更好地保障一线生产人员作业安全。

工作法背景

目前，输电线路检修规程及检修导则不断完善，给日常检修、停电综合检修、带电作业检修提供了有力的支撑，规范了相关工艺标准、检修流程以及检修工程中需携带工器具种类、数量。加之根据标准化作业的逐步实施，促使输电检修作业实现标准化、流程化、规范化。但在架空输电线路的检修过程中，作业人员及设备的安全隐患还是时有发生。由于输电线路检修作业多为高空作业，存在高空坠落风险。根据现场作业的经验，针对作业的安全隐患，如绳索跨越导地线障碍物、工器具出现安全保护空白点、拆除绳索困难、所用绳索缠绕工艺不佳、工作人员数量和工作效率等方面问题，有待进一步提升。

工作法应用

根据新型系列工具在 60 条线路上应用情况，有效缩短了检修工作时间，提升了供电可靠性，降低了检修作业人员的劳动强度。同时，新技术的使用重塑了作业流程，简化了作业人员的工作程序，减少了作业人数，提升了人员及设备安全性，消除了安全管控的空白点。本项目利用新技术创新作业方法，设计结构简单、操作方便，其创造性地解决了生产中的实际问题，保障了作业人员操作时的安全问题。

1.绝缘循环绳索迁移障碍跨越器

利用输电线路高空作业绝缘循环绳索迁移障碍跨越器，架空线路检修人员在地面操作即可完成绝缘循环绳索跨越线路上障碍的滑动迁移。

（1）翻转跨越。由三个滚轮排列为三角形滑轮组，其滚轮根据跨越的高度设计为 3 厘米（现有障碍物设备高度为 1~3cm），在架空输电线上实现翻转技术跨越障碍。

绝缘循环绳索迁移障碍跨越器

（2）伸展跨越。设计为可水平伸缩并且带绝缘的翼展臂（根据在110~220千伏带电作业30~40厘米放电距离，将超出部分伸缩翼展臂设计为绝缘），通过作业人员拉动循环绳索，在达到15°时，通过弹簧使其水平自动展开，实现水平跨越（根据现有障碍物设备水平宽度为5~30厘米）。

2.软梯滑车及翻斗滑车

软梯滑车及翻斗滑车是在输电线路检修作业时的常用工具。由于现有的滑车没有自锁功能，在作业过程中，滑车容易与输电线缆脱离，从而容易发生安全事故，造成人员伤亡。将滑车加装可自动闭锁装置，使其控制锁舌自动打开或封闭开口，从而使滑车具有自锁功能，提高输电线路高空作业人员在检修过程中的安全系数。

当滑车挂于导线时，依靠软梯及作业人员的重量，使设置的联动装置受力后可控制锁舌打开或封闭开口，从而使滑车具有自锁功能。

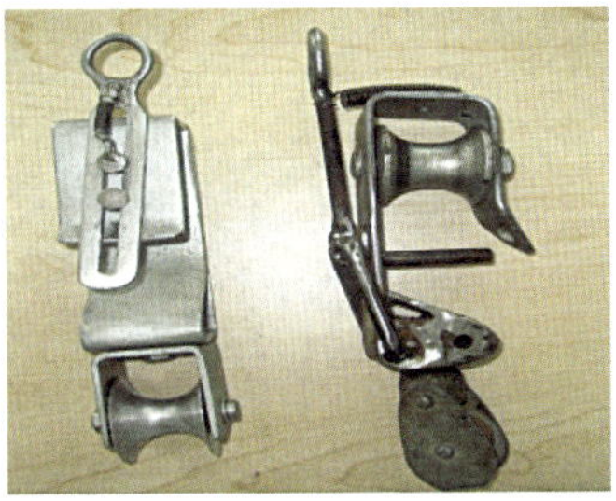

自锁翻斗滑车

3.绳索脱扣器

作业完毕后，在撤离绝缘循环绳索时，绳索上升端在快要脱离电缆时，绳索端头由于惯性极易缠绕在电缆上，绳索不能撤离线路作业点，给操作人员造成二次作业，延长作业时间。根据分离技术，结合循环绳索的特性，对使用范围、条件进行研究，利用拉力使其分离。脱口器两端制作特定的绳索安装环，在脱扣器处于导地线时，进行拉力使其绳索分离，实现拆除作业绳索的目的。为了便于夜间或不良视野工作，脱扣器加装了闪光功能，以观察脱口器所在位置，避免误操作。

绳索脱扣器连接

绳索脱扣器打开

4.绳索缠绕器

绳索缠绕器采用可伸缩式框架结构，能够快速高效完成绳索的缠绕工作，很好地解决了在缠绕过程中混编、打结问题。新型工器具的使用便于绳索的展放和

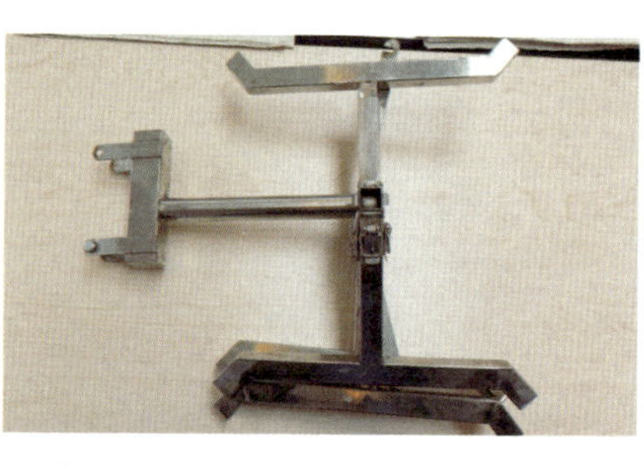

绳索缠绕器伸缩装置方便拆卸绳索

打捆存放。针对不同作业现场的需要，制造出适用于仓库定置使用的中型绳索缠绕器和适用于现场作业使用的不锈钢轻便小型绳索缠绕器，提高工作效率。

专家点评

输电线路高空作业新型系列工具的使用，拓展了检修作业的方式和方法，使检修维护工作流程更加简便、作业更加规范，更好地保障了一线生产人员作业安全，有效节省工作时间，提升工作效率。

谢邦鹏

XIE BANGPENG

一线锤炼品质，
创新成就未来。

谢邦鹏，中共党员，国网上海市电力公司浦东供电公司首席数据师兼张江中心数据管理组组长，正高级工程师、高级技师。2008 年清华博士毕业后，他秉持“精益求精、开拓创新”的理念，奋战于基层一线，成绩突出、屡获殊荣。在带领团队建成国网首个能源服务中心后，现在他作为公司数字化转型工作的领头人，正全力做好数字化整体设计，加速数据要素驱动，服务浦东新区“引领区”建设。获评全国劳动模范、第七届全国道德模范提名、全国五一劳动奖章、中国好人等荣誉称号。

客户服务中“供电+能效服务”产品推广三步工作法

工作法简介

针对“供电＋能效服务”缺少完整高效的服务方法问题，谢邦鹏在长期客户服务工作中，总结提炼出一套实用高效的“供电＋能效服务”推荐与服务方法，依托智能移动作业终端，通过“客户画像”“产品智选”“现场推荐”三个步骤，使得客户经理在现场服务过程中，精准把握客户需求，快速匹配解决方案。

工作法背景

“供电＋能效服务”内容丰富，涉及专业广，而现场服务人员在市场拓展过程中，缺少有效的方法指导，从而导致推广效率不高，客户需求把握不全面。因此，谢邦鹏在长期客户服务工作中，总结提炼出一套实用高效的能效服务推荐方法。

工作法应用

1.客户画像

通过客户画像把握用能客户的需求，是开展“供电＋能效服务”的基础。因此在能效服务推荐中，基于营销侧积累的大量电力负荷数据，掌握用户客观负荷特性，配合标准化的询问话术，分层掌握客户在安全、经济、可持续发展等不同方面特点，快速掌握客户需求。

2.产品智选

通过构建能源管家“供电 + 能效服务”产品矩阵，包括 10 产品大类、29 产品小类及相应适用客群特征。基于产品矩阵的适用客群特征，结合业务经验及历史用户数据特征及分布，设计潜客初筛相应指标及筛选规则逻辑，形成智能化的产品智选策略，并内嵌在智能移动作业终端中，在现场服务过程中，快速适配满足客户需求的“供电 + 能效服务”产品。

3.现场推荐

对不同的产品设计标准化的推荐话术，现场服务人员可以根据推荐的产品和该产品对应的标准话术，向客户推荐“供电 + 能效服务”，展示不同服务产品的应有成效，以便直观了解服务内容和效果，持续拓展现场服务人员服务范围，提升服务效果。

2022 年完成综合能源产值 5541.55 万元，完成指标 107.64%，重点业务占比 74.66%；累计完成综合能源产值 1.19 亿元。储备综合能源项目产值超过 1.6 亿元，全部建成后预计每年可减少二氧化碳排放近 19 万吨。开发 To G（面向政府）、To B（面向企业）、To S（面向社会）数智化产品共 19 项，形成商业模式 9 个，完成撮合交易 7 笔，金额达 141.9 万元，形成营业外收入 24 万元。

现场推广“供电+能效服务”产品

专家点评

“供电 + 能效服务”模式推广以来，各项工作取得了较好成绩，曾多次代表公司向国网公司主要领导作当面汇报。2021 年 6 月获得辛保安董事长批示肯定：“能源管家”新型服务模式和“双碳智慧楼宇”的实践探索很有意义，要坚持以客户为中心，创新“供电 + 能效服务”体制机制，提高综合能源服务能力水平。

面向园区用户三态的能源数字产品服务工作法

工作法简介

针对园区用户对能源数据服务的迫切需求，谢邦鹏在长期工作中，总结提炼出一套基于“历史态”“当前态”“未来态”的能源数字产品研制与服务工作法，实现对常用的能源数字产品研制方法进行改进与提升，使得面向园区用户的能源数据服务更加精准、高效、便捷。

工作法背景

目前，园区用户普遍面临能源供应容量限额与租户持续增长增容需求不匹配、能源设施使用情况不直观、租户管理不全面等问题，因此形成一套能满足园区用户普适性需求的典型能源数字产品和服务方法具有重要意义，但是研制和服务过程中存在产品样式不统一、缺乏规范流程等问题，会严重影响服务效率与质量，制约了能源数字产品在更大范围的用户群中推广应用。因此，采取一套典型能源数字产品研制和服务方法，可以极大程度地提高对园区用户的能源数据服务效率。

工作法应用

1.历史态：分析历史数据，总结用能规律

分析能源历史数据，总结园区在精管理、减碳排、提能效三方面的用能规律。对初次接触的新用户，基于智慧城市能源云平台对客户地址、关口表历史数据、行业用电量等信息的获取，自动计算出客户在同类型群体中的能耗水平，形成模块化的涵盖其用能情况初步分析、同行业同区域排名、能效服务初步建议等分析内容的简要报告，为进行客户接触与洽谈奠定基础。对有较详细历史数据的客户，精管理方面，分析能源设备运行数据以及分项分户能耗数据，总结园区和租户的能源资产利用效率和能源作业活动规律；减碳排方面，从碳排总量、碳排结构、碳排强度三项指标开展趋势分析和对标分析，摸排园区碳资产状况和减排潜力；提能效方面，构建包含“GDP 能耗”“主体活跃率”“经营活跃度”等要素的指标体系，掌握能源经济活动规律。

2.当前态：开展实时监测，预警异常用能

建设能源监测系统，评估涵盖能耗、亩产、效益、环境的“四个论英雄”能效指标，开展建筑楼宇的能耗能效监测、供能路径监测和异常用能监测，掌握能源实时动态，科学开展招商引资，精准定位异常用能，提升能源运维效率，提高能源安全水平。

3.未来态：规划能源方案，破解发展难题

规划能源解决方案，以提升供能能力、节约用能成本、打造绿色典范为目标，从负荷规划、光伏建设、储能系统等方面，制定园区级能源解决方案，提高能源利用效率、提升清洁能源占比、提速绿色低碳发

展，破解未来发展与低碳转型相互制约的难题。

基于已建成的智慧城市能源云平台和整套工作法，已建立了为全浦东 7000 余家 10 千伏及以上高压客户进行能源数字产品服务的能力，并为张江人工智能岛、中央国债登记结算有限责任公司等开展了定制能源数字化产品服务。以中央国债登记结算有限责任公司为例，从 2021 年 10 月起，为其提供多份企业能源碳排分析报告，从能源设备效率、建筑运营能效、能源碳排评估、数据中心能效等多个维度、不同指标分析企业的能耗情况、碳排趋势和能效水平，获得客户高度认可。

通过“掌上管家”向园区用户推荐能源数字产品

专家点评

典型能源数字产品是对园区用户提供数据服务的敲门砖，对数字化专业人员的技术水平要求较高。根据文中提到的办法，数字化专业人员只要熟练掌握基于“历史态”“当前态”“未来态”的能源数字产品服务工作法，即可形成服务园区用户的典型能源数字产品，提高园区用户的能源数据服务效率。总体来说，该工作法具有较高的操作性，可有效提高能源数字产品研制与服务的工作效率。

基于电力大数据的企业复工复产情况分析四步工作法

工作法简介

谢邦鹏带领团队为服务政府科学决策、助力企业复工复产，总结提炼出一套高效的基于电力大数据的企业复工复产情况分析方法，主要包括“明确对象”“找准视角”“建立模型”“更新迭代”四个步骤，助力政府、行业、客户把握各级生产复工复产趋势。

工作法背景

为在疫情期间持续保障供电服务，支撑政府科学决策，通过挖掘电力数据价值，利用数字化手段掌握各区域、各行业复工复产情况具有重要意义。传统的统计分析方法耗费大量的时间和人力成本，统计结果未必准确。因此，采用基于能源电力大数据的企业复工复产分析方法，通过建立复工复产模型，每日更新迭代数据分析结果，形成可视化的分析报告，可以极大提高对企业客户复工复产情况分析的准确性和效率。

工作法应用

1.明确对象（确定分析范围和对象）

根据政府和客户需求制定分析策略是基础，第一步是明确需要研究分析的对象。在疫情管控期内，政府更加关注“白名单”和重点保供企业，所以分析对象明确为区域内重点高供企业客户。在社会面全面放开后，政府更关注区域经济发展的整体恢复情况，故分析对象扩展到区域内的所有高供企业客户，同时根据政府需求有针对性地分析各产业行业内重点和典型客户的复工复产情况。

疫情期间踏勘用户现场

2.找准视角（确定分析视角和切入点）

通过不同的视角来分析一段时间内企业复工复产情况，利用不同的客户标签（电压等级、用电性质、行业分类、所属区域等）对分析对象进行归类分析，横向比较各层级内客户的复工复产情况。同时，通过确定产业链行业情况，纵向比较同一产业链卜各行业和客户复工复产情况，针对性为政府提供产业薄弱环节视角的分析。

3.建立模型（确定分析模型和计算方法）

在确定了研究对象和分析视角之后，建立了复产程度的分析指标和计算模型，结合 2022 年上半年春节假期安排和疫情管控情况，定义了生产期、管控期等时间周期范围，同时定义了某日复产程度、历史最大复产程度等模型指标。其次，从片区、行业、产业等多维度分析高供企业客户的复工复产情况，以及各层级内典型企业的复产程度，给出相应分析结果和重点需要关注的用户。最后，根据产业链配置、行业复工复产情况和重点用户清单分析对应差异薄弱环节。

4.更新迭代（对分析模型进一步更新完善）

复工复产分析时间跨度较长，到 2022 年 6 月中下旬考虑到气温攀升较快，为了能更加精准反映企业复工复产情况，对模型进行调整迭代，通过引入去年同期用电量，剔除暖通空调等非生产性负荷的影响因素，提高复产程度指标的准确性。

专家点评

基于电力大数据的企业复工复产情况分析方法利用了数字化的技术手段，从多维度视角反映了企业复工复产情况，相比于传统分析方法更加高效，节约了人力资源和时间成本，为政府、企业等服务方提供及时准确的分析结论。同时，模型可以根据外界环境的变化和实际需求变更进行升级迭代，进一步提升分析方法的可靠性。

胡洪炜

HU HONGWEI

我只是想在自己的岗位上把一件事做到极致。

胡洪炜，中共党员，国网湖北省电力有限公司超高压公司输电检修中心带电作业二班班长，高级工程师、高级技师。他扎根超特高压输电带电作业一线 23 年，爱岗敬业，挑战“三高”——高空、高压、高标准，逐渐从一名“门外汉”成长为国内数一数二的超、特高压输电线路带电作业精英人才。获评全国劳动模范、全国青年岗位能手、团中央“最美青工”、湖北省“荆楚楷模年度人物”、湖北省首席技师、湖北省五四青年奖章、湖北省五一劳动奖章、湖北省道德模范、国网楷模等荣誉称号。参与了我国 ±800 千伏特高压带电作业试验，是世界 ±800 千伏特高压带电作业第一人。

特高压交流输电线路直线塔中相V型绝缘子串带电更换工作法

工作法简介

胡洪炜根据特高压窗口结构型式及串长特点，摒弃传统软梯法进入电位方式，创新提出进出特高压中相电位及操作工作法，通过做好带电作业防护、利用吊篮进入等电位、安装更换工具、更换绝缘子等流程，有效避免停电更换绝缘子对电网运行和电能供应产生的影响，在特高压带电作业应用技术领域取得突破。

工作法背景

1000 千伏线路是一个全新的电压等级，其杆塔的横担结构、窗口间隙发生了变化，尤其是导线分裂数，绝缘子串组装金具结构发生了很大的变化。1000 千伏南荆 I 线，其中中相为 V 型绝缘子串直线杆塔占总塔数 83%，在输电线路的运行中，由于各种因素的影响，绝缘子的损坏不可避免，为了保证供电可靠性，必须对损坏的绝缘子进行更换。国内没有带电更换此类绝缘子串的工艺方法，因此，研制一套安全实用的带电更换 1000 千伏特高压输电线路 V 型绝缘子串工艺方法十分必要，可以有效避免停电更换绝缘子将对电网运行和电能供应产生的影响。

工作法应用

1.现场勘查，保证带电作业可行

对特高压输电杆塔周围环境，缺陷部位和严重程度，导线规格，绝缘子规格，地形状况进行现场勘查，查阅图纸，判断能否采用带电作业。

2.开发带电作业工器具，确保新的杆塔结构有工具可用

研制了特高压V型绝缘子串带电更换专用工具。根据特高压V型绝缘子串金具联板结构特点，创新研制了重量仅为10千克的钛合金导线联板卡，代替了原来两套重达150千克的八分裂提线器。整套创新工具均为国内外首创，工具重量较原有工具减少了90%以上，具有重量轻、体积小、安装方便、操作便捷等优势。

3.吊篮轨迹法进出等电位，保证进出电位人员安全

进出电位过程是整个带电作业流程最危险的环节，据1000千伏特高压交流线路杆塔结构特点，以中国电科院试验建模安全距离为依据，构建基于AUTOCAD软件的特高压输电杆塔、操作体、坐标定位以及主要设备元件图型库开发带电作业进电位路径安全评估系统，计算并验证进入电位的安全距离和组合间隙，确定人员进入等电位的最优轨迹，保证带电作业人员进出电位安全可靠。

4.重流程，强化过程管控

制定《特高压V型绝缘子串带电更换》标准化作业指导书，确定更换作业操作步骤，明确工作中的危险点，规范带电作业操作方法工艺

流程和主要工器具配置，详细规定作业人员的具体步骤和动作要求，确保人员安全，作业安全。

专家点评

特高压输电线路杆塔高、导线荷载大、杆塔大，没有相应的检修工作法，对带电作业人员技术要求极高。根据文中所用方法，带电作业人员只需按照规定步骤做好防护、利用吊篮进入等电位、安装更换工具、更换绝缘子等流程，即可完成 1000 千伏特高压交流输电线路直线塔中相 V 型绝缘子串带电更换，并将带电作业的风险降到最低。总的来说，该方法提出了进出特高压中相电位方法及操作工艺，在国内外首次完成了特高压 V 型绝缘子串带电更换现场操作，是特高压带电作业应用技术领域的重大突破。

张华山

ZHANG HUASHAN

有了目标，不停地工作，即使慢，也一定会获得成功。

张华山，中共党员，国网湖南省电力有限公司湘潭供电分公司变电检修公司一次检修班副班长。在变电检修行业摸爬滚打 40 余年，带领工作室成员研发“液压机构储压器和压力表校验平台”“10 千伏中置柜检修防触电装置”等 11 项发明。他始终如一，精益求精，从入职时仅有初中文化的“赤脚医生”，成为享有全国劳动模范、国网工匠、岗位能手、职工技术创新带头人等荣誉称号的“金牌工匠”。

10千伏手车式真空断路器梅花触头组装工作法

工作法简介

针对检修工作中组装梅花触头工时长、速度慢、效率低等问题，张华山总结出一套能高效且可靠地完成梅花触头组装的工作法，利用创新研制的“10 千伏手车式真空断路器梅花触头组装成套工具”，能有效避免梅花触头散架变形、弹簧损伤疲劳及触指受损，减少停电检修和故障处理时间，保证检修人员安全。

工作法背景

梅花触头作为一个重要的电气连接和导流部件，被广泛应用于 10 千伏铠装移开式户内交流金属封闭开关设备的手车式真空断路器中。梅花触头一般由无磁不锈钢环状张力弹簧和镀银铜触片构成，真空断路器开关在工作位置时，指形动触头插入深度不小于 15 毫米，每个触指的压力应为 70~100 牛。

然而无论是高压断路器生产厂家还是使用单位，在遇到开关柜真空断路器解体大修或梅花触头过热、烧熔时，组装梅花触头是一项工时多、效率低、风险高的检修环节。目前国内尚无组装梅花触头的专用工具，而一般方法则是多名作业人员使用螺丝刀等工具，用蛮力将弹簧撬开来完成，不仅耗费大量人力与时间，还会损伤触指栅和弹簧，甚至造成作业人员的受伤。同时，损伤后的弹簧紧固力不足将影响触指接触压力，增大断路器主回路电阻，出现接触面过热、烧熔等现象，存在极大的安全隐患，甚至造成火灾等严重后果，影响供电质量。

因此，为解决10千伏手车式真空断路器更换梅花触头时存在的上述问题，利用研制出的“10千伏手车式真空断路器梅花触头组装成套工具”，归纳总结一套行之有效的组装梅花触头的工作方法。

工作法应用

（1）梅花触指组装。

1）将触指栅套入触指弹簧胀口器尾部，依次将触指片从触指栅下方插入卡槽内。

组装操作

2）将组装好触指片的触头两手轻托触指栅架从胀开器拿出放在检修平台上，确认每片触指片进入触指栅卡槽。

确认触指片到位

（2）将梅花触头零部件及组装工具分类放在检修台面。

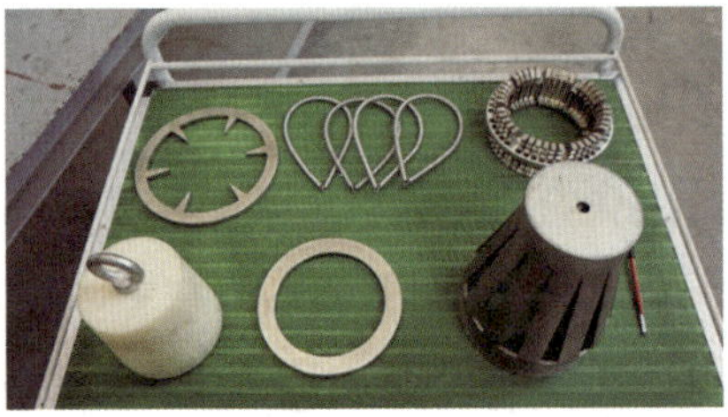

分类摆放组装工具

（3）使用弹簧压盘将 4 个弹簧依次压入触指弹簧胀口器下部。

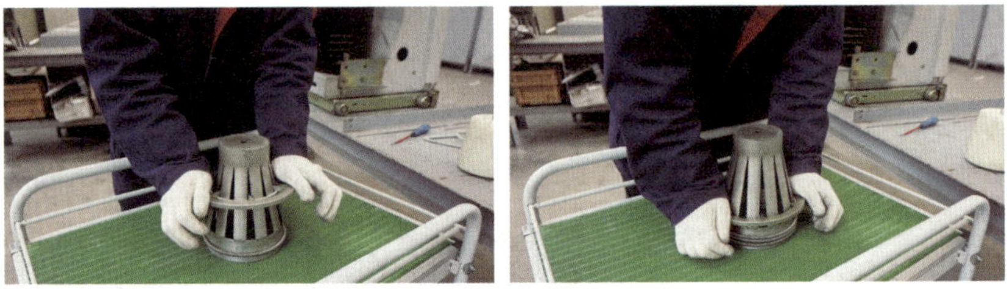

将弹簧依次压入

（4）将触指栅内触指片依次装入触指栅卡槽内，并调整好触指片位置。

装入触指片

（5）将组装好触指片的触头，两手轻托触指栅架缓慢的对齐放入触指弹簧胀口器内后依次将两个弹簧推入触指弹簧槽内。

触头和触指弹簧装入

（6）将组装好两个弹簧的触头对准触指胀开器两手用力压入触指胀开器中底部。

将触头压入触指胀开器

（7）将压入触指胀开器中的触头套上压圈，对准触指臂两手用力将触头推入触指臂卡槽。

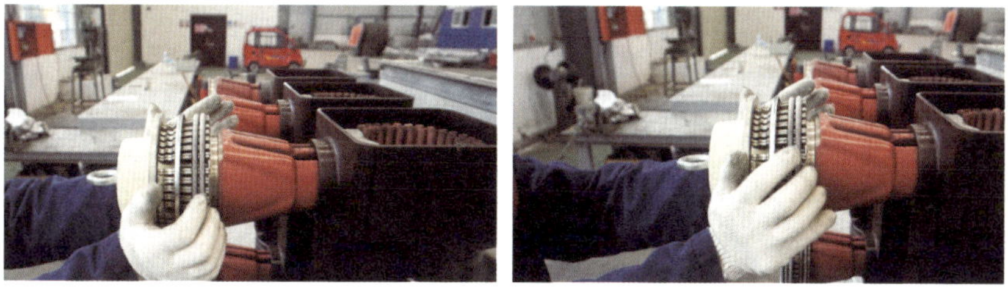

将触头推入触指臂卡槽

（8）将触指胀开器拔出，将触指弹簧胀口器剩余两个弹簧依次推入触指弹簧槽内，即可完成装配。

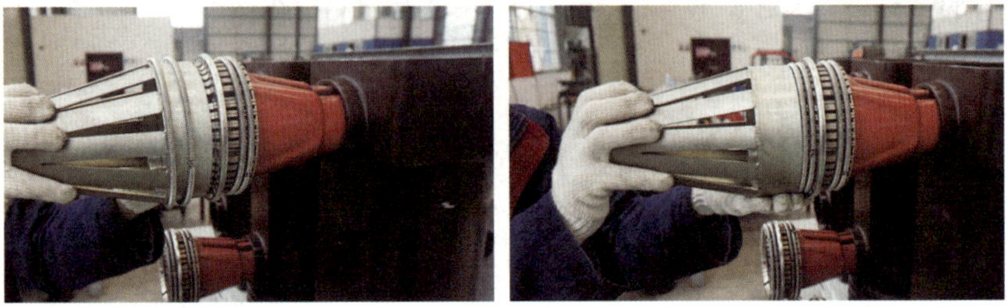

推入剩余两个弹簧

专家点评

10 千伏手车式真空断路器在变电站、厂房等地区应用广泛，传统组装梅花触头的方法时间长、效率低，而本文所述装置能快速、便捷地处理 10 千伏手车式真空断路器内梅花触头故障，其可以节省人工成本、提高工作效率，简化作业流程、减轻劳动强度，降低更换风险、保证作业安全，缩短停电时间，提升服务质量。总体来说，张华山的梅花触头组装工作法实用性强，具有很强的专业指导性，可有效地指导检修专业现场工作，有效提高工作效率。

可防止误操作的开关柜母线不停电检修五步工作法

工作法简介

针对 10 千伏开关柜电缆室内电流互感器更换工作场景，改进优化传统安装方式，张华山总结提出利用开关柜检修防触电小车进行开关柜母线不停电检修工作法，能有效提高检修效率，减少安装过程的危险性，大幅降低劳动强度。

工作法背景

进行 10 千伏开关柜电缆室内电流互感器更换工作，作业人员必须进入断路器室将出线侧触头盒活门挡板打开，拆除与电流互感器相连接的线路侧静触头和铜排；10 千伏断路器智慧化改造需在开关柜断路器室加装行程开关、传感器、视频双确认装置等部件，作业人员需要进入断路器室进行测量、安装及调试等工作。在开关柜母线不停电时，开关柜断路器室内母线侧触头盒内静触头带电，并且目前尚无可靠的闭锁装置，一旦作业人员误将母线侧活门打开，极易造成人身触电事故，严重危害人身、电网、设备的安全。

当前国内绝大部分地市公司实现开关柜母线侧及线路侧静触头的封闭，仍是采用开关柜本身自带的上下活门挡板，即断路器小车拉出后，母线侧及线路侧活门挡板自动将带电静触头与断路器室隔开。此方法虽然实现带电部分与工作部分的隔离，但可靠性不高，若有不熟悉安全措施的人员误开带电部分的挡板，极可能发生安全事故。因此，迫切需要一种可防止误操作的开关柜母线不停电检修方法。

工作法应用

（1）将防触电小车推入开关柜内，并插入小车摇把。

插入小车摇把

（2）摇动小车摇把，通过传动杆带动转动连杆使得封板逐渐抬升。

封板抬升

（3）摇到封板完全立起，此时小车摇把正好卡住，不能摇动；

封板到位

（4）取出小车摇把，将闭锁杆用锁扣压住后，在锁扣处上锁；

锁扣压住闭锁杆并上锁

（5）防触电小车上锁后，小车不能被拉出。并且实现了对开关柜内触头盒活门联动机构的闭锁，使触头盒活门可靠封闭，防止触头盒活门被打开，有效降低人员触电风险。

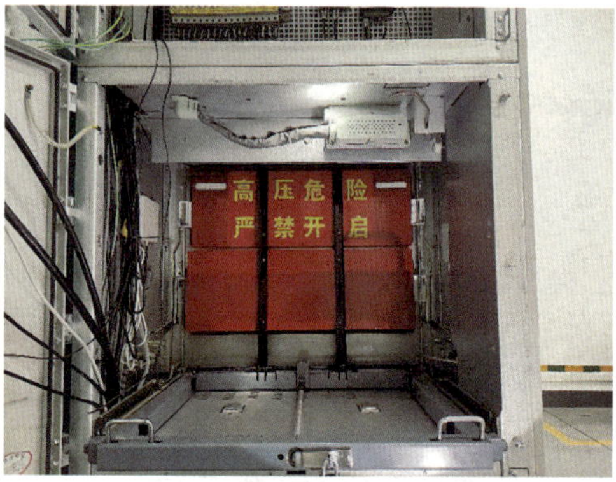

触头盒活门可靠封闭

专家点评

张华山的开关柜母线不停电检修工作法从根本上解决开关柜母线不停电时，开关柜断路器室内母线侧触头盒内静触头带电，并且目前尚无可靠的闭锁装置的难题，极大提升了检修效率，减少了安装过程的危险性，替代了传统安装方式，大幅降低劳动强度。其具有以下优势：①提高安全效益；②提高经济效益；③缩短停电时间，提升服务质量。

周义民

ZHOU YIMIN

干工作就要像铁人那样，干就要干好，就要干出名堂。

周义民，中共党员，国网黑龙江省电力有限公司大庆供电公司变电检修中心电气试验二班班长，高级技师、高级工程师。在电气试验工作岗位上工作 29 年，工作中发明了 26 项国家发明和实用新型专利，提高了工作效率，创造了经济效益。获评全国劳动模范、国家电网有限公司特等劳动模范、国网工匠、龙江首席技师、龙江技术能手等荣誉称号，享受黑龙江省政府特殊津贴。

电容式电流互感器介损测试中排除外界干扰工作法

工作法简介

针对电容式电流互感器介质损失角测试值易受外界干扰的问题，周义民在长期现场工作中总结提炼出了一套判断排除外界干扰、提高测试准确度的工作方法。电气试验人员只要按照本工作法进行测试，就能高效准确地测试出正确的电容式电流互感器介质损失角测试值，避免误判。

工作法背景

对电容式电流互感器进行介质损失角测试是变电站春季检修例行试验的重要项目之一，是检测电容式电流互感器绝缘状况、各种性能参数是否正常，保证其安全可靠运行的重要手段。

这项试验，如果在试验过程中忽视外界一些微小干扰现象，则可能使测试出的数据与真实数据相比偏差较大，给正确分析判断电容式电流互感器绝缘状况和各种性能参数带来不利的影响。

工作法应用

1.控制表面泄漏：排除潮湿天气对测量结果的影响

在试验工作现场有时会遇到高温潮湿天气，造成电容式电流互感器外瓷套表面潮湿，产生表面泄漏电流，形成T型干扰网络。使实测介损值与真实值相比出现偏小的误差，甚至出现介损负值，所以应排除潮湿天气对测量结果的影响。应在晴好天气或者用电吹风吹干的情况下进行测试。

选择在晴好天气下试验，避免空气潮湿带来的影响

2.控制周围障碍物：排除空间干扰对测量结果的影响

在试验工作现场周围有时会存在一些接地的高大障碍物，也会形成T型干扰网络，使实测介损值与真实值相比出现偏小的误差，甚至出现介损负值。所以应尽量移开障碍物，避免空间干扰的产生。

3.控制测试线接触面：排除测试引线接触不良对测量结果的影响

介损测试电桥引线与电容式电流互感器接触处因锈蚀、氧化膜和厚油漆而接触不良，或者测试电桥本身接地不好，都会在接触处形成接触电阻。这些接触电阻致使测试出的电容式电流互感器介损值包含了这些接触电阻的损耗，所以实测值较真实值有偏大的趋势。要排除这种测量误差，应该尽量控制测试引线与互感器的接触电阻，如测试前应将两者的所有接触面擦拭干净，接触牢靠。

测试引线与设备一定要接触良好，避免接触电阻过大产生损耗

4.控制高压引线光滑度：排除不均匀电场对测量结果的影响

当高压测试引线光滑度不够时就会使高压测试引线表面产生尖端和毛刺，在电场作用下会发生电晕放电，使介损测试值出现偏大的误差。为了控制高压测试引线表面光滑度，使电场均匀，应尽量消除高压测试引线上的尖端和毛刺，或者采用大直径（15 毫米）的高压测试引线。

专家点评

电容式电流互感器介质损失角测试是需要有较高技术手段与能力来判断解决外界干扰对测试结果影响的一种试验，对试验人员的技术水平要求较高。文中提到的“四控制法”是精准排除干扰电容式电流互感器介损测试结果的一种有效方法，按照该方法可有效避免测试值的误判，保证其安全可靠运行。

郭锐

GUO RUI

奋战一线，做万家灯火的守卫者。

郭锐，中共党员，现为国网甘肃省电力公司兰州供电公司变电运维中心主任、党总支副书记、高级技师、高级工程师。负责管理兰州电网105座变电站的设备运维等工作。自1994年参加工作以来，他坚守电力生产一线26年，心心专一艺，事事在一工，念念系一职，从一名普通工人成长为电力技能、技术和管理的“三料专家”，获评甘肃省五一劳动奖章、国网工匠、优秀共产党员、最美国网人等20项省部级荣誉。

应用二次安全防护装置进行带电作业工作法

工作法简介

针对带电作业工作场景，郭锐研发出一种可靠性强的用于高压开关柜的绝缘挡板小车，有效隔离带电设备，解决了6~35千伏金属铠装柜开关室工作误开启活门挡板的问题，有效避免了人身触电安全隐患，保证工作人员人身安全。

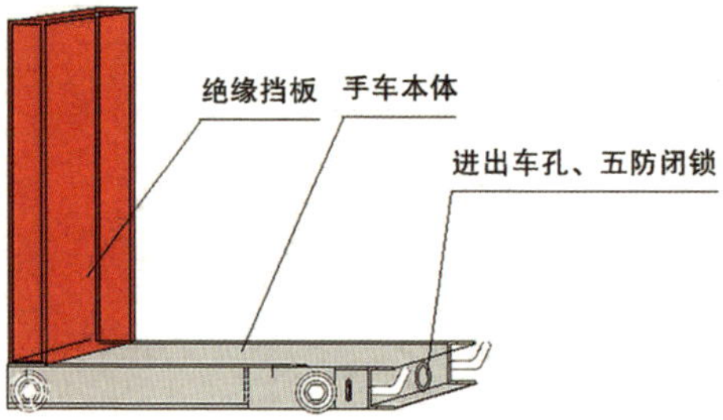

装置结构示意

安全警告、警示标识

工作法背景

在电力行业中，对作业人员与带电设备保持足够的安全距离有严格的要求，10千伏电压等级安全距离不小于1米，35千伏电压等级不小于1.5米，安全距离不足时需采用绝缘挡板或其他可靠安全措施。

但目前在运变电站 6~35 千伏出线间隔金属铠装柜，出厂厂家配置的开关柜静触头绝缘挡板，仅根据小车位置设置开启和关闭措施。在运行状态时，断路器小车推入，触动绝缘挡板联动拐臂，打开上下静触头插孔，断路器动触头与静触头相连，形成电气连接回路。在试验和检修位置时，金属铠装柜厂家配置绝缘挡板仅依靠绝缘挡板自重形成隔离，绝缘挡板联动拐臂无任何闭锁装置。

当金属铠装柜开关室有工作时，存在工作安全无法保障，人员违章无法管控的问题。第一是工作人员可随意推动上下拐臂弯板顶杆，打开绝缘挡板。第二是开关室检修作业时，存在误碰绝缘挡板联动拐臂，打开挡板的安全隐患。

当金属铠装柜绝缘挡板误打开后，由于金属铠装柜紧凑型构造，带电静触头与作业人员无法满足安全距离，导致设备放电、人身触电的安全事故发生。

随着电力设备制造技术的进步和供电可靠性要求的提升，国家电网公司对电力设备固有的家族性安全隐患越来越重视，极力动员一线职工充分发挥创新创造力，采取可靠的方法、措施、设备解决现运装置的安全隐患，保证电网、设备的安全稳定运行，保障电力的高质量可靠供应。

因此研制并推广应用一种二次安全防护装置对实际工作有着非常重大的意义。

工作法应用

二次安全防护装置的研制，主要用于电力系统中 6~35 千伏金属铠装柜开关室工作带电部位与作业人员的安全隔离措施，对 6~35 千伏金属铠装柜开关室静触头绝缘挡板传动机构采取强制机械闭锁，有效防范工作人员误操作、误碰传动机构联动拐臂打开绝缘挡板的安全隐患，保证作业人员人身安全，保障设备、电网的安全稳定运行。二次安全防护装置已纳入国家电网有限公司“高压开关柜人身伤害风险隐患防范措施”（国网设备变电〔2022〕6号），可推广使用到电力系统中发电、变电、配电等涉及6~35千伏金属铠装柜设备的任何场所，应用市场广阔，应用前景远大，使用灵活，功能可靠，安全效益突出。

专家点评

该二次安全防护装置虽然简单，但设计巧妙，减少了单间隔停电检修的操作时间，缩小了停电范围，操作、检修方便、安全，有效杜绝了工作人员误操作、误碰绝缘挡板联动拐臂打开绝缘挡板的安全隐患，保证作业人员人身安全，保障电网的安全稳定运行，全面实现了活门机构锁止、开关室静触头隔离、杜绝违章操作等功能，解决了由于装置性违章、习惯性违章等造成的开关室工作误开启活门机构造成人身伤亡的隐患，研发产品完全符合技术条件和国家及行业标准的要求。

黄新民

HUANG XINMIN

简单的事重复做，
重复的事用心做。

黄新民，中共党员，国网新疆电力有限公司生产技能类电网检修专业高级专家，正高级工程师、高级技师，长期从事国网新疆电力有限公司乌鲁木齐供电公司继电保护运维工作，获评全国劳动模范、全国五一劳动奖章、第十六届全国职工职业道德建设先进个人、国家电网有限公司劳动模范、国网工匠、西北电网继电保护专家、新疆最美职工、疆电楷模、乌鲁木齐市第四届道德模范、新疆维吾尔自治区第七届道德模范等荣誉称号。

继电保护故障“三查二测一举”六步定位工作法

工作法简介

针对继电保护故障点查找问题，黄新民总结出继电保护故障“三查二测一举”六步定位法，具体包括查询监控系统报文、查看装置变位记录、查阅设备图纸资料，测量电气量特征、测量装置运行状况，故障处理，实现快速找到并处理故障点，促使现场继电保护故障处置更加安全、高效。

工作法背景

目前，继电保护故障点查找是故障消除的重要环节，因此继电保护故障定位对电网设备正常运行具有重要意义，但是在故障点查找过程存在各种二次回路干扰，会严重影响故障点定位的准确性，制约了继电保护故障查找的效率。因此，在继电保护故障查找工作中总结、创新一套行之有效的干扰排除方法，可以极大地提高故障点定位的安全性和准确性。

工作法应用

继电保护专业的故障录波分析在事故调查分析中起到至关重要的作用。特别是复杂的故障，往往都需要在录波分析中找到蛛丝马迹。

"三查"（故障原因分析）：一查询监控系统报文，二查看装置变位记录，三查阅设备图纸资料。通过三查初步了解保护动作情况、相别、测距、重合闸等关键信息。

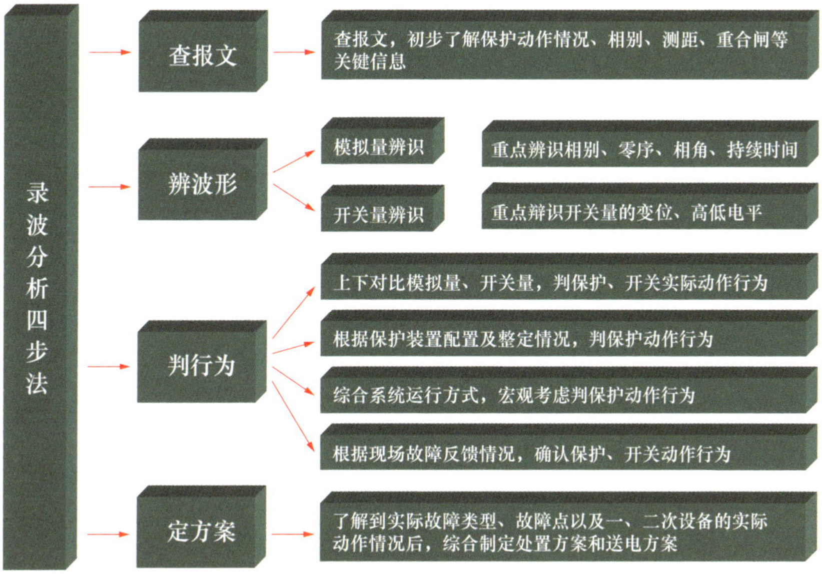

故障原因分析

"二测"（故障定位）：一测量电气量特征，二测量装置运行状况。通过二测（模拟量和开关量），重点辨识相别、零序、相角、持续时间、开关量的变位、高低电平等重要信息。上下对比模拟量、开关量，判保护、开关实际动作行为；根据保护装置配置及整定情况，判保护动作行为；综合系统运行方式，宏观考虑判保护动作行为；根据现场故障反馈情况，确认保护、开关动作行为。

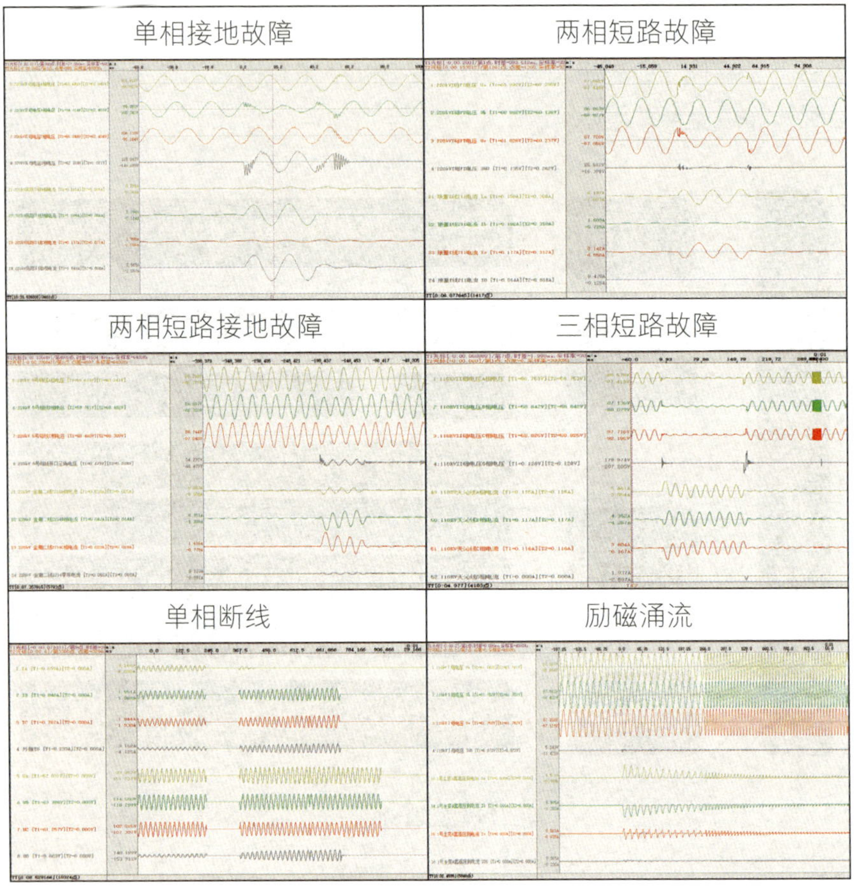

“二测”（故障定位）

“一举”（故障处理）：历经深思熟虑的思考和严谨细致的检查后，正确执行相应的操作，一蹴而就，一举解决问题。了解到实际故障类型、故障点以及一、二次设备的定方案实际动作情况后，综合制定处置方案和送电方案。

分析故障录波无捷径可走，需要继电保护专业人员踏踏实实掌握录波分析方法，勤练习、广涉猎。只有掌握了踏实的基本功，才能在分析复杂故障时游刃有余。

专家点评

继电保护故障定位是二次专业难度最高、技术性最强的一个环节。继电保护工作要求高，专业性强，任何多余操作都有可能造成设备误动，引起停电事故。根据文中提到的办法，保护人员根据“三查二测一举”六步定位法，便可将错综复杂的继电保护二次回路梳理清晰，快速地找到故障点。另外，通过六步定位法的指导，保护人员坚持“不确定故障点，不动手操作”的原则，可有效降低人为误操作对设备、人身的危害。总体来说，该工作法实用性强，具有很强的专业指导性，可大大减少干扰回路误判，有效提高工作效率。

程林

CEHNG LIN

奋楫笃行，臻于至善；
行而不辍，履践致远。

程林，中共党员，工学博士，正高级工程师，国网电力科学研究院武汉南瑞有限责任公司副总经理，湖北省“程林电网运维”创新工作室负责人，IEEE PES 输配电技术委员会（中国）电缆技术分委会常务理事，全国电气设备状态检修工作委员会秘书长，中国电力设备管理协会电气设备带电检测专业委员会秘书长，全国电工术语标准化技术委员会委员，第一届能源行业电网设备智能巡检标准化技术委员会委员。他长期从事输变电设备运维检修、设备状态检测及评价、高电压与绝缘技术等领域研究，在相关领域取得多项技术突破，解决多项电力行业超特高压输电领域关键技术难题，其成果已获得广泛应用，产生良好的经济效益。获评湖北五一劳动奖章、湖北省有突出贡献中青年专家、国网工匠等荣誉称号。

特高压换流变压器局部放电超声定位三步工作法

工作法简介

针对特高压换流变压器局部放电检测与定位的问题，程林在工作实践中摸索出局部放电超声定位工作法，主要通过“搜信号、排干扰、定位置”三个步骤，能够有效识别并排除干扰信号，快速准确定位信号源位置，极大节省人力物力，为后续检修工作提供参考与指导。

工作法背景

目前我国正在大力发展特高压直流输电工程，换流变压器作为特高压换流站内的主设备，其安全稳定运行直接关系到整个特高压直流输电系统的可靠性。但是，换流变压器体积大，结构复杂，对其开展局部放电检测与定位十分困难，超声波局部放电检测是利用在换流变压器壳体上安装超声波传感器来测量局部放电信号。该方法的特点是传感器与换流变压器的电气回路无任何联系，不受电气方面的干扰，具有定位准确度高的优点。

工作法应用

1.搜信号

将多通道的超声波传感器安装在换流变压器的侧面，观察超声波信号波形，不断移动传感器，改变其位置，开展超声波局部放电巡检，巡检范围要覆盖到换流变压器的 4 个侧面。

2.排干扰

在换流变压器超声波局部放电检测过程中，通常会受到本体振动干扰信号的影响，需要进行识别和排除。换流变本体振动的信号波形一般为连续纺锤形，且多个超声波传感器之间收到的振动信号波形无明显的时差关系。

3.定位置

通过超声波传感器检测到的变压器内部放电产生的超声信号波形，一般表现出最开始幅值较大然后呈指数衰减的振荡波形。多个超声波传感器检测到的信号波形具有一定重复性且时延关系一致。

当检测到的超声波信号具有明显的局部放电特征时，便采用电—声定位法或声—声定位法对疑似局部放电声源进行精确定位。

专家点评

电力设备内部发生局部放电会引起设备绝缘水平下降，局部放电产生的原因复杂，危害性大、隐蔽性强，局部放电检测与定位是电力行业重点研究、亟需攻克的难题。本文提出了基于超声波原理的局部放电检测与定位方法，该方法抗干扰能力强、定位精度高，在变压器（电抗器）设备上得到了广泛应用。

海外特高压直流输电工程换流变压器绕组现场耐压特殊试验工作法

工作法简介

程林针对海外特高压直流输电工程因换流变压器结构、参数不尽相同，不适用传统试验方法的工作实际，创新提出绕组现场耐压特殊试验工作法。该工作法有利于摆脱被试设备限制，能够极大降低试验难度。

工作法背景

近年来国家电网有限公司贯彻“走出去”战略和“一带一路”建设决策部署。特高压直流输电工程遍布世界各地，换流变压器绕组耐压试验是现场交接试验中最重要的绝缘考核项目，不同国家地区的换流变压器结构、参数不尽相同，采用传统试验方法，对设备和人员会提出更高要求，现场实施难度大。因此亟需一种全新的试验方法。

工作法应用

1.试验接线

试验采用两台励磁变压器串联产生试验电压，同时在网侧、阀侧监测局部放电信号。

2.计算谐振频率

估算网侧入口电容量 C 以及补偿电抗器电感值 L，计算谐振频率 $f=\frac{1}{2\pi\sqrt{L\times C}}$。

3.加压过程

加压程序如下：

（1）电压上升到 $1.1U_m/\sqrt{3}$，保持 5 分钟；

（2）电压上升到 $1.3U_m/\sqrt{3}$，保持 5 分钟；

（3）电压上升到 $1.5U_m/\sqrt{3}$，当试验电压频率等于或小于两倍额定频率时，试验持续时间应为 60 秒，当试验电压频率大于两倍额定频率时，试验持续时间应为 120×（额定频率 / 试验频率）秒，但不少于 15 秒；

（4）不间断地将电压降低到 $1.3U_m/\sqrt{3}$，并至少保持 60 分钟，以便进行局部放电测量；

（5）不间断的将电压降低到 $1.1U_m/\sqrt{3}$，保持 5 分钟；

（6）当电压降低至零时，方可断开电源。

专家点评

一般来说，换流变压器进行绕组耐压试验时，多采用阀侧加压试验方法。但在海外特高压直流输电工程中，被试设备结构紧凑，变比特殊，文中提出的“网侧加压法”，摆脱设备限制，降低试验难度。该工作法已在巴西、土耳其、巴基斯坦等海外特高压直流输电工程中成功应用，具有推广意义。

冯忠奎

FENG ZHONGKUI

古往今来，精品佳作无不是厚积薄发、千锤百炼的结晶。

冯忠奎，中共党员，国网山东省电力公司淄博供电公司张店供电中心高级工程师、齐鲁首席技师。他扎根配电运检生产一线 10 年，牵头研发 10 千伏无感知快速切换一体化装置，实现了 10 千伏双电源切换时灯泡不闪烁、电脑数据不丢失，被中电联鉴定为达到国际领先水平，获评山东省劳动模范、国网工匠、全国向上向善好青年等荣誉称号。

配电变压器故障五种声音判断工作法

工作法简介

冯忠奎优化改进配电变压器故障检测、状态判断等诊断手段，通过长时间对配电变压器运行声音的归纳分析及与现场实际情况进行比对验证，提出变压器运行中发出5种声音判断工作法，能够快速、准确地定位出变压器发生故障的原因和位置并给出处理措施，大大提高运维人员的工作效率。

工作法背景

常用的变压器故障诊断方法有光谱诊断、振动诊断、声学诊断以及油色谱诊断等。油色谱技术和振动诊断技术都是目前最流行的变压器诊断技术，我国大多数变压器故障原因均是由油色谱技术识别出来的。但是，油色谱诊断技术也有明显的缺点，其在诊断过程需要停运变压器，而且需要进行“吊心取油”，只能用于变压器离线诊断。振动诊断方法也是近几年的研究热点，它在提取变压器振动信号时需要将传感器放至箱体内，造成振动传感器的安装以及维护十分不方便。

工作法应用

配电变压器运行发出的声音是工作人员掌握配电电压器运行状态及

预测故障最直接的体现，通过长时间对配电变压器运行声音的归纳分析及与现场实际情况进行比对验证，总结提炼出配电变压器故障五种声音判断工作法。

声音1：变压器的“嗡嗡”声大而均匀

辅助验证：①电网发生单相接地或谐振过电压时，变压器的声音会增大。发生这种情况时，用电压表的指示即可作出综合判断。②变压器过载时，会使变压器发出沉重的“嗡嗡”声，如果变压器负载超过允许的正常过载值，则应将变压器负载率降低至 80% 以下。

状态判定：①电网有过电压；②变压器过载。

处理方式：若是电网有过电压，应汇报调度调整电网电压，同时做好记录，加强监控，尽快使变压器恢复正常运行。若是超负荷引起的，则按超负荷原则处理。

观察变压器的低压总开关电流判断是否超负荷

声音2：变压器发出“吱吱”或“噼啪”的声音

辅助验证：应结合系统参数变化（如电压表、电流表数据）来判定。

状态判定：可能是变压器受到大电流冲击引起的，如系统故障、大动力设备启动、负荷突变等。

处理方式：应加强监视，等待时机处理。

结合电压表和电流表数据来判定

声音3：变压器发出“嘶嘶”的声音

辅助验证：在夜间或阴雨天气下，可看到变压器套管附近有蓝色的电晕。

状态判定：可能是由于瓷件污秽严重等原因使套管表面发生电晕放电。

处理方式：应加强监视，等待时机处理。

声音4：变压器的“嗡嗡”声大而嘈杂

辅助验证：声音中有时会出现“叮铛”等有规律的撞击声。

状态判定：可能是由于铁芯紧固螺栓等内部结构松动而引起的，应减少负荷并加强监视，必要时停电检查，并进行相应处理。

处理方式：应立即停用变压器进行检查处理。

吊芯之后发现变压器铁芯紧固螺栓松动

声音5：变压器的声音夹杂有“咕噜咕噜”的沸腾声

辅助验证：变压器温度急剧上升，油位升高。

状态判定：可能是变压器内部发生短路故障，或分接开关因接触不良引起严重过热。

处理方式：应立即停用变压器进行检查处理。

通过红外测温发现变压器油温升高

专家点评

传统方式下检测配电变压器故障，只能通过停电试验、带电检测等手段判断设备运行状态，对于设备故障性质判别常常依赖于仪器仪表的检测，缺少对变压器内部故障有效诊断手段。但就现场工作来说，设备事故初期和隐患苗头对于一些有着丰富运维经验的人员来说却是火眼金睛，一针见血。冯忠奎通过常年积累的“望闻问切”的工作方法，通过“闻其声，辨其症”的做法，能够精准发现问题，提出问题解决方法。本工作法通过对变压器运行中发生的 5 种异常声音，指导运维人员快速、准备判断设备异常状态，对于保证配电变压器长期安全运行有较大意义，经验可供从业人员学习借鉴。

10千伏断路器弹簧机构检修六步工作法

工作法简介

针对高压断路器储能电机不启动、储能不到位、储能完成后电机不停转、机构拒分和拒合等故障，冯忠奎基于对弹簧机构的研究与现场工作经验归纳，总结出“问、看、闻、测、试、听”检修六步工作法，可指导运维人员快速查找故障点，消除断路器弹簧机构故障，提高现场检修工作效率和质量。

工作法背景

高压断路器作为电力系统的主要保护和控制设备，其动作可靠性直接影响电网的安全稳定运行。断路器弹簧机构结构简单、可靠性高、维护工作量小，被广泛应用于10千伏等级的高压断路器中，但由于弹簧机构施工工艺不良和传动环节多等问题，弹簧机构时常出现不储能、拒动、接触不良等故障，严重影响断路器的正常工作。

工作法应用

弹簧操动机构的工作内容可以分为储能、合闸、分闸三个环节。储能环节主要由储能部分完成：储能电机工作时，通过减速装置、单向齿轮、链条及链条盘、驱动凸轮传动，由拐臂带动合闸弹簧进行储能，储能完成后由储能保持掣子进行保持，同时合闸凸轮改变储能指示牌的位置，由储能指示牌传动实现储能微动开关状态切换。合闸环节主要由合闸部分完成：合闸线圈励磁使顶杆撞击合闸顶板，通过合闸轴带动合闸脱扣装置打开储能锁扣，释放合闸弹簧的能量，其中一部分由合闸凸轮、主轴传动使断路器合闸，另一部分由合闸凸轮、主轴、主轴拐臂传动使分闸弹簧储能。分闸环节主要由分闸部分完成：分闸线圈励磁使顶杆撞击分闸顶板，通过分闸半轴带动分闸脱扣装置打开分闸锁扣，释放分闸弹簧的能量，通过主轴拐臂、主轴传动使断路器分闸。

1.问

通过提前询问值班人员故障现象，例如开关分合闸时声光位，可减少不必要的工作量，提高检修效率。通过向运行人员详细询问故障情况，针对故障现象进行故障分析，初判故障原因，制定初步检修策略，备齐相应工器具、备品备件和检修资料图纸。

2.看

通过观察来定位设备的故障点。弹簧机构中很多故障可通过外部异常现象表现出来，如分闸缓冲器漏油、机构锈蚀卡涩、分闸扇形板与半轴搭接不合适等故障，这时可通过仔细观察机构外部异常现象，进而分析确定机构内部故障点。

通过观察来定位设备的故障点

3.闻

利用鼻子感知设备气味，判断故障可能发生的原因。当断路器中分（合）闸线圈、继电器等部件烧毁时，可通过设备周围烧糊的味道判断故障原因，进而定位故障点，消除故障。

通过设备周围烧糊的味道判断故障原因

4.测

使用万用表对二次回路进行测量，快速找到故障原因，消除设备故障。通常二次回路的断线、短路等故障，可通过使用电压法或电阻法快速找到断点或短路点。测量断路器内储能电机一相与断路器储能输入端子是否相通，若不通为限位开关损坏。按住储能按钮，查看断路器储能电机控制电源是否接通并且电压必须不小于85%U_s；无电压为储能按钮损坏，或发电机电压信号小型电磁继电器未吸合。

5.试

对断路器进行分合闸动作试验，观察弹簧机构在分合闸状态下的状况，进而分析故障可能发生的位置和原因。通过试分试合能够较快地判断断路器是否存在分后即合或合后即分的故障。

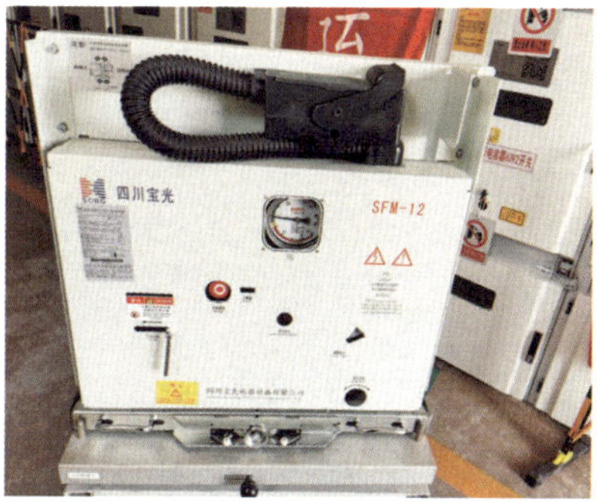

对断路器进行分合闸动作试验

6.听

通过耳朵感知设备动作时所发出的异常声响，进而分析故障原因，找到故障点。如断路器机构在储能过程中，机构不储能、储能后电机不停转等故障，可通过收集声音信息进行故障分析判断。

专家点评

弹簧机构的高压断路器已广泛应用于山东配电网，本工作法深入分析断路器弹簧机构的常见故障，此方法在“望闻问切”基础上加入“测”和“试”，总结出检修六步工作法，用这种“中西结合”的方式，把数据作为发现问题、解决问题的依据，使传统的询症方法更加充满科学性、准确性和实用性。本工作法的提出，可供从业人员根据设备运行状态，快速、准确、可靠判别设备健康水平和故障缺陷，使之精准出击，消除隐患，提高现场检修工作效率和质量。

李刚

LI GANG

做事先做人，
万事勤为先。

李刚，中共党员，高级工程师、高级技师，江苏省送变电有限公司土建施工分公司经理兼党支部副书记。李刚以创新攻关的进取精神，解决施工难题；以精雕细琢的工匠精神，打造精品工程。他凭借着沉稳执着的心态，专注于攻破精准定位的技术壁垒，孜孜不倦地将各项工作做到了极致。他严格把控安装流程，通过他的水平尺，创造了“零毫米”误差的奇迹，用中国标准、中国技术，填补行业空白，铸就“大国重器”，诠释工匠品质。获评国网工匠荣誉称号。

综合管廊工程高落差大截面动力电缆敷设工作法

工作法简介

针对综合管廊工程动力电缆敷设难题，李刚在长期电气安装工作中，结合常规电缆敷设方法进行优化改进提升，总结提炼出一套实用高效的高落差大截面电缆敷设工作法，主要包括“勤检测”“定路径”“布现场”“调速率”和“控转弯”五个步骤，使得同一类型电缆敷设施工质量得到保证，同时效率大大提高。

工作法背景

目前随着地下盾构技术日益成熟，综合管廊成为电缆通道的重要组成形式，但是引接井落差大、动力电缆截面积大、单根电缆长度长、敷设总量多等情况增加了电缆敷设的难度。所以，在此类项目采用一套行之有效的电缆敷设方法，经济、高效地完成敷设成为管廊工程顺利进行的关键。

工作法应用

1.勤检测

管廊内电缆敷设为有限空间作业，坚持“先通风、再检测、后作业”的原则，作业过程中实时监测有害气体浓度，并采取强制通风措施，确保作业人员作业安全无异常。同时配置专用对讲机或设置信号基站，保证现场通信良好。

2.定路径

综合管廊由引接站和隧道两大部分组成，引接站往往由多层构成，隧道部分则包括上下舱，其中下舱又包括巡视通道、屏柜及其他电压等级电缆，总体情况较为复杂。其中重点需确定引接站和隧道衔接处电缆路径，避免上下舱错位，才能保证电缆敷设一次到位。

确定引接站和隧道衔接处电缆路径

3.布现场

电缆敷设统一采用“由上至下”展放方式，电缆展放设备布置于引接站地面。引接站内所有转弯处采用回力撑 + 无缝钢管的方式固定转向滑轮，隧道部分输送机按 30~50 米布置一台，水平段每隔 3~5 米安置标准直线滑车，每隔 30 米左右安置一套环形滑车，滑车采用膨胀螺栓固定，电缆敷设终点位置布置电动牵引机。

布置现场

4.调速率

敷设前，对所有机具试机运行，保证敷设时，全线电缆速度一致，同时为保证电缆本体不受损、引接站电缆不失控，速度需小于 15 米 / 分钟。电缆展放设备配备电机驱动，传动钢管与电缆盘牢固固定，同时传动钢管设置抱箍机械制动。

调整电缆速率

5.控转弯

引接站内所有转弯处滑轮需合理，保证电缆弯曲半径满足大于 20*D*（*D* 为电缆直径）要求，钢管布置做好竖向、横向支撑，该转弯处所有钢管连接成一体；敷设过程设置专人监护，发现异常立即叫停，并对钢管进行及时加固，试牵引无异常方可进行持续牵引。

专家点评

高落差大截面动力电缆敷设一直是电气安装工作中的难点，根据文中提出的方法，施工人员只要熟练运用“五步工作法”，便可顺利进行该类型电缆敷设工作。总体来说，该方法实用性强，具有很强的专业指导性，可保证电缆敷设质量，大大提升敷设效率。

综合管廊GIL支架高精度定位工作法

工作法简介

针对综合管廊工程 GIL 支架定位精度问题，李刚依托综合管廊建设，总结出一种地下狭长隧道精密测量定位工作法，主要包括“平面控制网的建立”“高程控制网的建立”“支架平面位置测设”“支架高程位置测设”四个步骤，有效提高了地下高精度安装工程测绘的精度和工作效率。

工作法背景

苏通 GIL 管廊工程首次在重要输电通道中采用特高压 GIL，GIL 安装作为其主体工程，其支架定位安装精度可靠性的重要程度不言而喻。目前，国内外更多的是长大隧道施工控制网建立与普通定位放样的方法，常规的技术方法虽能够满足控制测量的要求，但无法与高精度定位结合起来以便于定位的实施。基于此，依托 GIL 综合管廊建设，研究了一种测量方法来满足高精度定位的要求。

工作法应用

1.平面控制网的建立

隧道内加密控制点按照 40 米间距布设，点位转孔埋设于隧道找平层地表以下，每一个加密控制点测量均采用隧道既有 CP Ⅲ 控制测量成果后方交会测定坐标，然后将隧道内加密控制点按照附合导线进行联测。

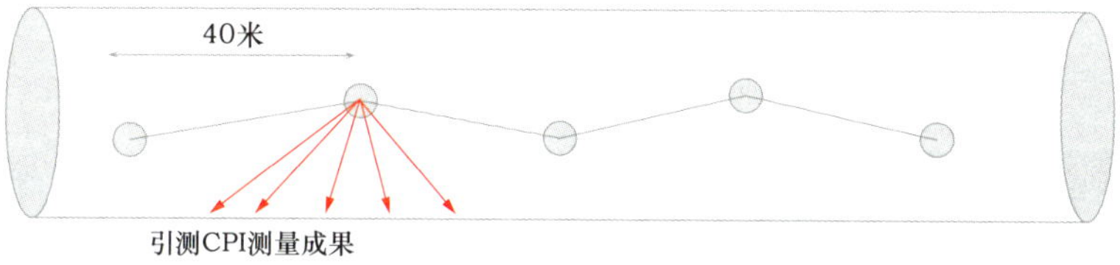

平面控制网示意

2.高程控制网的建立

高程控制网同样采用本工程 CP Ⅲ 测量成果作为地下控制测量起始依据，每 40 米布设一个高程加密控制点，与平面控制点共用。水准观测遵循“先控制后加密”原则，在作业过程中采用相同的观测路线和观测方法，使用同一仪器，并尽量长期固定测量人员。

3.支架平面位置测设

为保证设备安装的准确性，其平面坐标的测量方法采用全站仪极坐标法。该方法的基本操作步骤为：将全站仪架设于已知控制点上，后视另一个控制点，设置测站坐标及后视方向坐标方位角，设站后根据需要测量结构部位的轴线点或轮廓线上边角点设计坐标反算的坐标方位角和距离放样，同时利用全站仪机载计算功能，对比复核放样点的坐标。全站仪对中

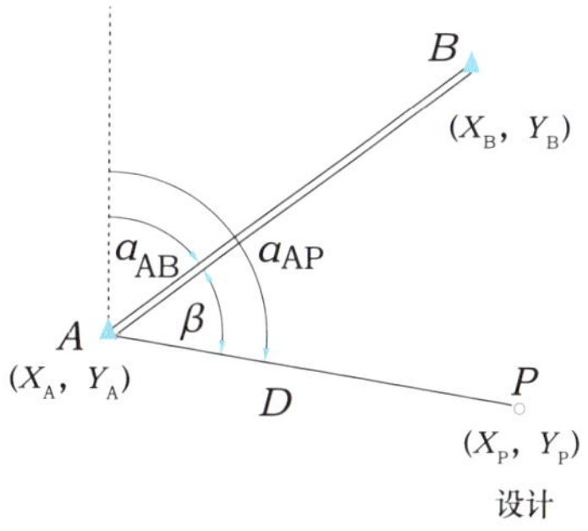

全站仪极坐标法示意

误差因控制点采用强制对中墩，可忽略仪器对中误差对放样点位误差的影响。

为保证各放样点位的相对关系，在放样完成后应采用钢带尺进行校核。放样值与检核值的较差应不大于$\sqrt{2}$倍的放样点中误差。

高程位置测设

4.支架高程位置测设

放样点位的高程测设按照二等水准的要求进行测量。一般情况下，放样高程位置均低于水准仪视线高且不超出水准尺的工作长度。A 为已知点，其高程为 H_A，欲在 B 点定出高程为 H_B 的位置。具体放样过程为：先在 B 点打一长木桩，将水准仪安置在 A、B 之间，在 A 点立水准尺，后视 A 尺并读数 a，计算 B 处水准尺应有的前视读数 b：

$$b=(H_A+a)-H_B$$

靠 B 点木桩侧面竖立水准尺，上下移动水准尺，当水准仪在尺上的读数恰好为 b 时，在木桩侧面紧靠尺底画一横线，此横线即为设计高程 H_B 的位置。也可在 B 点桩顶竖立水准尺并读取读数 b'，再用钢卷尺自桩顶向下量 $b-b'$ 即得高程为 H_B 的位置。

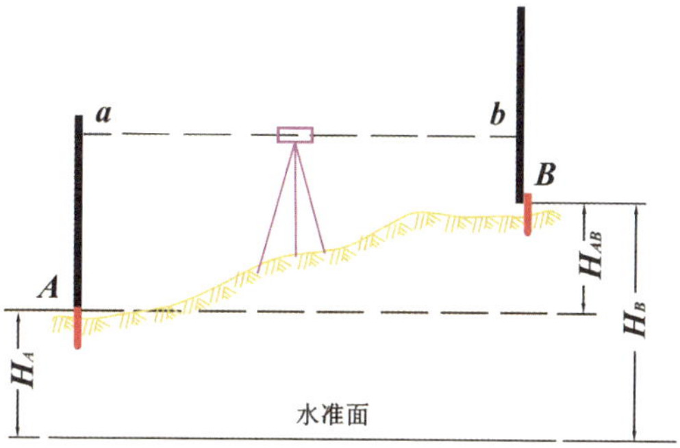

支架高程位置测设示意

为了提高放样精度，放样前应仔细检校水准仪和水准尺；放样时尽可能使前后视距相等；放样后可按水准测量的方法观测已知点与放样点之间的实际高差，并以此对放样点进行检核和必要的归化改正。放样值与检核值的较差应不大于$\sqrt{2}$倍的放样点中误差。

支架平面位置测设

专家点评

综合管廊内特高压 GIL 设备安装尚属首次，根据文中提出的定位方法，施工人员只要建立起长距离大断面过江隧道加密控制网，并使用平面、高程位置测设工作法，确可高效、精准完成设备支架定位工作。总体来说，该方法实用性强，对国内类似的地下高精度安装工程有着很好的指导意义，相关技术的推广运用将有效地提高地下高精度安装工程测绘的精度和工作效率，具有良好的社会效益。

王开库

WANG KAIKU

赤心做人，匠心做事。

王开库，中共党员，国网安徽省电力有限公司下属的安徽送变电工程有限公司高级工程师、高级技师，国家电网有限公司首席专家，他扎根电网建设一线 25 年，领军完成了以 ±1100 千伏古泉换流站为代表的 6 座特高压换流站建设任务，他负责建设的工程荣获鲁班奖、国家优质工程金奖、全国质量奖卓越项目奖等。领衔的“王开库劳模创新工作室”创立了 20 余项行业工作法，获 70 余项国家发明专利、200 多项科技创新成果，培养了 50 多名技术骨干，并加入了“中国长三角地区劳模工匠创新工作室联盟”。受聘为安徽省职业院校“弘扬劳模精神，传承工匠技艺”校外导师，获评全国劳动模范、中国好人、中央企业优秀共产党员、安徽省劳动模范、安徽省道德模范、国网工匠等荣誉称号。

±1100千伏换流阀安装“一体化管控”工作法

工作法简介

王开库针对换流阀阀厅内安装的工作场景，采取环境控制精细化、质量控制精益化、安全防护精准化的一体化举措，三者统筹策划、同框管理、同期监控，有效提高特高压工程施工质效，保障换流阀设备安装的可靠度。

工作法背景

换流阀安装工作总量大、施工难度系数高、验收工艺标准要求严，±1100 千伏工程换流阀安装管控的标准和要求远高于以往特高换流站工程。王开库总结开发了一套“一体化管控”工作法，使阀厅内部环境控制、质量管控、安全防护相辅相成，全方位提高换流阀设备安装可靠性。

工作法应用

1.换流阀安装环境：精细化管控

为保证换流阀安装环境满足厂家技术要求，应用环境监测一体机系统，建立“六级防尘”制度，实现安装环境控制精细化。如：在阀厅人员出入口设置自动风淋装置，严格控制人员进出，减少人员带入阀厅的粉尘；换流阀安装时使用防尘薄膜进行包裹，使换流阀模块从开箱、安装到验收均处于防尘状态，避免粉尘对电子元器件的影响等。

2.换流阀安装质量：精益化管控

如果把换流阀比作特高压换流站的“心脏”，那么阀组内所连接的光路、电路、水路就如同人体的“神经和血管”，换流阀本体安装结束后，唯有“血管内的血液”正常循环，“神经组织”正常连通，才能让换流阀这颗“心脏”成功“启动”。质量管控精益化旨在采用多项新技术把控安装工艺，电路操作质量控制运用“十步法”控制和“数字化”安装；水路质量检测采取“听音法、蓝光法”，杜绝漏水现象发生；同时采用光学非接触式激光三维扫描技术，确保“防电晕”措施落实。

换流阀精益化清理

3.换流阀安装安全防护：精准化管控

阀厅换流阀设备安装时，空间有限，设备较多，容易造成误碰事故。安全防护精准化是在阀厅内部布局规划，应用“防碰撞预警系统”，实行“六区六化”管理措施，做到六区相互隔离，设备定置定位管理，保证施工安全和进度的有序推进。

换流阀精准化管控投运前的检查

专家点评

在世界电压等级最高的 ±1100 千伏换流站里，换流阀是实现整流、逆变功能的核心部件，是直流输电系统的关键设备。设备安装要求高，施工难度大，精细程度严。根据文中的方法，施工人员可实现对换流阀安装环境、质量、安全的一体化管控，确保换流阀安装质量一次成优和长期稳定运行。本工作法实用性强，具有较好的专业指导性，可有效提高换流阀安装质效，为建造特高压精品工程夯实基础。

陈国信

CHEN GUOXIN

每当有人问我为什么要创新？我坚定地回答：因为技术问题没得到解决，我心里总是放不下！

陈国信，中共党员，国网福建省电力有限公司厦门供电公司四级职员兼带电班副班长，高级工程师、高级技师，高级专家。他扎根输电线路带电作业 31 年，主持或主要参与输电线路技术攻关，多项成果填补国内空白，获评全国劳动模范、中华技能大奖等称号，享受国务院政府特殊津贴。以他名字命名的陈国信工作室荣获全国总工会授予的全国示范性劳模和工匠人才创新工作室、人社部授予的陈国信技能大师工作室、国家电网公司授予的国家电网公司劳模创新工作室示范点等荣誉。

输电线路钢管杆带电作业工作法

工作法简介

针对输电线路钢管杆与角钢塔具有构造上差异，无法采用常规角钢塔带电作业方法和工具进行操作的工作场景，陈国信查找归纳出钢管杆绝缘子挂点形式，研究出各形式适用的作业方法和作业工具：带电更换T型挂点悬垂绝缘子作业工具及其作业方法、带电更换三角联板挂点绝缘子串作业工具及其作业方法、带电更换吊环式挂点悬垂绝缘子串作业工具及其作业方法、带电更换两孔双联板直线绝缘子串的作业方法等，涵盖了钢管杆绝缘子挂点形式带电更换绝缘子技术。

工作法背景

输电线路钢管杆是近年出现的新型杆塔，具有占地小、安装方便、运行维护简便等优点，但也存在钢管杆表面光滑、作业位置狭窄、绝缘子挂点形式与角钢塔挂点形式不同等问题，给钢管杆绝缘子带电更换带来极大的困难。研究应用钢管杆绝缘子带电更换技术，为电网安全运行做出贡献。

工作法应用

1.带电更换T型挂点悬垂绝缘子作业工具及其作业方法

横担T型挂点，该钢管杆横担T型挂点的上端为一扁担式扁钢焊接

110千伏钢管杆带电更换T型挂点悬垂绝缘子现场作业

在横担端部，下端为竖式扁钢焊接在端部，作为悬挂绝缘子用的挂点。操作时，将绝缘操作杆上的螺旋钩钩入移动锁板上的操作孔内，并将移动锁板向前推移；将挂板套入扁担式扁钢端部，且使其贴近横担侧面；再将可移动锁板向后拉移，使可移动锁板插入横担端口内；这样套入型可锁挂板就被锁在横担上。将牵引用的滑车组中的定滑轮金属钩钩入套入型可锁挂板的吊环，动滑轮安装在导线上，地面人员牵引滑车组，即可实现带电更换绝缘子串。

2.带电更换三角联板挂点绝缘子串作业工具及其作业方法

该类型的挂板为一块二联板焊接在横担端部纵截面上，绝缘子串组装形式可以是单串组装，也可以双串组装。将叉型挂板用的叉钩安装在绝缘操作杆上，再将叉型挂板及插栓支架安放在叉钩上，通过操作绝缘操作杆，将叉型挂板插入悬挂绝缘子串的联板预留孔处，轻拉操作杆移动插栓的支架，使插栓穿

110千伏钢管杆带电更换三角联板挂点悬垂绝缘子现场作业

过两联板预留孔及叉型挂板，卡具便安装在固定二联板预留孔处。将牵引用的滑车组中的定滑轮金属钩钩入叉型挂板的吊环，动滑轮安装在导线上，地面人员牵引滑车组，即可实现带电更换绝缘子串。

3.带电更换吊环式挂点悬垂绝缘子串作业工具及其作业方法

110千伏钢管杆带电更换吊环式挂点悬垂绝缘子现场作业

该绝缘子串横担挂点为一U型吊环，除了吊环外无其他可作为悬挂的依靠物。先把插入型夹板的紧固螺栓连接在操作杆顶端；操作绝缘操作杆将插入型夹板的主、辅夹板打开，摆动操作杆，使夹板的一端先进入U型吊环内，再摆动操作杆，将夹板的另一端也进入U型吊环的另一侧内，这样主、辅夹板将U型吊环完全夹住。将牵引用的滑车组中的定滑轮金属钩钩入插入型夹板的吊环，动滑轮安装在导线上，地面人员牵引滑车组，即可实现带电更换绝缘子串。

4.带电更换两孔双联板直线绝缘子串的作业方法

该绝缘子串横担挂点类似于三孔双联板，没有其他操作孔。依托双联板的两个挂点作为“桥墩”，在两个“桥墩”之间安装一座“桥梁”，即桥式挂板，并在“桥梁”的中间设置一块挂板作为悬挂工具用的连接板。先把桥式挂板的一端由外向内穿过两联板之间的空间，将桥式挂板架设在两个绝缘子挂点的UB挂板上方，将滑车与连接板进行连接；导线侧采用铝合金叉型挂板安装在联板上。地面人员牵引滑车组，即可实现带电更换绝缘子串。

220千伏钢管杆带电更换两孔双联板直线绝缘子现场作业

专家点评

文中针对110~220千伏输电线路钢管杆绝缘子带电更换难题提出了4种作业方法和配套的作业工具，只需看横担绝缘子挂点即可采用相应的方法和工具实施操作，方便实用可靠。作业方法简单容易掌握，作业工具安装实用轻便。

田峥

TIAN ZHENG

任何攻击5分钟内完成阻断，任何情报5分钟内落实到位，任何报告5分钟内处置完毕。

田峥，中共党员，国网湖南省电力有限公司信息通信分公司三级职员，长期从事网络与信息安全攻防对抗工作，获评全国五一劳动奖章、国网工匠、湖南省五一劳动奖章、湖南省技术能手等荣誉称号。

电网企业基层网络安全保障中攻击溯源反制六步工作法

工作法简介

针对网络安全保障总是被动防御、对攻击者缺乏有效反制措施的问题，田峥总结提炼出一套实用高效的网络攻击溯源反制工作法，主要包括“设陷阱”“投诱饵”“引流量”“查身份”“抑行为”和“递情报”六个步骤，有效丰富了对攻击者的溯源反制手段，提升了电网企业网络安全主动防御水平。

工作法背景

网络安全的本质是对抗，对抗的本质是攻防两端能力的较量。在实战对抗中，防守方大多数时候都是处于被动挨打的地位，因此对攻击方主动开展溯源反制工作对于改变被动防御的局面具有重要意义。但是防守方在明处、攻击者在暗处，而且攻击方会采取各种伪装、欺骗的手段来绕过防守方设置的防护屏障，这使得防守方对攻击者进行溯源和反制工作变得异常困难。因此，在网络安全对抗工作中采取一套行之有效的攻击溯源反制方法，可以极大地提高攻击溯源反制的效率以及攻击者画像的准确率。

工作法应用

1.设陷阱

在公司互联网大区部署蜜罐装置，模拟真实业务的交互界面，对互联网开放非业务端口，提供正常网络服务，并预置已知漏洞，以吸引攻击者来发起攻击。蜜罐装置可以记录所有访问者的访问行为，并对访问者的身份进行识别。

2.投诱饵

通过多种形式在互联网发布已部署蜜罐的访问信息，如将包含相关信息的文件存放到可公开访问的百度网盘、将可登录的用户名密码存放在代码托管网站、将蜜罐访问地址植入百度等搜索引擎等，以此来增加蜜罐被访问的频次和概率。

3.引流量

利用公司互联网出口上已部署的负载均衡、应用防火墙（WAF）等设备，对攻击流量进行重定向，将攻击者对真实业务发起的攻击流量牵引至蜜罐装置，让攻击者毫无防备地访问蜜罐装置，从而捕获到攻击者的相关身份信息。

4.查身份

利用捕获到的攻击 IP、攻击载荷等信息，对攻击者进行追踪溯源，定位攻击者真实身份。主要步骤包括：

（1）通过 IP 反查域名；

（2）查询域名的 whois 信息；

（3）通过社交账号查询攻击者身份画像；

（4）通过情报库查找攻击者手机号、身份证等真实信息；

（5）通过搜索引擎查找攻击者在互联网留下的痕迹（如就学信息、应聘信息、就业信息等），进一步完善攻击者身份画像。

5.抑行为

在防火墙上对攻击 IP 进行封禁，并根据攻击载荷及时更新安全防护设备的防护策略，并通过邮件、短信或网页等方式告知攻击者我们已发现其攻击行为，实现对攻击者的拒止反制。

6.递情报

将攻击者所使用的攻击 IP、工具、攻击画像等信息以网络安全快报方式，通过全场景网络安全态势感知平台（S6000）第一时间上报总部网络安全监控中心，并向全网通报。

专家点评

针对网络攻击行为的溯源反制是网络安全对抗中最重要的一环，也是难度最大的一环，不仅要求网络安全技术人员熟练掌握防守技巧，还要具备一定的攻击方思维。根据文中提到的办法，通过“六步工作法”将溯源反制工作的流程固化，通过“设、投、引、查、抑、递”六个步骤对攻击者进行诱捕、引流、定位和反溯，对网络安全从业人员开展网络攻击溯源反制工作有很好的指导作用。总体来说，该工作法实用性强，具有很强的专业指导性，可大大提升溯源反制的精准度，有效提高工作效率。

基层终端病毒感染事件应急处置六步工作法

工作法简介

针对基层员工网络安全意识不足、病毒感染事件频发、应急响应时效性差的问题，田峥总结提炼出一套实用高效的基层终端病毒感染事件应急处置工作法，主要包括“定位”“隔离”“取样”“分析”“消除”和“根治”六个步骤，通过流程固化，使得一线现场的病毒感染事件的处置更加准确、快速和全面。

工作法背景

制作和散播病毒是网络安全黑产从业者的重要牟利手段，终端感染病毒对公司员工的工作和生活产生较大影响，轻则造成经济损失，重则导致重要数据丢失等不可逆转的危害。随着黑产从业者网络安全技术的日益精进，病毒的功能变得越来越强大，传播途径也变得越来越隐蔽，这使得网络安全技术人员处理病毒感染事件时往往顾此失彼、难以根治。因此，针对病毒感染事件采取一套行之有效的应急处置方法，可以极大地提高病毒感染事件的处置效率以及事后对同类事件的防御能力。

工作法应用

1.定位

当病毒感染事件发生时，首先要通过防病毒软件，以及专用网络安全防护设备的告警信息，准确定位到发生病毒感染事件的资产 IP。然后通过网络运维人员掌握的资产台账信息，定位到该资产的设备主人和物理位置。

2.隔离

定位到感染病毒的设备所在物理位置之后，技术人员第一时间赶到现场，对设备进行物理断网（拔网线），但不做任何软件层面的操作，不破坏操作系统当时的运行环境。

3.取样

在设备脱机状态下，登录进入操作系统，离线安装最新版防病毒软件和 pcHunter 等专用病毒分析工具，通过防病毒软件的扫描，辅以专业分析工具对进程、服务、文件、注册表等异常信息进行分析，定位到病毒所在文件的具体位置，并取样留存。

4.分析

准备一台运行了正版操作系统、未感染任何病毒的干净的虚拟机，安装好 SysTracer 等专业快照分析比对工具，制作好系统快照。将取样的病毒文件在纯净的虚拟机中运行起来，制作病毒运行后的系统快照，然后通过病毒运行前后的快照比对，分析病毒运行后的所有可疑行为。同时将病毒样本文件上传至线上的病毒分析平台（如 360 沙箱云、奇安信威胁情报中心），下载并查看病毒分析报告。

5.消除

依据病毒分析结果，再次登录到被感染的设备上，将由病毒产生的所有进程、服务、文件、注册表等异常信息进行清除，重新启动操作系统，将设备恢复到病毒感染前的状态，并做好设备数据备份。

6.根治

依据病毒分析结果，更新防病毒软件的病毒特征库，并进行全网全盘病毒扫描，及时查杀潜伏在网络中的病毒文件。同时依据病毒特征在IPS、天眼等专用网络安全防护设备上更新防护策略，防止同类病毒感染事件再次发生。

专家点评

病毒感染是公司发生次数最多也是危害最大的网络安全事件，与每个人的切身利益都息息相关，因此对网络安全技术人员开展病毒感染事件应急处置工作的时效性和能力水平要求较高。根据文中提到的办法，通过“六步工作法”将病毒感染事件的应急处置工作流程固化，通过“定位、隔离、取样、分析、消除、根治”六个步骤对病毒文件进行定位、分析和查杀，可实现对病毒感染事件快速有效的处置和预防。总体来说，该工作法实用性强，具有很强的专业指导性，可大大提升网络安全技术人员处理病毒感染事件的时效性和全面性，有效提高工作效率。

孙勇

SUN YONG

驰而不息，

脚踏实地。

孙勇，中共党员，国网吉林省电力有限公司发展策划部副主任，正高级工程师、首席科技专家。他长期奋战在清洁能源优化调控科研领域的最前沿，牵头研发多套新能源调度支持系统，创造了国内风电调度控制领域多个第一，获评国家电网有限公司科技工作先进个人、劳动模范，吉林省长白山青年拔尖人才、省突出贡献专业技术人才、五一劳动奖章、十大青年工匠等荣誉称号。

新能源优化调控提升消纳水平工作法

工作法简介

针对新能源大规模发展带来的保供应和保消纳难题，孙勇在长期的调度运行与科技创新工作中总结提炼出一套适应新能源优先调度运行的“六精”工作法，主要包括“精确建模”“精准预测”“精心管控”“精益调度”“精细管理”“精密协同”六个维度，同时通过热—电联合运行、多能耦合调控等创新手段，多措并举拓展新能源消纳途径，有效提升新能源消纳水平。

工作法背景

双碳目标与能源双控背景下送端电网调节能力匮乏，新能源消纳和送出压力大，尤其在北方地区冬季供暖期间供热调峰矛盾更加突出，但新能源调度运行工作缺乏相关技术系统支撑，缺少优先调度技术手段和管理机制，难以满足新能源高比例、大规模发展需求。因此，坚持以科技创新为引领，以管理提升为导向，构建新能源优先调度运行的全过程技术支撑体系和管理机制，可充分调动各主体积极性，有效提升电网新能源优先调度水平。

工作法应用

1.精确建模，揭示新能源并网运行机理

建立能够准确反映新能源场站实际运行特性的机电—电磁暂态模型是提升电网运行仿真精度的关键，需要基于“一场一特性”的精细化建模原则，建立模型参数库，对以往未使用新能源实测参数的仿真模型进行动态修正，确保仿真模型的故障响应特性与实际运行特性一致。

2.精准预测，提高新能源功率预测精度

新能源发电功率预测包含气象预报、预测模型、结果处理三个环节。建立云端协同预测机制，基于实时运行数据，通过天气形势研判、横纵向预测偏差形态特征挖掘及纠正，滚动更新原有预测结果并实时回传新的预测结果，可提升新能源预测精度3%左右。

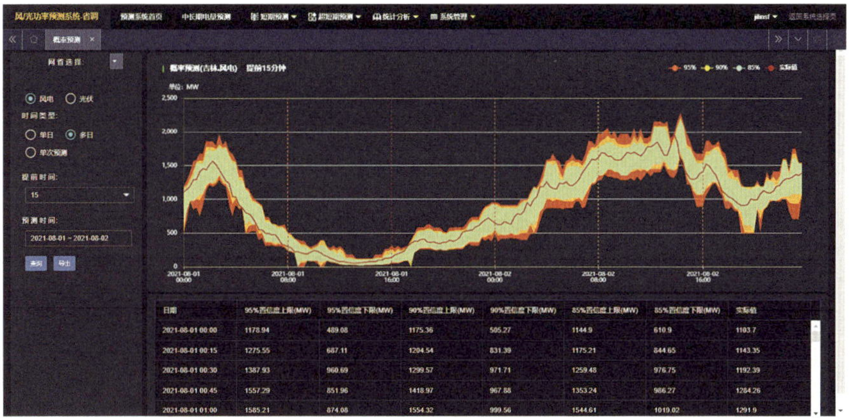

基于云端协同的风电功率超短期概率预测

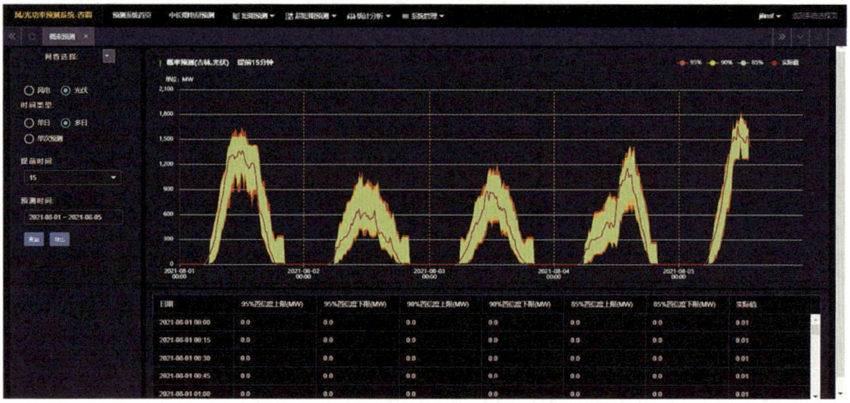

基于云端协同的光伏功率超短期概率预测

3.精心管控，提升新能源涉网安全水平

指导新能源场站严格按照国家、行业标准开展高 / 低穿、电能质量、有功 / 无功控制等涉网试验，确保设备入网安全，构筑新能源场站接入电网后安全稳定运行的第一道防线。

4.精益调度，提升新能源并网消纳水平

突破新能源智能控制技术，开发智能风电调度控制系统，在线实时控制新能源场站发电出力，同时，通过构建安全防御和新能源优先消纳体系，可解决大规模新能源接入电网面临的大面积脱网和弃电严重问题。

5.精细管理，确保新能源优先调度控制

从基础信息、调度运行、涉网安全、现场技术方面建立新能源调度运行“四维”评价体系，评估新能源场站并网调度运行水平，并以评价结果为依据，开展新能源优先发电排序，形成闭环管理。

6.精密协同，促进新能源安全高效消纳

跳出电力系统边界，构建热—电联合优化调度控制体系，推动跨行业的电力与热力系统联合运行调度，提升供热期新能源消纳水平；加强电—气—热—储多能协同调控技术攻坚，打造城市级能源互联网示范工程，提升电力系统调节能力与新能源利用率。

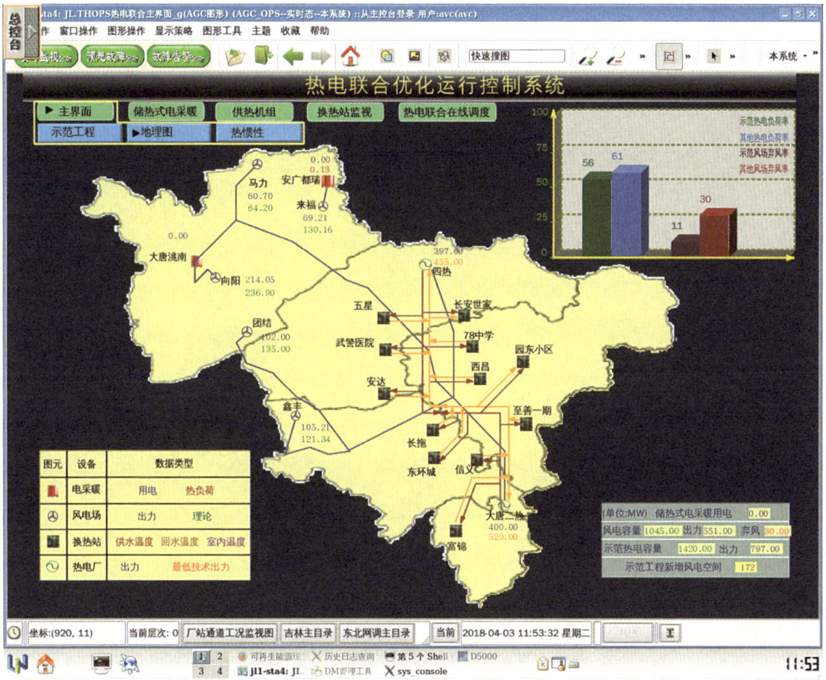

热电联合优化运行控制系统

专家点评

如何在保障电网安全稳定运行的前提下，最大化消纳新能源发电，是电力系统迫切需要解决的问题。根据文中提到的办法，电网运行调度

人员可以按照"六精"工作法，在新能源调度运行技术支撑体系和管理机制上创新突破，可实现新能源优先调控，同时，需要跳出传统电力系统边界，深度挖掘源网荷储、多能耦合系统蕴含的巨大灵活性，提升电力系统调节能力与新能源利用率，保障新型电力系统能源供应与安全稳定运行。

豆河伟

DOU HEWEI

路虽远行则将至，事虽难做则必成，让生命之树在奋斗、奉献、创新的人生中常青。

豆河伟，中共党员，国网陕西电力有限公司榆林供电公司运维检修部技术监督专工，高级工程师、高级技师，电网检修三级技术专家，他扎根变电检修生产一线17年，牵头研制了《特高压输变电绝缘子带电检测清扫RTV机器人》和《一体化配网设备柔性带电清洗喷涂检测机器人》，受邀参加全国中华总工会举办的全国打大国工匠首届和第二届成果交流展，实现了电网设备智能运检装备的新突破，获得各类专利技术、科技职工成果奖等138项，获评中央企业劳模、三秦工匠、国网工匠、陕西省五一劳动奖章等荣誉称号。

电容式电压互感器电容异常不停电检测排查四步工作法

工作法简介

针对电容式电压互感器电容是否存在异常的问题，豆河伟总结出一套实用高效的电压互感器不停电检测、检查排除方法，主要包括“查外观”“看电压”“观油位”“测图谱”四个步骤，实现对现有的停电检测电容的方法进一步优化改进和补充，使得现场判断电容是否存在异常更加精准快捷。

工作法背景

电容式电压互感器是监测电压的重要设备，而分压电容是否发生异常是电容式电压互感器能否安全运行的重要依据，如果电容异常不能及时精准判断，不仅可能造成严重的设备故障，而且可能对运维人员造成人身伤害，因此精确判断评估电容式电压互感器的分压电容运行工况在设备运行中具有重要的意义。但是判断电容式电压电容是否存在异常的常用手段需要设备停电检测，严重影响电力设备的供电可靠性，因此，在现场采取一套行之有效的带电检测手段进行分析判断排除故障，可以极大地提高分析判断精确性和效率，避免设备异常误判停电，进而提高设备供电可靠性。

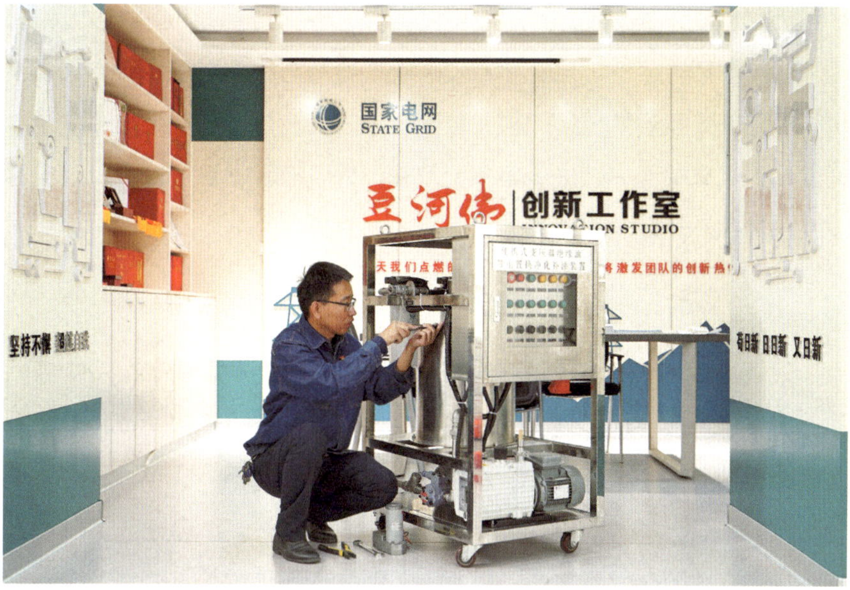

开展变压器油带电置换净化装置调试

工作法应用

1.查外观：确认外观状况

观察设备外观，查看设备是否存在渗漏油，同时观察运行声音是否正常，如果发生渗漏油，有可能内部缺油导致电容量发生变化。

2.看电压：确认电压状况

通过后台监控系统，查看母线或者线路 YH 二次测量电压是否正常，同时在电压端子箱处测量二次电压，进一步核实二次测量电压是否正常，如果电容发生异常，电容分压器采集的二次电压必然发生变化。

3.观油位：确认油位状况

现场观察电容式电压互感器油位观察窗并与历史记录比对，观察油位是否上升或者满油位，如果油位上升或者满油位，可能是电容单元的油渗漏到电磁单元，造成电容单元缺油，导致电容发热，进而引起电容量发生变化。

4.测图谱：确认发热状况

现场采用红外成像仪测量设备外壳，对设备进行整体红外成像测温，如果红外成像仪发现设备发热状况，确认内部由于缺油或者电容发生短路击穿。

专家点评

精确判断电容式电压互感器电容是否存在异常是判断设备能否继续运行的重要手段，根据文中提到的办法，运检人员只需熟练掌握“四步工作法”采集运行工况信息，便可准确判断电容是否存在异常，并可作为设备能否继续运行的重要依据。通过“查外观”“看电压”“观油位”“测图谱”四个步骤逐层次深入检测排查，可精确判断出电容异常的原因和设备现阶段运行评估状况。该工作法实用性强，具有很强的专业指导性，可大大缩短分析判断时间，降低误判率，有效提高工作效率。

翟宗亮

ZHAI ZONGLIANG

科技创新争领先，精益求精铸精品。

翟宗亮，中共党员，国网甘肃省送变电工程有限公司高级工程师、三级专家。大学毕业后一直从事输电线路施工装备的研制工作，牵头研发的可集控数字化牵张设备、一体化深基坑作业装置等多项施工装备填补了国内空白，承担和完成了包括集控可视化牵张架线工作法在内的多项施工工作法并已经全面推广应用，有力提升了输电线路施工的机械化、自动化水平。获评全国五一劳动奖章、“陇人娇子”、兰州市最美科技工作者等荣誉称号。

牵张设备远程控制通信故障排除四步工作法

工作法简介

针对集控可视化牵张架线施工方法在实际应用中的问题反馈，翟宗亮结合集控的技术原理，总结形成一套实用的牵张设备远程控制通信故障排除工作法，主要包括“应急处置”“外观检查”“测量排除”“系统评估”四个步骤，可以快速判别和处理集控系统的故障，保证集控可视化工作法在现场应用的可靠性和安全性。

工作法背景

目前集控可视化工作法的全面推广应用有力地提升了输电线路张力放线的自动化、智能化水平。由于可集控数字化牵张设备工作原理不同于传统的牵张设备，操作人员对于设备异常通信故障排除不熟悉，可能导致设备带病运行或者远程集中控制功能无法正常应用，制约了工作法应用的效率和安全性。基于此，从集控的技术原理出发整理出了一套行之有效的故障诊断和排除方法，可以有效地提升集控可视化牵张架线施工的效率和安全性。

工作法应用

1.应急处置

出现通信中断故障时设备将自动停止作业，此时操作人员第一时间通知现场指挥人员，并在出现通信故障的设备停止运行前将设备安全地切换至本机操作模式，采用正确的操作次序将设备制动并熄火停机。确保现场施工安全。

出现通信故障时立即对设备进行应急处置

2.外观检查

检查控制电缆是否外观是否完好，两端的联结是否可靠，然后分别拔下两端的连接器，使控制装置和设备处于断开状态并检查联结器的内部是否干净整洁，插针是否光滑无毛刺，有无氧化发黑等情况。

3.测量排除

（1）在断电情况下，使用万用表的欧姆挡分别测量设备侧和集控装置侧 CAN 总线的 CAN 高线和 CAN 低线之间的电阻，确认电阻为 120 欧左右。当实测电阻和标准值不同时，需要对终端电阻进行复核测量，必要时进行更换。

断电后对通信总线高低线线间电阻测量核查

（2）打开供电，首先分别检查两端的控制器是否有报警灯闪烁的情况，然后分别测量设备侧和集控装置侧 CAN 总线的 CAN 高线和 CAN 低线之间的电压，CAN 高电压在 1.5~3.5 伏之间，CAN 低电压在 1.5~2.5 伏之间，CAN 高 +CAN 低约为 5 伏。当测量电压和标准值不同时，应在 CAN 口开路下复核测量端口电压，确定是因线路连接引起还是 CAN 口损坏引起并进行相应处理。

4.系统评估

对于已经出现过故障的设备，利用设备空闲时间段，在有 PC 机的情况下，使用 PC 机接入远控系统总线，查看 CAN 总线所有数据的发送是否稳定，发送频率一般不超过 100 毫秒，核对 CAN 总线负载率，一般不大于 40%。若发现异常情况进行自查并请专业人员指导检查。

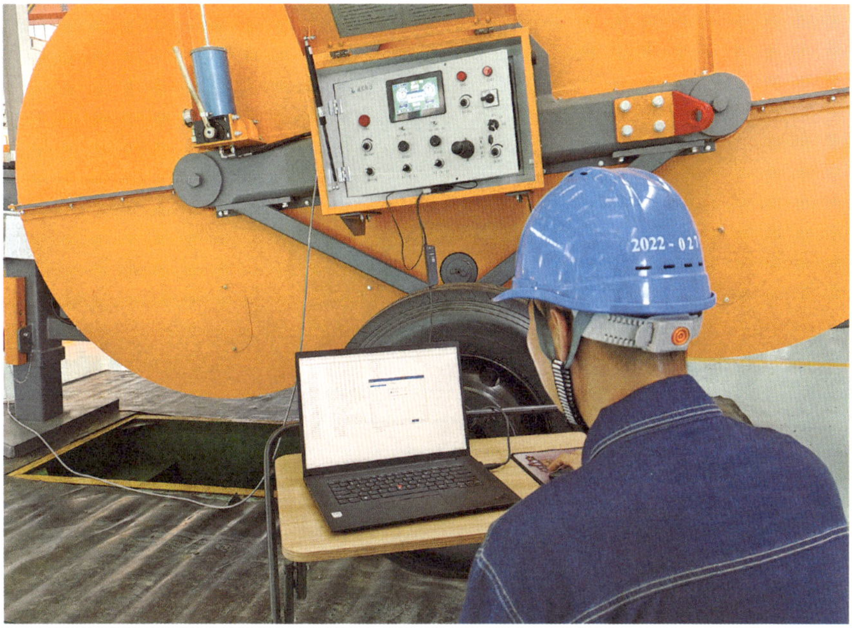

应用总线诊断工具进行系统通信状况评估

专家点评

可集控牵张设备和其远程集控装置基于 CAN 总线实现数据通信，当通信出现不稳定和中断的情况时，现场操作人员往往束手无策，导致施工作业受到延误，还可能因此导致安全风险。根据文中提到的方法步骤，操作人员可以通过紧急处置、外观检查和针对性的测量快速查找并排除故障，从而降低安全风险，减少因故障导致的时间延误。总体来说，该方法实用性强，易于掌握，可作为牵张设备操作人员的基本性能要求。

扎西尼玛

ZHAXINIMA

执一事，终一世。
踏踏实实做事，勤勤恳恳工作。

扎西尼玛，藏族，中共党员，国网拉萨供电公司城区供电服务中心带电作业保电班副班长。他是国网西藏电力高海拔高压带电作业第一人，填补了整个西藏配网带电作业的空白，截至 2019 年年底，带领班组开展带电作业 461 次。先后获评国网拉萨供电公司生产经营先进个人、国网西藏电力有限公司年度优质服务先进个人、国网拉萨供电公司综治先进个人、西藏自治区成立 50 周年庆祝活动保供电先进个人、西藏工匠、西藏自治区第五届劳动模范、西藏自治区民族团结进步标兵、国网工匠、最美国网人等荣誉称号，并于 2023 年当选为第十四届全国人民代表大会代表。

配电线路电缆故障多次脉冲查找四步工作法

工作法简介

针对配网线路电缆故障查找问题，扎西尼玛总结多年工作经验，提出以多长脉冲法迅速定位电缆故障工作法，具体包括“故障性质诊断”“故障测距”“路径确定”“故障定点”四个步骤，能够快速准确定位故障，提高工作效率，大大减少停电时间。

工作法背景

为城市美化工作，各地城区许多架空线路都已完成电缆入地工作。所以电缆故障是配网设施故障最常见故障之一，电缆由于铺设面积广、时间长，在各种复杂的现场环境中，绝缘层易发生老化或者被腐蚀，或受到外力影响将会发生各种故障。因此在配网线路故障抢修时采用多次脉冲法查找电缆故障，可以快速准确地定位故障，提高工作效率，大大减少停电时间。

工作法应用

1.故障性质诊断

确定故障线路后，通过打耐压的方式测试每项之间以及相对地之间的阻值。对于有时候故障不能确定的还需要测试相对电缆钢铠以及钢铠对地的阻值。

2.故障测距

在确定故障性质后，以二次脉冲法进行测距，将车载故障探测车调整到 ARM 二次脉冲档位，利用电缆故障测距仪向电缆发射雷达波，测量电缆全长，同时作为参考波形与后续故障波进行对比，故障波形与参考波形分叉处即为故障点。

3.路径确定

电缆故障分高低压线路。若是高压线路，可以参考电缆走向路径图、现场以及工作经验来确定；若是低压或者用户专变之后的，可以通过现场及用户电力人员了解确定。

4.故障定点

故障定点需要由测声法来准确定位。所谓测声法，就是根据故障电缆放电的声音进行查找。首先需要对电容器加压到一定电压，同时要在试验设备端和对端设专人看守。此时故障因电缆破损有闪络放电的哒哒声，此声音非常小，在嘈杂的环境下，

利用测声法设备自身携带的路径功能，判断电缆具体走向

需要借助音频放大设备进行查找。查找时，将拾音器贴近地面，沿电缆走向缓慢移动，当听到哒哒声最大时，即可确定故障点在该处正下方。

专家点评

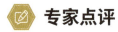

配电线路电缆故障是配网设施故障最常见故障之一，电缆故障按故障类型一般分为电缆低阻故障、电缆高阻故障、电缆开路故障、电缆闪络故障、电缆击穿故障及电缆运行故障等。目前常用的电缆故障查找方法主要采用电桥法、低压脉冲法、脉冲电压法、脉冲电流法、二次脉冲法及多次脉冲法。安全可靠性高，准确率高，可以大大减少工作时间，提高工作效率。

匠艺

贰

国网工匠技法

国家电网有限公司工匠技法

国家电网有限公司 编

中国电力出版社
CHINA ELECTRIC POWER PRESS

图书在版编目（CIP）数据

匠艺 ： 国家电网有限公司工匠技法 . 2 / 国家电网有限公司编 . — 北京 ： 中国电力出版社， 2023.8（2025.3 重印）

ISBN 978-7-5198-8090-3

Ⅰ . ①匠… Ⅱ . ①国… Ⅲ . ①电力工业—先进工作者—先进事迹—中国 Ⅳ . ① K826.16

中国国家版本馆 CIP 数据核字（2023）第 157766 号

出版发行：中国电力出版社

地　　址：北京市东城区北京站西街 19 号（邮政编码 100005）

网　　址：http://www.cepp.sgcc.com.cn

责任编辑：刘红强　胡堂亮（010-63412520）

责任校对：黄　蓓　马　宁

责任印制：钱兴根

印　　刷：北京九天鸿程印刷有限责任公司

版　　次：2023 年 8 月第一版

印　　次：2025 年 3 月北京第五次印刷

开　　本：710 毫米 ×1000 毫米　16 开本

印　　张：39.5

字　　数：469 千字

定　　价：150.00 元（全 2 册）

前言

PREFACE

2023 年 7 月 6 日，习近平总书记赴南瑞集团考察调研并作出重要指示、提出殷切期望，强调加快推动关键技术、核心产品迭代升级和新技术智慧赋能，提高国家能源安全和保障能力，勉励员工以十年磨一剑的韧劲，以“一辈子办成一件事”的执着，成就有价值的人生。党的二十大报告指出，“努力培养造就更多大师、战略科学家、一流科技领军人才和创新团队、青年科技人才、卓越工程师、大国工匠、高技能人才。”国家电网有限公司党组认真贯彻落实习近平总书记重要指示精神和党的二十大精神，深入实施高端人才引领、电力工匠塑造、青年人才托举“三大工程”，着力打造高素质职工队伍。国家电网有限公司工会落实公司党组决策部署，坚持以职工为中心，实施电力工匠塑造工程，将在“十四五”期间评选 5000 名电力工匠，为职工搭建成长成才、建功立业的平台，带动引领更多职工走技能报国之路。在推进“一体四翼”高质量发展的劳动创造中，有 3 名职工获评“大国工匠”荣誉称号，90 名职工获评“国网工匠”荣誉称号，311 名职工获评省部级工匠荣誉称号。

功以才成、业由才广。电力工匠的成长道路，是一丝不苟、精益求精的奋斗历程，是化茧成蝶、自我突破的成长蜕变，彰显了“执着专注、精益求精、一丝不苟、追求卓越”的工匠精神。为交流、传承工匠经验技能，努力培养造就更多电力工匠、高技能人才，营造人人皆可成才、人人尽展其才的良好局面，推动工匠身边再出工匠，国家电网有限公司工会组织编写了《匠艺——国家电网有限公司工匠技法》。

事非经过不知难，成如容易却艰辛。《匠艺——国家电网有限公司工匠技法》收录了大国工匠和国网工匠的 135 项技法，这些工匠“把每一项工作都做到极致”，撰写了“独门绝技”，配以专家点评，突出其“能”和“巧”。这些技法涉及运维检修、供电服务、信息通信、电力调度、产业发展、科学研究、新兴产业等专业，这既是对业务工作的总结提炼，也是对工作体会体悟的实践案例，实现“看着就能学、拿来就能用、照着就能做”。

在工匠技法审核中，国网设备部、营销部、科技部、数字化部、基建部、产业部、国调中心、特高压部、水新部给予了大力支持，立足专业提出评价意见，帮助工匠提炼的技法更具专业性、实用性、推广性，在此一并表示诚挚的感谢！

笃行致远，惟实励新。让我们牢记初心使命，在公司发展新征程中以精益求精专业专注的钻劲、敢为人先创新创造的闯劲、脚踏实地坚守奉献的干劲，让“劳动最光荣、劳动最崇高、劳动最伟大、劳动最美丽”在公司系统蔚然成风，坚定不移走中国式现代化电力发展之路，走“一体四翼”高质量发展之路，为以中国式现代化全面推进中华民族伟大复兴贡献国网力量。

国家电网有限公司工会

2023年7月

目 录

CONTENTS

国网工匠2021

国网工匠2022

朱庆林

宋军光

雷晓萍

周秀

李小鹏

邓旭东

阎国增

张华

ZHANG HUA

爱岗敬业，锐意创新，
我创新，我快乐！

张华，中共党员，国网天津市电力公司电缆分公司电缆运检第四中心电缆运检三班班长，工程师、高级技师，国网天津市电力公司高级专家。他扎根电力电缆运维检修一线 25 年，牵头研发了新型防盗检修井盖、中压电缆终端头胶质绝缘试验套筒、中压电缆加强防水型牵引头、高压电缆接头剥切打磨自动化处理装置等 20 余项创新成果，解决了电缆专业生产工作中的诸多实际难题，获评能源楷模、国网工匠、全国五一劳动奖章等荣誉称号。

中压电缆耐压试验七步工作法

工作法简介

张华在长期电缆耐压试验工作中，通过研制中压电缆终端头胶质绝缘试验套筒，总结提炼出一套适用于在紧凑型开关柜电缆室内进行电缆线路耐压试验的工作方法，能有效解决中压电缆线路耐压试验时终端头与母排、柜体距离严重不足等问题，提高中压电缆试验工作效率。

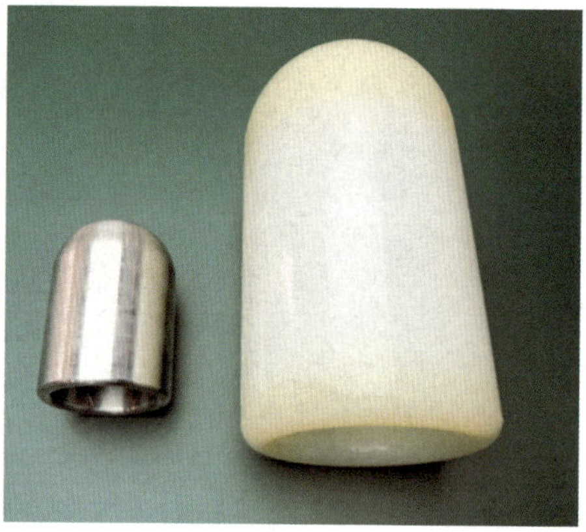

中压电缆胶质试验套筒

工作法背景

目前，随着紧凑型中压开关柜的普遍应用，电缆室尺寸越来越小，无法满足对电缆进行常规耐压试验的试验距离，在对电缆进行耐压试验前均需将影响电缆试验的避雷器、电缆室底板拆下，还要将母排进行绝缘处理，电缆终端头有时还要使用绝缘透明塑料带向柜外拉出才勉强能够对电缆进行耐压试验，准备和恢复时间需要 2 个多小时，不但浪费了大量的检修时间，同时还会对电缆终端头的运行寿命造成影响，周边的设备及人员也存在安全隐患。因此，在现场使用一种能够有效隔断放电通道且使用方便的绝缘工具，可以极大地提高中压电缆试验的工作效率。

工作法应用

1.电缆终端头挑火

在电缆线路转入检修状态后，将开关柜电缆室内的电缆终端头搭火螺栓拆下让终端与母排脱离，同时将电缆线路对端的电缆终端头搭火螺栓拆下让终端与母排脱离。

2.对端套入试验套筒

当电缆线路具备试验条件时，如果电缆线路对端的电缆终端头同样处在紧凑型开关柜电缆室内时，先在被试电缆终端头上每相都套上均压碗，再全部套入胶质绝缘试验套筒，待试验的电缆间隔周围做好安全隔离措施后，派专人看守。

3.试验端接高压试验线

在确定电缆线路对端已套入电缆试验套筒，做好安全隔离措施且有专人看守后，将耐压试验设备的高压引线连接到拟定的第一相被试电缆的终端头端子上，其余各相均使用临时接地小线接地。

4.试验端套入试验套筒

将均压碗套上拟定的连接好高压引线的电缆终端头端子上，再套入胶质绝缘试验套筒。

5.对电缆进行耐压试验

试验端在拟定相套入试验套筒，做好安全隔离措施且派专人看守后，启动试验设备对电缆线路拟定的第一相进行耐压试验。第一相试验完毕对电缆终端放电接地后，用试验套筒和高压试验引线再对其余相进行试验，被试电缆线路试验完毕后，将被试电缆全部接地。

6.拆除试验套筒

电缆试验完毕后，通知电缆线路对端看守人员对电缆终端头进行放电接地，随后拆除试验套筒及临时接地小线。

准备拆除试验套筒

7.电缆终端头搭火

使用搭火螺栓将电缆终端头与相应母排紧固连接。此时电缆线路试验工作完成。

专家点评

随着中压开关柜不断小型化，电缆室尺寸越来越小，已无法满足现场对电缆进行耐压试验的距离要求，采用本操作法，检修人员只要拆除搭火螺栓后，套上试验套筒即可满足电缆耐压试验的条件，杜绝了现场试验时对电缆终端弯折后造成终端头内部产生气隙隐患的现象，有效确保人身和设备安全。该方法实用性强，具有很强的专业指导性，实现了电缆试验工序的简单化、标准化、安全化，提高了中压电缆试验工作效率。

内锥直插式中压电缆终端头线路检修迁改工作法

工作法简介

张华在长期电缆线路检修中，通过研制新型适用工具，总结提炼出一套适用于中压电缆内锥直插式电缆终端头在核相及选缆时接入信号源的工作法，能有效避免电缆附件和附属设备在工作过程中被划伤，大幅提高核相工作效率。

电缆内锥直插式电缆终端头夹钳现场应用照片

工作法背景

为了保证电缆内锥直插式电缆终端头可靠运行，应尽量避免对其进行拔插作业。目前，针对终端型式为电缆内锥直插式电缆终端头的线路，在进行线路检修、迁改工作时，需开展核相位工作，单缆线路在有备用仓的情况下需拔下两相备用仓密封堵头，双缆线路需拔下同根电缆的两相，短路线的一端使用铁丝或改锥深入备用仓抵住搭火碗，另一端绑在接地极或双缆同相位的电缆头金具上，达到同相仓内电缆接地或双缆 A 相短路接地、B 相短路、C 相开路的目的，经常出现划伤电缆仓环氧树脂内壁和搭火碗内壁或划伤终端头金具、硅橡胶预制件表面的事故，造成线路无法投运。无备用仓时则需拔下电缆头进行核相，划伤隐患同样存在。因此，在现场使用电缆内锥直插式电缆终端头胀钳夹钳核相工作法，可避免电缆附件和附属设备在工作过程中被划伤，极大地提高核相工作效率。

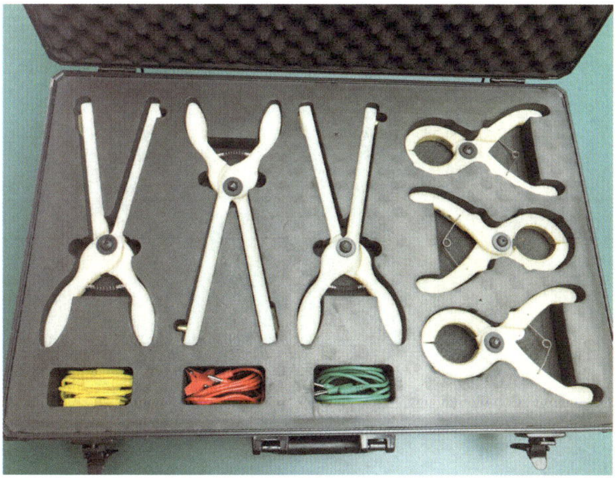

电缆内锥直插式电缆终端头套装照片

工作法应用

1.拔出电缆终端头：将同根电缆的A、C相电缆头拔出脱离母排

在电缆线路转入检修状态后，单缆线路在有备用仓的情况下需要拔下两相备用仓密封堵头，双缆线路需要拔下同根电缆的 A、C 两相。

2.接上胀钳、夹钳：胀钳接上搭火碗，夹钳接上电缆终端金具

先将一对胀钳和夹钳相互短接并接地，握紧胀钳绝缘手柄将钳嘴插入拔出电缆终端的 A 相电缆仓内，抵住搭火碗顶端后松开握把，利用手柄处张力弹簧释放的压力将前嘴处的防滑橡胶块和圆滑金属触点顶住搭火碗两侧，胀钳即会可靠地挂在搭火碗内，未拔出的电缆终端此时通过充气柜内的母排、胀钳金属触点、接地线已经处于接地状态。再握紧夹钳绝缘手柄将钳嘴避开电缆终端金具接触环套在 A 相圆柱形金具上，松开握把，此时双缆 A 相电缆终端构成短路并接地的状态。

B 相在电缆仓内由于母排连接处于短路状态。

电缆内锥直插式电缆终端头胀钳应用照片

此时在电缆线路各端均处于接地线保护范围内时，可以拉开六氟化硫充气环网柜检修线路开关，C 相由于拔出一相，两个 C 相之间处于开路状态。

此时双缆电缆线路一端做好了 A 相短路接地、B 相短路、C 相开路的核相位准备工作。

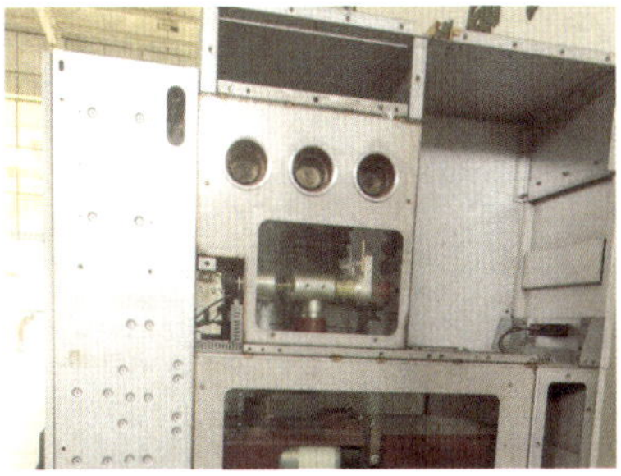

六氟化硫充气环网柜内部接线

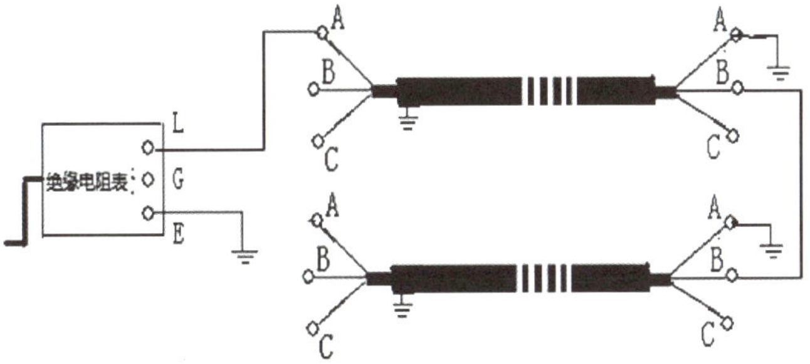

双缆并联运行时的三相电缆绝缘电阻表法核相接线示意

单缆线路在有备用仓的情况下，拆除相应备用仓堵头，使用接地的胀钳将未拔出的电缆头分别接地完成核相位。在无备用仓时拔下电缆终端使用夹钳分别接地完成核相位。

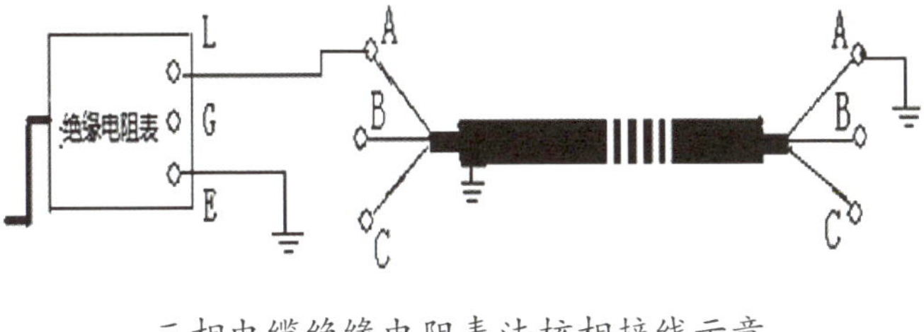

三相电缆绝缘电阻表法核相接线示意

专家点评

电缆内锥直插式电缆终端头在中压电缆环网系统中普遍应用，在进行电缆检修及迁改过程中经常需要对电缆内锥直插式电缆终端头进行拔插核相和信号发射选缆作业。根据文中提到的办法，检修人员只要对电缆内锥直插式电缆终端头胀钳夹钳进行配合使用，能够杜绝对电缆内锥直插式电缆终端头金具、硅橡胶预制附件表面的划伤，避免对六氟化硫充气柜电缆仓环氧树脂内壁、搭火碗内壁的划伤。总的来说，该方法实用性强，具有很强的专业指导性，可有效避免在工作过程中对设备的划伤，大幅提高工作效率。

钱忠

QIAN ZHONG

尽心，尽力，
尽职，尽责。

钱忠，中共党员，国网上海市电力公司嘉定供电公司副高级工程师、高级技师。他扎根配网不停电作业生产一线 36 年，牵头组建国家级技能大师工作室，并以工作室为平台，将创新模式应用于研发配网不停电作业新型工器具、应急电力保障相关工器具及作业工作法中，弥补现有配网不停电作业工器具空白，提升作业效率及安全性，获评中国好人、全国五一劳动奖章、全国技术能手、国网工匠等荣誉称号。

应急电源车应急发电作业隐患排除四步工作法

工作法简介

钱忠针对故障抢修中应急电源车应急发电的工作场景，在长期应急电力保障工作中，总结出一套高效、实用的应急电源车应急发电作业隐患排除方法，主要包括“查环境”“做安措”“核参数”“常监控”四个步骤，为现场作业人员提供参照依据，保障应急电源车应急发电作业有序、安全进行。

工作法背景

目前用户对电力需求逐步增加，但单电源用户占比仍较高，因此在故障抢修时，利用应急电源车为用户进行应急发电便是提升供电可靠性，保障民生的重要手段之一。但应急电源车应急发电作业程序较为复杂，隐患较多，制约了应急电源车在日常电网故障中的使用，因此在应急发电现场有一套行之有效的隐患排查方法及排查步骤，可以大幅提升应急电源车应急发电作业的安全性及工作效率。

工作法应用

1.查环境：保证现场作业安全

安全风险评估是保障工作安全开展的基础，应急电源车应急发电多处于应急故障抢修状态下，现场环境较为复杂，因此需准确判断现场环境，决定应急电源车停靠方位，应远离易燃、易爆等危险源，且停靠位置通风良好，保障应急电源车发电机正常工作，排除由环境因素导致的隐性危险。

完成应急发电作业现场环境评估后拖放电缆

2.做安措：做好现场安全措施

工作负责人与相关人员确认用户侧高、低压开关，低压分路开关等均在拉开位置，做好必要安全措施，防止人身触电及反送电事故发生。电缆连接时，注意电缆与母排相色一致，确保相序正确，螺栓连接紧固。

应急电源车应急发电作业隐患排除四步工作法电缆现场接线照片

3.核参数：发电前核对各项参数正常

送电前，确认应急电源车电压、频率、油压、水温、燃油速率、电瓶电压等参数在正常状态；确认用户侧已空载；确认水温已提升至50℃～60℃方可送电、分段加载。

4.常监控：发电期间对各项参数定时监控

在应急发电期间，应集合用户侧负荷情况及现场环境，定时核对应急电源车各项参数及发电机组状态，如线电压、相电压、油压、转速是否正常；监控应急电源车输出功率是否合理，最佳输出功率应在发电车额定功率 50%~80% 区间，若无法满足则应根据用户侧负荷情况适当增减调控；观察应急电源车冒烟情况，正常应为无烟，负载不足时常表现为蓝烟，负载过重时表现为黑烟，从而及时调控发电机组状态，防止喷油等事故发生。

对应急电源车各项参数及发电机组状态进行监控

专家点评

应急电源车的应用是保障重要用户可靠供电的重要手段，对作业人员现场观察能力、把控能力、思维能力要求较高。根据文中提到的方法，通过对应急电源车各项参数的缜密观察，可把控应急电源车发电机组状态，排除应急电源车各项隐患，保障应急发电作业有序进行，为作业人员提供清晰的应急发电思路，提升作业效率及安全性。

蒋卫东

JIANG WEIDONG

世上无难事，
只要肯登攀。

蒋卫东，中共党员，现任国网浙江省电力有限公司金华供电公司输电运检中心（带电作业中心）带电作业一班副班长，副高级工程师、高级技师，获评全国五一劳动奖章、国网工匠、全国技术能手、浙江大工匠、浙江省首席技师等荣誉称号。

应用“绝缘王字梯”进行特高压输电线路带电作业工作法

工作法简介

针对1000千伏特高压输电线路杆塔塔头尺寸大、空间距离远等情况，蒋卫东创新研发一种质量轻便、能够增加操作空间、方便等电位安全进出的新型吊挂载人装置“绝缘王字梯”，在等电位作业过程中，能够实现作业人员安全、快速、等电位进入特高压线路开展带电作业。

工作法背景

随着1000千伏特高压输电线路的出现，亟需一种操作方便、简单易学的进出强电场方法来满足特高压线路带电作业的需求。在“吊篮”法的基础上，经过研究、改进，设计出“绝缘王字梯”，解决了原有乘坐工具乘坐性能不佳、稳定性不足、无辅助挂点等缺点，并通过在实际线路杆塔上的操作验证，最终确定本操作方法。

工作法应用

1. “绝缘王字梯”设计图及实物

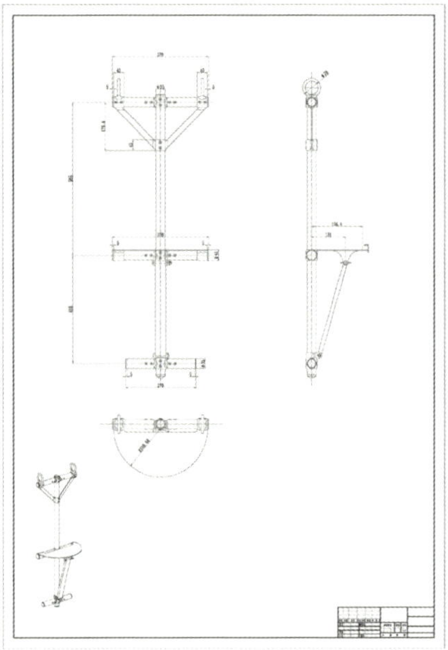

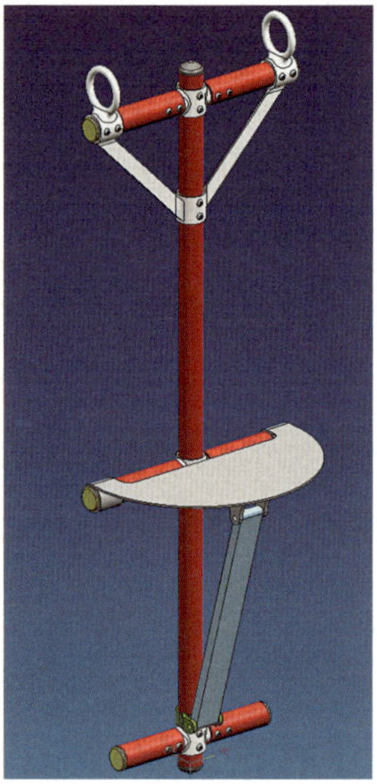

“绝缘王字梯”设计图及实物

2.操作示例

塔上电工比对“绝缘王字梯”定长绳长度

等电位电工乘坐“绝缘王字梯”等电位

3.作业人员配置

工作负责人一名；塔上电工一名；等电位电工一名；塔上专职监护人一名；地面电工两名。

4.工器具配置

序号	工具名称		规格、型号	数量	备注
1	绝缘工具	绝缘传递绳	φ12毫米	1根	长度视杆塔高度而定
2		绝缘滑车	0.5吨	1只	
3		“1-2”滑车组	1吨	1组	配φ12毫米绝缘绳
4		高强度绝缘绳套	φ12毫米	5只	
5		高强度绝缘定长绳	φ12毫米	2根	结合“绝缘王字梯”用
6		绝缘王字梯		1副	
7	防护用具	特高压屏蔽服		1套	等电位电工用
8		屏蔽服		2套	塔上电工用
9		导电鞋		3双	塔上电工用
10		等电位电工高强度绝缘后备保险绳	φ12毫米	1根	
11		绝缘安全带		3套	塔上电工用
12		电位转移棒		1根	
13		防坠器		3只	塔上电工用
14	辅助安全用具	兆欧表	5000伏	1只	电极宽2厘米，极间距2厘米
15		万用表		1只	检测屏蔽服用
16		防潮苫布		1块	
17		防潮工具袋		2只	
18		湿度仪		1只	
19		风速仪		1只	

5.操作方法流程及要求

序号	作业工序和内容	工艺标准和安全要求
1	工器具外观检查、绝缘工具电阻检测。塔上电工互相检查全套屏蔽服外观、各部分之间连接情况及电阻测量	绝缘工具应摆放在防潮苫布上，外观检查全面、不漏检，用干燥、清洁的毛巾对绝缘工具进行表面清洁，并用兆欧表对绝缘工具进行绝缘电阻检测，确认绝缘电阻合格。作业人员不得裸手持或拿绝缘工具。塔上电工应穿戴全套屏蔽服、导电鞋，检查并确认各部分之间连接可靠、电阻检测合格，并向工作负责人汇报
2	登塔电工进行绝缘安全带外观及冲击试验检查，杆塔外观、周围环境检查，核对线路双重命名、杆塔号	绝缘安全带外观及冲击检查合格，杆塔外观、周围环境良好，线路双重命名核对正确，并向工作负责人汇报
3	塔上电工登塔，将绝缘传递绳挂在横担适宜处	登塔前应获得工作负责人的许可，并使用防坠器，攀爬稳妥，不打滑，绳索避免被绊住，人员重心稳定，两电工垂直间距不得小于1.6米，换位不能失去安全带的保护。绝缘传递绳固定的位置合适牢靠
4	地面电工将“1-2”滑车组和“绝缘王字梯”起吊至横担。塔上电工配合将其在适宜处挂好	传递时，绝缘传递绳应避免和塔材摩擦，控制有效，平稳顺畅，不磕碰，塔上电工取放合理。将“1-2”绝缘滑车组挂在距横担挂点水平距离9米处，将“绝缘王字梯”与“1-2”绝缘滑车组相连接，连接时须注意方向正确

续表

序号	作业工序和内容	工艺标准和安全要求
5	定出绝缘定长绳的长度	将定长绝缘绳通过扣环与“绝缘王字梯”可靠连接，将“绝缘王字梯”沿着绝缘子串下放至导线，定出定长绝缘绳的长度后，将定长绝缘绳连接在横担挂点处
6	等电位电工检查各连接部位	等电位电工冲击检查各连接部位，确认各连接部位连接牢固可靠
7	等电位电工进入“绝缘王字梯”并坐好	等电位电工将绝缘安全绳系挂在横担主材中部后，在横担上坐稳，抓住“绝缘王字梯”主杆，将身体转移至“绝缘王字梯”上坐稳
8	地面电工配合拉紧“1-2”滑车组绝缘绳，缓缓松出，等电位电工接近导线至50厘米处时，等电位电工申请进入等电位	地面电工要求动作平稳、匀速，不得造成等电位电工前后摇摆，使等电位电工逐渐接近带电导线。电位转移过程中，等电位电工双手应始终抓住“绝缘王字梯”主杆，保持身体平衡，控制身体活动范围，避免占位过大
9	等电位电工进入等电位	等电位电工接近带电导线约50厘米处时，用电位转移棒钩住导线，动作应迅速准确，一次成功，以减小充放电对人体产生的不利影响。转移电位应得到工作负责人的许可
10	等电位电工转移至带电导线	等电位电工用手抓住带电导线，抓住后不得松手，随后将身体转移至导线上，开展相关作业
11	作业结束后返回	结束返回时程序相反，动作要领要求一致

续表

序号	作业工序和内容	工艺标准和安全要求
12	塔上电工拆除绝缘工具，检查塔上设备情况及有无遗留物，依次下塔至地面	拆除工具前，应申请并得到工作负责人的许可。工器具拆除顺序正确，传递时，绝缘传递绳应避免和塔材摩擦，吊件与绝缘传递绳连接可靠，控制有效，平稳顺畅，不磕碰，配合默契。下塔前应确认塔上无遗留物，并得到工作负责人的许可后方可下塔。下塔时应使用防坠器，攀爬稳妥，不打滑，绳索避免被绊住，人员重心稳定，两电工垂直间距不得小于1.6米
13	地面电工同步收拾工器具，与下至地面的塔上电工配合，一起将工器具整理收拾完毕	工器具收拾完整有序，现场无遗留物

6.危险点及对策

序号	危险点	控制及防范措施
1	作业人员触电	塔上地电位电工与带电体、等电位电工与接地体之间应保持6.8米及以上的安全距离；组合间隙应保持6.9米及以上的安全距离，绝缘绳索最小有效绝缘长度不得小于6.8米；电位转移前，人体裸露部分与带电体的距离不得小于0.5米；塔上人员必须穿戴全套合格的屏蔽服和导电鞋

续表

序号	危险点	控制及防范措施
2	作业人员误登杆塔	登塔前必须仔细核对线路双重命名、杆塔号，确认无误后方可上塔
3	作业人员的高空坠落	登塔时应使用防坠器，手抓牢固构件。上、下塔及杆塔上转位过程中，双手不得持带任何工具物品等，工作过程中应正确使用绝缘安全带。转位时，不得失去安全带的保护
4	高空落物伤人	塔上人员应避免落物，地面人员不得在作业点正下方逗留，全体作业人员必须正确佩戴安全帽

7.安全措施

（1）工作负责人在作业开始前与调度联系，申请停用线路重合闸，若遇线路跳闸，不经联系不得强送，工作结束后应及时向调度（工作许可人）汇报。

（2）作业应在良好天气下进行，如遇雷电（听见雷声、看见闪电）、雪雹、雨雾时不得进行带电作业。风力大于5级（10米/秒）时，不宜进行作业。相对空气湿度大于80%的天气，若需进行带电作业时，应采用具有防潮性能的绝缘工具。

（3）工作前，必须严格执行“三交三查”制度。

（4）登塔前应对登塔用具进行试冲击检查，确认合格；杆塔上移动及转位时，作业人员必须攀抓牢固构件；塔上作业时不得失去绝缘安全带的保护；全体作业人员必须戴安全帽。

（5）塔上电工人身与带电体的安全距离不得小于6.8米，绝缘绳索、绝缘承力工具有效绝缘长度不得小于 6.8 米，等电位电工进入电场时组合间隙距离不得小于 6.9 米。等电位电工作业时头部不得超过导线侧均压环高度。

（6）在带电作业过程中，如设备突然停电，作业人员应视设备仍然带电。

（7）绝缘工器具在使用前应进行仔细外观检查，试验合格标签完整有效，并使用 5000 伏及以上摇表进行分段检测（极宽 2 厘米，极间宽 2 厘米）绝缘电阻值不得低于 700 兆欧，屏蔽服任意两端点间的电阻值不得大于 20 欧。

（8）等电位电工应穿合格特高压屏蔽服，塔上电工应穿合格全套屏蔽服和导电鞋，各部分之间连接可靠，转移电位前人体与带电体距离不得小于 0.5 米。

（9）地面人员严禁在作业点垂直正下方活动。塔上人员应防止落物伤人，使用的工具材料应用绝缘绳索传递。

（10）严禁使用易燃物擦拭带电体及绝缘部分，以防起火。

（11）严格监护。

专家点评

该操作方法简单易学，所需工器具数量少、质量轻、绳索化，携带方便，极大降低了人员的劳动强度，安全可靠，是特高压线路带电作业进入等电位的有效方法，可广泛应用于 1000 千伏线路的带电作业。

基于无人机精准辅控的输电线路快速进出强电场工作法

工作法简介

针对输电线路带电作业中绝缘绳与导地线因直接接触磨损以及绝缘绳脏污造成绝缘性能下降等问题，蒋卫东研制输电线路快速进出等电位装置并形成相应工作法，主要包括以无人机为主体的吊装模块、以自主研发托绳架为主体的支撑模块，通过配合便携式电动升降装置开展等电位消缺，提升带电作业安全可靠性。

工作法背景

输电线路杆塔型式众多，传统带电作业进出电场工作法都有其技术局限性，在适用电压等级、输电线路塔形方面存在限制，亟待开发一种新的进出电场工作法，以适应现场作业需求。随着无人机、电动升降装置等新型自动化、智能化设备在电网的应用，输电线路快速进出等电位的装置及工作法可极大提升输电线路带电作业应用场景。

工作法应用

1.利用无人机吊装托绳架及细绝缘牵引绳至导线或地线上

地面电工将托绳架及符合无人机吊装重量的细绝缘牵引绳组装好，将无人机吊钩安装在无人机上，起飞无人机，将托绳架挂设在导线或地线上。

基于无人机精准辅控的输电线路快速进出强电场工作法（一）

2.地面电工细绝缘牵引绳换绝缘升降绳操作

地面电工将细绝缘牵引绳与绝缘升降绳连接好，通过拉动细绝缘牵引绳将绝缘升降绳穿过托绳架至地面，用相同的方法将人身后备防坠绳穿过托绳架至地面。

3.等电位人员乘坐“电动升降装置”上升至导线

等电位人员将电动升降装置与绝缘升降绳连接好，并连接好人身后备防坠绳，冲击检查各部分连接可靠后，操控电动升降装置，将自己送至带电导线。

基于无人机精准辅控的输电线路快速进出强电场工作法（二）

4.等电位人员进入强电场开展消缺作业

等电位人员转移至导线缺陷部位后，开展相关作业。

基于无人机精准辅控的输电线路快速进出强电场工作法（三）

5.消缺作业结束后，等电位人员乘坐“电动升降装置”下降至地面

无人机飞手及地面人员用同样的步骤拆除托绳架。

专家点评

该工作法避免了绝缘绳与导地线因直接接触而导致的磨损以及绝缘绳脏污造成的绝缘性能下降等问题。在使用时，托绳架上的绝缘绳完全将整组导地线包围，安全可靠性更高。相比抛绳方式，对地面环境条件要求更低。本工作法是国内整体新科技进步下催生的新型等电位作业法，是对原有高压线路等电位作业方法的重要补充，可广泛应用于110~1000kV 各电压等级输电线路的带电作业。

白宏坤

BAI HONGKUN

干一行、爱一行、精深一行！

白宏坤，中共党员，国网河南省电力公司经济技术研究院教授级高级工程师、博士。她扎根能源电力供需研究 25 年，牵头建成了国内首家投运的省级能源大数据中心，主创和发布了国内首家省级能源发展报告、能源大数据白皮书，以及首批能源大数据标准；实现了河南能源大数据领域的起步和跨越式发展，河南能源电力研究领域体系化专业化发展；获评国网工匠、河南省电力科学技术人物奖突出贡献奖荣誉称号；她是河南省女职工委员会示范性女劳模和人才创新工作室、郑州市五一巾帼创新工作室负责人，以及河南省科学家精神宣讲团主要成员。

基于电力大数据的4E电量预测五步工作法

工作法简介

白宏坤针对电量预测问题，利用数字化技术，以电力大数据为基础，以机理分析和模型研发为手段，总结提炼出一套“能源—经济—电力—环境”4E电量预测工作法，主要包括“获数据”“掌规律”“辨因素”“建模型”“验结果”等五个步骤，统筹能源、经济、电力、环境等关键影响因素，大幅提高了电量预测的及时性和准确性。

工作法背景

在碳达峰、碳中和背景下，随着经济转型升级、新能源加速替代常规电源、新兴产业不断涌现、电力市场体系加速建设，电力系统日益成为与一次能源生产、风光气象环境、经济社会运行、电力市场运行紧密耦合的复杂巨系统，电量分析预测成为社会经济、电网公司关注的焦点问题。准确、及时地对电量负荷进行预测，可为电网科学合理安排电力保供方案、促进新能源消纳、支撑购售电交易稳定运行提供重要支撑。

工作法应用

1.获数据

针对数据获取难、分析难等问题，充分运用大数据技术，建立“电眼巡航”系统，提取各产业、各行业、各地区、规上企业的日度电量数据，并聚合能源禀赋与生产消费、经济社会、气象环境等外部数据，实现用电数据和影响因素的“透明察”。

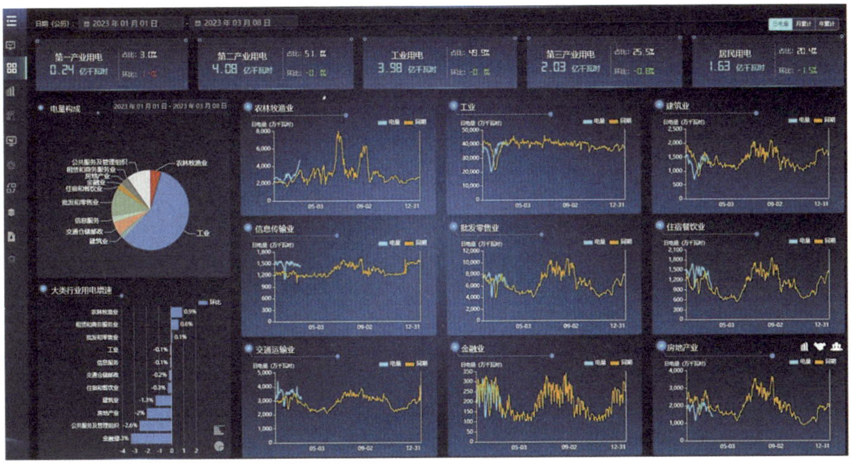

“电眼巡航”系统界面图

2.掌规律

通过线性回归、聚类分析、机器学习等多种算法，梳理分析各产业、各行业、各地区、规上企业的电量发展变化特点，数字模拟电量发展演变规律，实现电量发展规律从偶然到必然的“深度研”。

3.辨因素

基于数据驱动和机理分析驱动，从能源供需结构变革、经济社会转型、环境气象演变、电力市场行为等方面，辨识出影响电量增长的关键因素，厘清关键因素与电量增长的传导关系，更好地把握电量发展走势，实现关键影响因素的“清晰识”。

4.建模型

在“数据—机理—变量因素”的混合驱动下，建立能源供需预警指数、经济发展景气指数、工业指数、气象环境突变指数等指数体系，构建涵盖全网、各地区、各产业、各行业、规上企业的多层次、多维度、多时空尺度的电量预测模型，实现对未来用电消费的“精准判”。

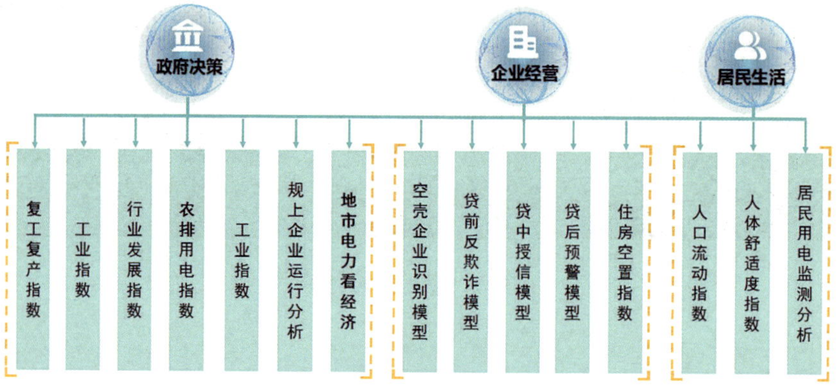

构建指数体系

5.验结果

根据电量消费实绩及电量预测结果，及时多维比较两者差距，验证电量预测模型预测结果的准确性，归纳预测偏差规律，迭代完善预测模型，实现预测工作方法的“迭代升”。

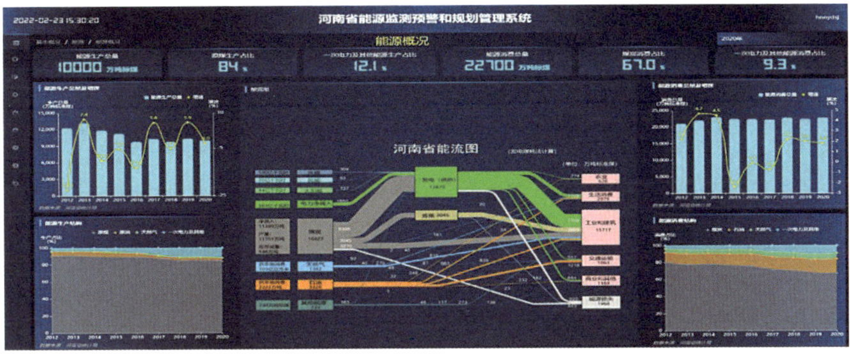

验证电量预测模型预测结果的准确性

专家点评

在当前经济社会产业结构调整、能源供给与消费结构快速变革的背景下，电量的准确预测是电力经济研究领域的一个重要课题。根据文中提到的办法，研究人员使用“能源—经济—电力—环境”4E电量预测工作法，采用“获数据”“掌规律”“辨因素”“建模型”“验结果”五大步骤，即可对电量需求进行快速准确的判断。该方法基于历史电量演变规律，纳入能源、经济、气象等关键影响因素，对全网、分产业、分行业电量进行预测，同时可根据预测结果持续迭代修正预测模型。总体来说，该工作法具有较高的科学性、实用性，可大幅提高工作效率。

能源大数据应用场景建设五步工作法

工作法简介

白宏坤针对能源数据汇数难、用数难、分析难的问题，总结提炼了一套实用高效的能源大数据应用场景建设工作法，主要包括“数据多元化”“数据标准化”“数据可视化”“数据模型化”“应用便捷化”五个步骤，明晰了数据“汇集—提取—分析”的标准化工作流程，规范场景建设和推广。

工作法背景

能源大数据中心建设无规可依，不同能源行业间数据采集、存储、共享、应用标准不统一，数据平台、数据接口标准不统一，能源数据分散共享性差，决策缺乏专业工具，亟须构建河南省能源大数据库、核心算法模型群和应用体系，统一相关标准规范。

工作法应用

1.数据多元化

建立政企数据归集机制，推进政府、企业、公众各类数据集聚。构建涵盖经济、能源、电力、环境、社会公共信息的多域能源大数据体系，数据量达 115TB。

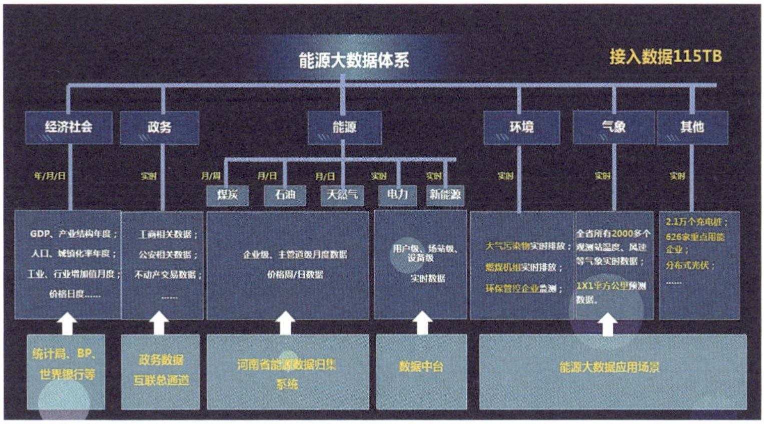

政企数据归集体系

2.数据标准化

针对能源大数据标准框架缺失和系列标准不健全等问题，从数据、服务、产品和运营等维度，首创国内能源大数据标准体系，涵盖基础标准、数据标准、技术标准、管理标准、安全标准等门类子项，已应用于各省能源大数据中心的标准化工作中，发布《总则》《术语》《分级分类》《数据目录》等急用先行的系列标准。

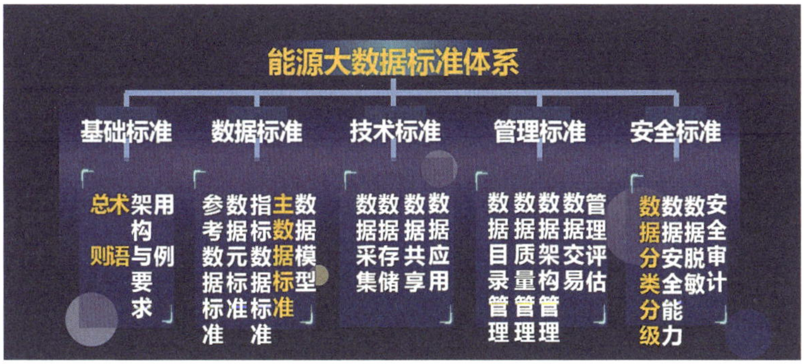

能源大数据标准体系构架

3.数据可视化

创立能源大数据分级分类方法和数据资产目录体系，解决跨域融合的数据规范性汇聚和关联性识别难题，推进能源数据按主题和安全级别分类分级管理和可视化。按照主题分为大类、中类、小类三类。能源数据资产目录涵盖煤炭、石油、天然气、电力、新能源等各能源品类资源生产与供应、消费与投资、资源转储、利用效率全过程数据，以及宏观经济社会、生态环境、气象、政务等跨部门跨领域数据。

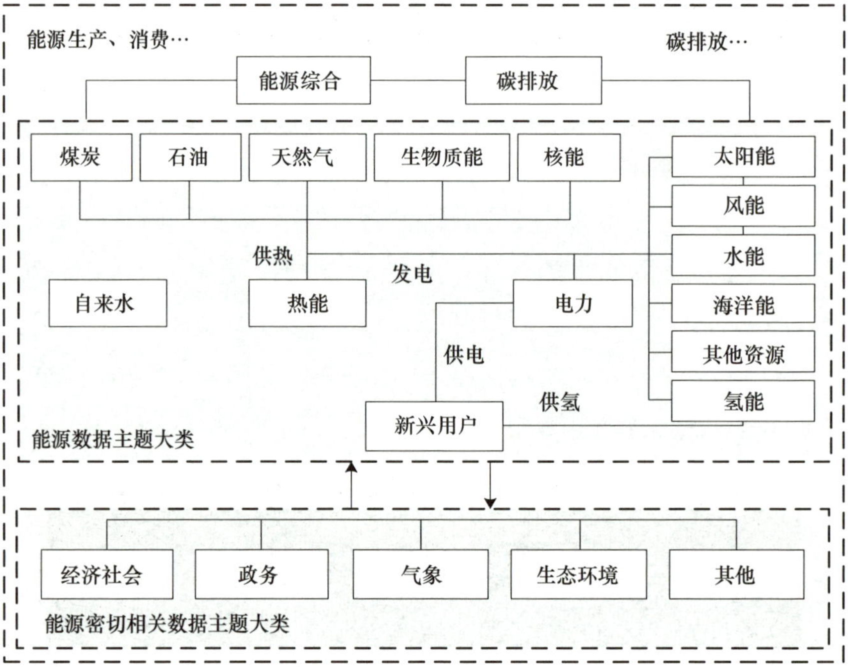

能源大数据标准体系构架

4.数据模型化

研制基于大数据融合计算和洞察预测的算法模型群。构建能源电力产业链风险传导和供需失衡预警算法；提出基于分布式深度优化学习的用户用电行为辨识技术，研制工业用电指数、企业复工复产指数、数字产业发展指数等产业发展态势研判模型；对新能源场站出力曲线进行离散化预处理，构建风光联合出力概率模型和新能源有效供给能力预测模型；基于边界条件、规划方案、运行方式、机组特性等各项因素，建立逐机组切割负荷曲线的新能源消纳空间评估模型。

5.应用场景化

构建“服务政府科学治理、服务企业提质增效、服务公众便捷用能”的能源大数据决策应用体系，支撑能源规划管理、能源消费节能降耗、智慧城市建设、绿电追踪、政府治理现代化；细化建立“应用场景—详细功能—微应用—数据来源”立体化研发图谱，支撑能源大数据敏捷开发和推广模式；发布《能源大数据 数据应用》标准，助力能源大数据价值挖掘生态繁荣。

专家点评

能源大数据应用场景建设是服务用户和发挥能源数据价值的引擎。根据文中提到的办法，应用研发人员只要掌握“数据多元化”“数据标准化”“数据可视化”“数据模型化”“应用便捷化”五步法，明晰应用构建的基本逻辑，便可快速实现场景研发。

能源大数据应用体系构架

占贤德

ZHAN XIANDE

想，要壮志凌云；
干，要脚踏实地！

占贤德，中共党员，国网江西省电力有限公司奉新县供电分公司生产技术部六级职员、变电检修高级技师，从事变电站变电设备检修工作30多年，总结的35千伏变电站缩短二次回路故障查找时间四步工作法，大大提高了变电二次回路故障处理效率。获评全国电力行业技术能手、江西省劳动模范、江西省能工巧匠、赣电工匠、国网工匠、宜春市工匠等荣誉称号。

35千伏变电站缩短二次回路故障查找时间工作法

工作法简介

占贤德针对变电站二次回路设备多、接线复杂、出现故障不易查找等问题，面对快速寻找二次回路设备故障的实际工作需要，总结提炼变电站缩短二次故障查找时间工作法，即“一看、二闻、三测、四分段”，可以有效提高变电二次回路故障处理效率。

工作法背景

35 千伏变电站二次回路设备多、接线复杂、出现故障不易查找、处理故障时间长、供电压力大。因此，缩短在现场二次回路故障部分的处理时间，采取行之有效的故障处置方法就尤为重要。

工作法应用

1.看设备

看二次回路设备表面是否有明显的放电痕迹，接线端子是否松动、断裂、移位，电气连锁、辅助装置是否变形等，通过看设备状况及时发现比较明显的二次回路故障。在二次回路导线电气连接部分一般有轻微的烧蚀和放电痕迹。对于线圈来说，表面烧蚀痕迹会比较明显，呈现乌黑色，此方法查找的此类故障约占二次设备故障的 30%。

2.闻设备

在现场通过“看设备”表面未发现问题，可用鼻子闻设备气味判断是否有内部电气元器件烧损。一般在现场闻出轻微的橡皮、塑料烧蚀气味的，基本可确定为连接导线的接线端子、保护装置的电子元件有接触不良、打火现象；若在现场闻出较重的绝缘漆和绝缘纸烧糊的混合刺鼻气味，基本可确定为线圈、电机烧损，此方法查找故障率约占 35%。

3.测设备

在现场通过“看设备”和“闻设备”未发现故障问题，这就说明是“软故障”问题，这类故障一般较难查找。接线端子接触不良、保护装置内的电子元件虚接，一些线圈在运行中处于时好时坏状态，此类故障会伴随着表面发热。做好安全措施后，可通过红外成像测温仪对二次设备表面进行测温，寻找故障。对于接线端子接触不良、保护装置内的电子元件虚接等故障，二次回路设备的表面温度一般比正常运行的要高 20~30 摄氏度，而对于一些线圈在运行中处于时好时坏状态的二次回路设备，其表面温度一般比正常运行的要高 40~50 摄氏度，此方法查找故障率约占 15%。

4.短接分段

在“看设备”“闻设备”和“测设备”后仍无法判断二次回路故障时，即可采用短接分段的方法来排除故障。在做好安全措施后，把故障回路拆解二分之一，利用短接线在保护装置与开关连接部分进行短接，这样可以判断出到底是开关故障，还是保护装置自身故障。在大致找到故障后，把故障回路再拆解二分之一进行精确查找，直至找出二次回路故障。利用短接分段法，能比常规用万用表、摇表等仪器逐一测试更快速地查找故障，此类方法查找故障率约占 20%。

利用该工作法，不仅能精准查到故障所在，而且极大地缩短了处理变电二次故障的时间，经过多次测试比较，平均每次处理故障时间缩短了 28 分钟，提高了工作效率。

专家点评

对于县级公司而言，35 千伏变电站二次回路故障是比较多的。而二次回路组成的设备多，接线复杂，尤其是一些“软故障”，出现不易查找，时间花费比较多，如何快速地寻找出二次回路设备故障，缩短故障处理时间，对一个变电检修人员的检修水平要求是较高的。该工作法对各种二次回路故障基本能快速、准确地找到，缩短了二次回路故障查找的时间，提高了工作效率。

时晶

SHI JING

人生最终的价值在于觉醒和思考的能力，而不只在于生存。

时晶，中共党员，国网陕西省电力有限公司宝鸡供电公司高级工程师、高级技师，宝鸡市首席技师。从 1991 年至今坚守电力计量工作的她，负责宝鸡地区低压 220 伏到高压 330 千伏计量装置的检测和运行监控管理工作。她 32 年如一日奔波在客户服务一线，带领计量人员为客户提供准确计量和便捷服务。获评国网工匠、国家电网有限公司劳动模范、中电联技术能手、陕西省“三秦工匠”等荣誉称号。

全维度电能计量安全工作法

工作法简介

时晶针对计量装置运行日常维护工作场景，总结出一套实用高效的全维度计量安全工作方法，主要包括“三级防护”“六步查处”和“零失误”，对现有的用电信息搭数据、仪器仪表以及工作流程进行精准分析、优化改进，提升运行计量装置精益化管理能力。

工作法背景

目前，智能电能表和用电信息采集系统全覆盖，采集系统日均采集智能电能表数据数百万条，数据在营销专业领域得到深入应用，同时为发展部、安质部、运检部、调控中心、运监中心等多部门多系统提供电能示值、电量、电压、电流等近两千万条数据源，实现了智能电能表数据在公司层面的共享，为跨专业协同联动提供了坚强有力的数据支撑。因此，提升计量装置安全稳定运行，对用电大数据精准可靠计量具有重要意义。但是，在电能表实际运行过程中，会因“人、机、料、法、环”等繁琐复杂的因素，造成计量装置的异常或故障运行，影响营销电能计量数据的准确性和可靠性。因此，若在对计量装置运行工况的监控和消缺基础上采取一套行之有效的工作方法，充分利用用电大数据分析及人工智能研究成果，可极大提高计量装置异常（故障）处理时效性，实现堵漏增收，保证所辖地区计量装置安全稳定运行、精准可靠计量。

工作法应用

1.三级防护：建立“用电信息三级防护体系”

基于用电信息采集系统，建立计量装置运行工况和用电、采集异常的监控、消缺“三级防护体系”。用电检查、装表接电、抄表专业为监控第一级体系，负责每日对维管客户的用电异常情况及计量装置故障、异常情况进行监控，及时发现异常问题；采集运维为监控第二级体系，负责每周对所有客户的用电异常及计量、采集异常情况进行监控，及时发现、反馈异常问题；稽查管控为监控第三级体系，负责每月对客户的用电异常和计量、采集异常情况及处理方式的规范性进行监控，及时发现异常问题，督促整改，提升计量精益化管理水平。

2.六步查处：快、准、稳、建、学、练

（1）快：大数据快速排查。以用电信息采集海量数据为基础，采用采集系统、营销业务系统、采集闭环管理系统、营销稽查系统、线损管理系统、电能计量生产调度系统六系统联查方式，建立“大数据快速异常排查”法，快速确定计量装置运行工况。

（2）准：异常定位准确。在“大数据快速异常排查法”快速排查出

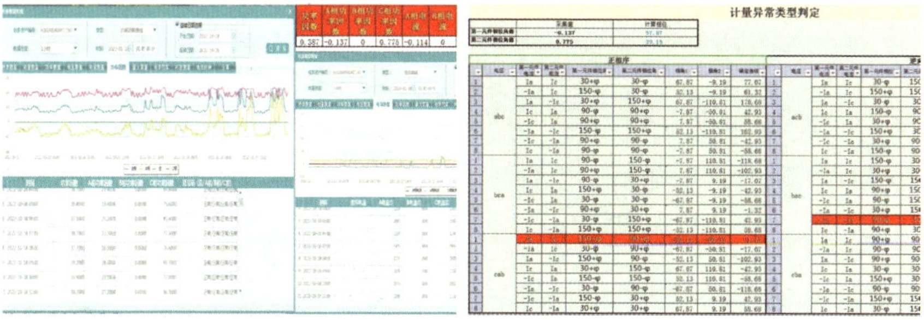

计量异常大数据排查

异常后，抵达现场。利用“智能电能表+智能掌机”，现场调取电能表内实时和历史电压、电流及夹角、分相功率等用电信息，结合系统采集数据，进行“慧眼识表”故障点定位，准确判定异常（故障）位置，制定故障处理方案，快速消缺、缩短故障排查时间。

（3）稳：稳密掌握计量装置运行状态。为了便于营销人员现场检查用电异常和计量装置故障，为计量装置管理提供第一手资料，利用“智能手机+背夹”，通过蓝牙转红外通信单元与智能电能表连接，现场检查时可随时通过人人随身携带的手机，读取计量装置运行工况数据，方便计量、检查、稽查、营业人员现场检查、取证，提高现场检查效率，方便快捷答复客户疑问、确定相应的处理方案，提高优质服务水平。

（4）建：全方位建立“故障信息库”。对现场发生或检查发现的计量异常，采用“四不放过”原则：发生原因不明不放过、判定方法不清不放过、处理方式不准不放过、预防方式不定不放过，认真分析每一项异常情况，形成计量装置“故障信息库”，并在现场工作中不断更新、充实“故障信息库”，给现场工作提供操作宝典。

（5）学：强学习勇创新。采用“检查+培训”“集中授课+演练”“学习+消缺”等方式，重视计量人员技能水平培训、完善现有规章制度、严格执行标准化作业流程，提升检修人员技能水平，同时提高检修人员自身的安全意识。针对业务人员现场处理计量故障能力较弱这一问题，开展大数据分析和

集中授课讲解学习

计量原理培训，通过学习培训，敢于大胆创新，突破固化思维，研制电能计量设备接线固定装置，在计量装置装换前进行接线固定，使计量装置在装换时接线稳固不乱，仅需在电能表相应孔位插入对应固定模块的接线即可，大幅度提升了计量装置装换效率，降低了计量装置装换的接线错误率。

（6）练：勤练兵强技能。将现场搬进工作室进行情景再现，克服现场故障处理参与人员少、时间紧、现场环境和安全要求不便于分析研究的问题，全体专业人员在实训室开展数据分析，现场检查、缺陷消除等演练，通过异常再现，达到专业人员从分析、判断到处理的全过程能力的整体提升。

现场应用快速消缺

3.零失误：确保计量装置零故障

在整个计量装置运行管理工作中，基于采集系统搭建由“智能电能表+用电信息采集系统+手持数据采集终端”组成的计量装置运行工况的全方位管理模式，建立以“精准定位、快速响应、高效处理、提升素质”为原则，以提升计量异常识别率、准确性，增强人员业务处理能力，提高客户优质服务水平为目标的计量装置运行管理方法，确保计量装置零故障。

通过“营销业务应用系统”“用电信息采集系统”“线损管理一体化系统”的导出数据与“用电信息采集闭环系统”信息比对，结合自建分析模型，远程判定计量装置异常，并依据判定现场应用伏安相位仪、现场校验仪等设备进行检测，处理时先应用专利“一种计量装置接线固定装置”固定接线，防止处理过程中导线误碰、错乱和松动，将10千伏及以上高压计量装置异常处理时间控制在48小时以内（一次设备故障除外），提高计量异常处理时效性，减少客户因追补电量过大承担的电费压力和所引起的计量纠纷，实现计量异常处理透明快捷。

专家点评

计量装置运行工况关系到企业和客户的利益，需要精准监控，确保其安全可靠准确运行。根据本工作法，计量人员只需要掌握新工具——计量装置接线固定装置的使用，以及对用电信息采集数据分析，对计量装置运行状况进行准确判定，就可以提升计量装置异常（故障）判定效率。总体来说，该工作法实用性强，具有很强的专业指导性，可大大提高计量人员全方位计量装置运行工况监控和异常处理效率，提升运行计量装置精益化管理能力。

王仕俊

WANG SHIJUN

工匠精神，就是把没有门槛的事情干出自己的核心竞争力。

王仕俊，中共党员，国网甘肃省电力公司发展事业部三级专家，高级工程师，曾获第 21 届全国青年岗位能手标兵、甘肃省五一劳动奖章、甘肃省五四青年奖章、国网工匠等省部级及地厅级荣誉 30 余项；英国、俄罗斯等各类国际发明金、银奖 40 项；在 SCI/EI 及北大中文核心期刊作为第一作者发表论文 34 篇；作为主编出版专著 1 部，合著 3 部；作为项目负责人主持国家工信部、科技部及甘肃省委组织部、科技厅等基金项目 20 余项，作为第一发明人申报中国、美国、澳大利亚等国家专利 260 余项，截至 2023 年已授权专利 135 项。

智能混凝土在输变电工程基础接地及监测中感知与智能融合技术工作法

工作法简介

王仕俊针对我国大量地区不良地质造成的输变电工程接地电阻大且容易发生滑坡、沉降等问题，创新性提出智能混凝土相关技术体系，并将其成果在各电压等级输变电工程基础接地及全寿命周期监测中进行应用。研发制备出力学性能好、耐久性能优、灵敏度高的智能混凝土，在满足导电性能要求的同时，降低成本，满足工程生产需要。

工作法背景

智能混凝土的性能提升关键在于导电填料材料的选择，目前多数导电混凝土采用的是导电纤维和导电颗粒，包括碳纤维、钢纤维、碳纳米管、钢渣、炭黑、石墨烯等。如果仅采用纳米尺度或微米尺度的导电材料，造价较高，且会造成混凝土力学性能劣化；采用钢纤维制备的导电混凝土则工作性能差、智能特征不明显。上述研究多停留在试验室阶段，工程应用难度大且价值不高。因此，亟待开发出成本低，力学性能、耐久性能均优的智能混凝土及其应用方法。

工作法应用

智能混凝土压力与电阻关系试验图

本工作法在以往对智能混凝土研究的基础上，进一步开发了高灵敏度的智能混凝土，并基于智能混凝土在弹性、损伤和破坏阶段的不同压敏智能特征，利用跨强度性能的智能混凝土耦合形成的梯度智能混凝土传感元件，监测混凝土结构的损伤演化发展，且实现量化反演，可监测损伤发展至 0.8~1.0 的濒临破坏阶段，实现对混凝土材料采用电学特征进行损伤的定量描述。

更进一步开发出基础受力和损伤状态的监测元件及监测系统，配备无线传输模块，利用通信网络，实现远程无线监测，首创性地将智能混凝土真正意义地开发移植到输变电工程中应用。

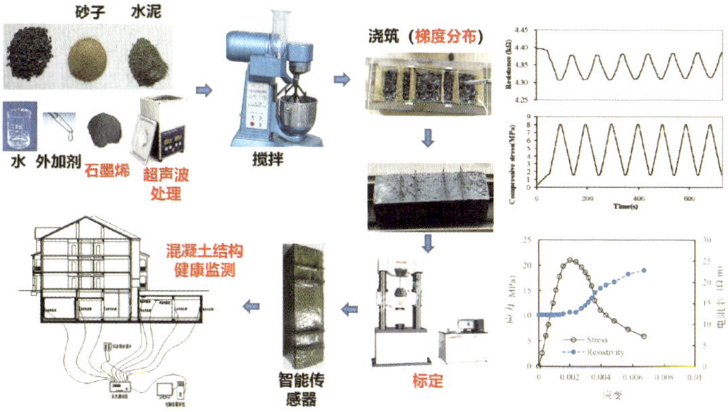

智能混凝土制备及应用关系图

电阻层析成像是一种无损检测技术，作为一种电学参数层析成像测量技术，除一般电学参数测量技术所具有的采集速度快、成本较低等特点外，还具有非侵入、直观、易分析等优点，适用于长期在线监测。但是在工程健康监测领域，当前的电阻层析成像技术应用尚不多，尤其未涉及反演得到整个地基基础健康状况的研究。本研究通过智能混凝土在地基基础关键部位方阵布置，基于地基不均匀沉降监测平台，利用电阻层析成像反演得到整个地基基础的健康状况，监测范围可以拓展到以输电塔为中心的方圆 500 米。它不仅可以监测不均匀沉降可能造成的设备基础的受力和损伤状态的变化，也能结合导电混凝土接地特性的变化，对电网设施周边地质基础的安全性和接地网的完备性进行健康评估，是全球首例将电阻层析成像技术与智能混凝土技术结合开发的技术体系，该项技术体系达到国际领先水平。

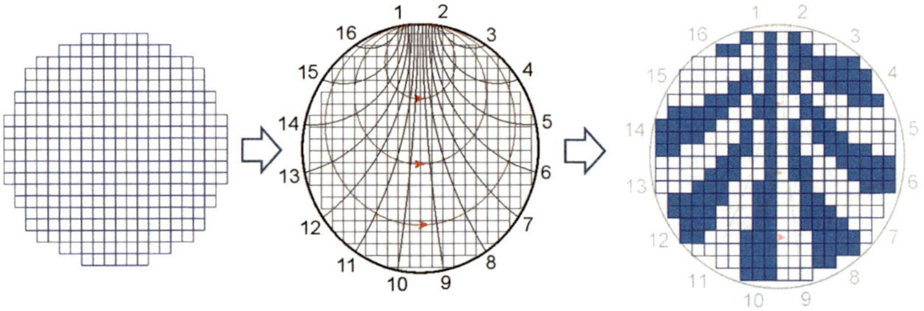

电阻层析成像系统机理

专家点评

由于我国很多地区存在大量的戈壁、沙漠、高山岩石等不良地质，土壤电阻率往往在 5000 欧米以上。为满足变电站、输电线路接地电阻的设计要求，早期大规模使用的离子接地极需掺加大量化学降阻剂以保证其降阻效果，会污染周围土壤和地下水。同时受大量不良地质环境的影响，近年多次发生因基础湿陷、不均匀沉降、滑坡引起的电网基础及设备损坏、倾斜、变形、开裂、性能老化等重大缺陷，且该类缺陷往往较为隐蔽、潜伏时间长、恶化突然、事故危害特别巨大。该技术体系不但可以环保安全有效降低电阻率，还能提升高输变电工程的安全运行水平。

极端气候下季冻区输变电工程基础冻融灾害防治技术工作法

工作法简介

王仕俊针对甘肃河西、四川山岭和西藏高原地区不同地质和环境条件，提出了一种隔热地基厚度、隔热材料选型动态设计方法和一种轻型隔热保温材料制备方法，通过选用相应的保温层厚度与组分配比等方式，明晰了不同地质和环境条件对材料物理力学性质的影响机制，保障了工程设计和施工的经济性。

工作法背景

在以往工程中，塔基基础与冻土地基的水、热、力相互作用机理尚不明确，基础短期、长期承载力形成发育过程无量化描述，基础的设计仍以交通桩基工程为参考，同时导致线路工程地基基础设计仍以经验为主。本工作法基于不同工况下输变电线路基础的变形、应力、温度数值结果及分布云图，对保温基础所需厚度和材料参数进行动态设计，并在河西走廊 750 千伏第三回线加强工程、西藏仲巴 220 千伏输变电工程等工程中应用，保障了对不同地质条件下冻胀地基处理的经济合理性。

工作法应用

1.输变电线路基础保温隔热体系的动态设计

利用大型有限元数值计算软件 ANSYS，对不同热防护材料的导热系数、结构形式、地表温度、底层土体温度等进行详尽的数值计算与分析，得到不同工况下输变电线路基础的变形、应力、温度数值结果及分布云图。基于计算结果中保温基础的所需厚度和材料性能，对输变电线路基础进行动态设计。

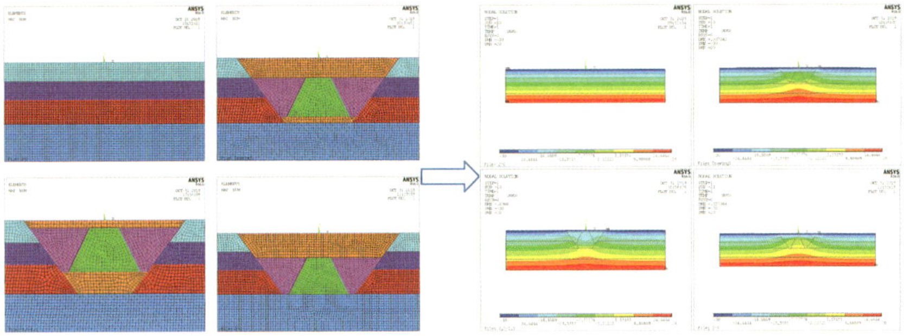

季冻区输变电线路基础所需材料的导热系数与设计厚度分析图

2.低导热系数和高强度的轻型保温材料制备

制备原料包括以下重量百分比组分：21%~31% 水泥、10%~17% 水、0%~8% 陶粒、7%~35% 粗骨料、35%~37% 细骨料。在拌合之前，将陶粒在氢氧化钠或氢氧化钙碱溶液常温下浸泡 8~12 小时来刻蚀表面，使其粗糙化，增大陶粒与砂浆的粘结，从而提高陶粒混凝土砌块的强度。所制备的轻型陶粒骨料混凝土砌块具有表观密度轻、强度高、保温隔热性能好等优点。轻型陶粒骨料混凝土室温下的导热系数为 0.524 瓦每米开，相比素混凝土的导热系数下降了 58.6%，保温隔热性能显著增强。

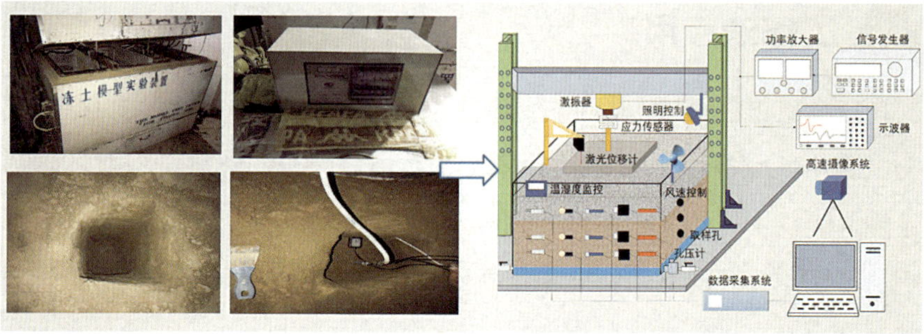

等比例模型试验及试验示意

3.地聚合物压灌桩施工与力—热—变形场监测

通过地聚合物材料在现场的应用，提高压灌桩性能，降低配筋率，施工过程无开挖无泥浆污染，实现现场浇筑密实均匀、易灌注及桩基承载性能提升。通过多因素环境土壤施工中的监测分析，掌握施工过程基础底部土体力—热—变形分布规律，并进一步评价保温基础应用产生的经济效益和生态效益；通过本项目研究，形成保温复合材料的整套制备方法；通过在地基基础中的应用，提高基础内部温度 20% 以上；抗拉强度与抗压强度满足受力要求；通过数值模拟，对不同设计厚度的风险进行评估。

高原高寒地区生态环境脆弱，亟须解决冻土开挖土方临时用地对环境的扰动，以及冻土基础回填材料匮乏的问题。本项目从采用保温材料降低碎石换填工程量、采用地聚合物压灌桩技术减少泥浆污染、采用模型试验和现场实验评价工程对环境的影响这三个方面改进冻土区杆塔地基的处理技术，提高压灌桩性能，降低配筋率，施工过程无弃土和泥浆污染。

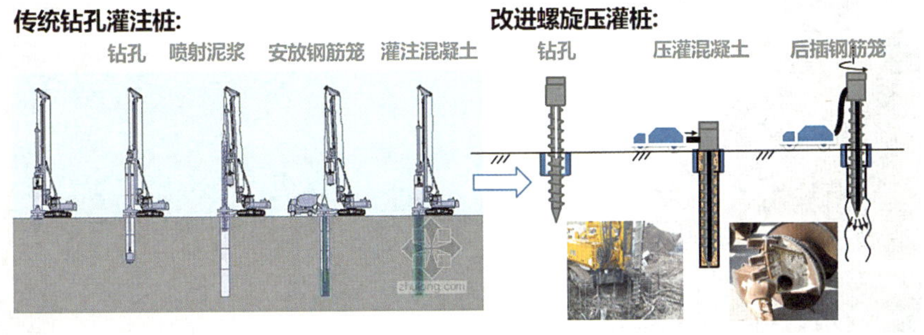

改进桩体施工工艺示范图

专家点评

在我国季节性冻土地区中，冻土的热稳定性差、水热活动强烈、对环境变化极为敏感等特征对输变电工程基础的设计、施工和安全运营等构成了严重威胁，针对不同地聚合物压灌桩桩长与端部支承条件，有助于实现冻土地区杆塔基础无变形倾斜、投运后免维护的目标。

何涛

HE TAO

创新求变，展翅高飞。

何涛，中共党员，国网重庆市电力公司永川供电分公司智能巡检班无人机首席工程师，重庆市技能大师工作室负责人。作为重庆电网无人机巡检技术重点实验室牵头人，他领衔研发了轻型无人机紫外检测仪、无人机自主巡检等多项成果；作为核心骨干，他参与了国网重庆市电力公司无人机智慧巡检应用平台研发、标准制定和技术推广；获评全国五一劳动奖章、重庆五一劳动奖章、巴渝工匠、重庆市技术技能领军人才、国网工匠等荣誉称号。

无人机电力巡检作业“五先五再”工作法

工作法简介

何涛针对无人机巡检作业过程中摔机风险较高等问题，结合自身多年航模研究及无人机飞行经验，总结出“五先五再”工作法，即先开控再开机、先检查再起飞、先目视再远航、先全塔再局部、先观察再移动，归纳无人机巡检过程中的注意事项及操作技巧，有助于提高巡检质量，降低摔机风险。

工作法背景

随着无人机技术快速发展，输电线路已由人工巡检向无人机巡检转变。无人机巡检质量和效率与操作人员技术水平强相关，而一名经验丰富的无人机巡检员从学习飞行到熟练掌握无人机巡检技能需要1~2年。虽然现如今自主巡检技术逐渐兴起，但很多情况下还是需要手动操作无人机，因此娴熟的无人机操作基本功是每个无人机巡检人员的必备技能。

工作法应用

1.先开控再开机

优先启动遥控器电源，确保在有控制信号发出的情况下给无人机通电，避免无人机进入失控保护导致螺旋桨突然转动；进入遥控器设置菜单检查摇杆模式是否与本人操作习惯一致，根据现场作业环境设置失控行为及返航高度，检查自检信息是否有错误提示。

2.先检查再起飞

双手反方向转动电机与螺旋桨，检查安装是否到位；握住机身与机臂轻微向折叠方向用力，检查折叠机构是否锁死；按下快门进行拍摄，确保镜头与存储卡功能正常；检查遥控器飞行界面通信信号质量、电量、卫星数量等参数是否满足起飞要求，检查无误后解锁无人机。

检查自检信息是否有错误提示

3.先目视再远航

操作无人机飞行至 10 米外保持 3 米高度，打杆观察无人机运动响应是否正常；通过拨轮控制云台俯仰至上下极限位置，观察云台是否顺畅、回传画面有无延迟卡顿，检查无误后操作飞往作业区域。飞行过程中时刻关注剩余电量，若无人机已进入自动迫降模式推油门无响应，则应立即将云台调整到垂直向下观察地面情况，通过副翼及升降摇杆控制无人机水平移动，寻找辨识度高、开阔无人的区域进行迫降，贴地前控制云台恢复水平以保护镜头。

4.先全塔再局部

杆塔全貌占画面比例三分之四时按下快门拍摄全塔，观察杆塔结构，规划飞行路径，大部分场景均可采用下—上—下的倒 U 形行进路径依次拍摄。在大风环境拍摄时，将曝光模式设置为快门优先，保证不虚焦；在仰拍或逆光环境拍摄时，利用曝光锁定功能保证画面明亮度适中。

5.先观察再移动

无人机拍摄杆塔细节

作业过程中需要调整无人机位置时，先打方向舵及云台俯仰，观察行进路径上有无障碍物再移动，避免直接拉升降、打副翼、推油门向视角盲区贸然移动，以免发生碰撞摔机。打杆操作时动作轻柔、线性加减速，避免大开大合的“开关手”操作方式；靠近杆塔拍摄时，提高打杆频率，减小打杆幅度，采用“点动”模式进行移动，避免图传延迟卡顿造成撞塔。

专家点评

针对无人机巡检作业过程中应注意的一些流程及技巧，总结提炼出“五先五再”工作法，让无人机巡检作业人员正确掌握无人机巡检技术要领，提高巡检质量及飞行安全。

电网检修场景下自制无人机“五选”工作法

工作法简介

何涛针对一些电网检修作业需要大载重、多用途无人机的工作情景，结合自身多年航模及无人机制作经验，总结提出自制无人机“五选”工作法，即按用途选机型、按载重选动力、按续航选电池、按需求选飞控、按距离选通信，理清大载重等特殊用途无人机的自制思路。

工作法背景

在一些无人机辅助检修应用场景中，常需要大载重、多用途无人机，而市面上大多数商品无人机主要用于拍摄照片视频，仅能挂载重量较轻的云台相机，不能满足载重等需求，这时候就需要根据应用场景制作无人机。但没有大量制作经验的积累，很难一次成功制作出满足作业需求的无人机，因此何涛根据经验总结出“五选”工作法，对没有自制经验的人员在设备选型、制作顺序上给予指导。

工作法应用

1.按用途选机型

根据作业需求确定多旋翼无人机的机型。要追求安全性选择平铺六轴或者八轴布局，在单轴失效的情况下仍能保持姿态；要追求长续航选择平铺四轴布局，减小电机损耗，增加续航时长；要兼顾小体积大载重则选择共轴双桨布局，减小体积的同时提升负载能力。

不同旋翼数量的无人机

2.按载重选动力

确定机型后可得出相应的电机数量和调速器数量，即可根据负载重量、机架重量、电子设备重量等估算出无人机的起飞重量；再将起飞重量平均分配至每个电机，得出单个电机需要的拉力；最后根据电机厂家提供的效率参数选择力效最高的动力搭配组合，随即确定电机型号、螺旋桨尺寸和调速器功率。

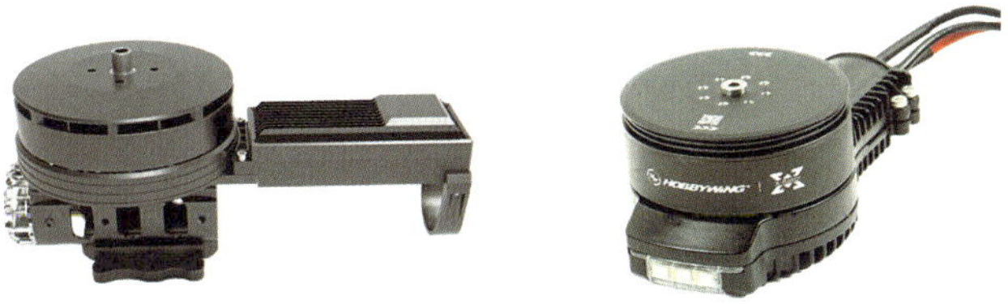

转速和拉力不同的电机

3.按续航选电池

动力系统确定后，根据推重比为 1 时的无人机悬停电流、电池电压计算出无人机悬停所需功率，再乘以续航时长得出所需电池组的容量。同时根据电动多旋翼无人机经验公式，即当电池重量接近无人机整体起飞重量的二分之一时，无人机的整体续航时间最长，以此最终确定无人机的电池型号。

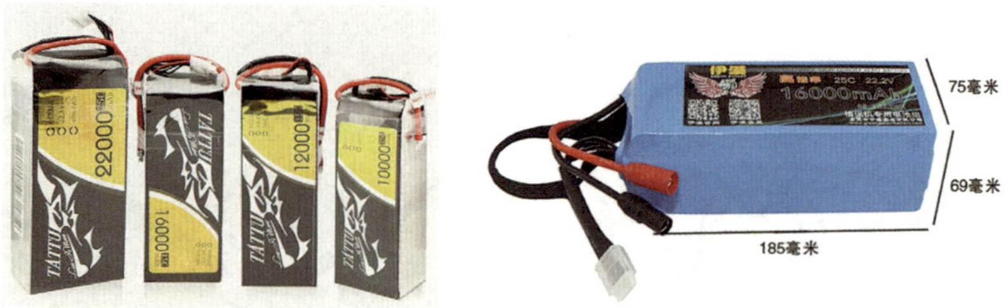

不同容量和电压的电池

4.按需求选飞控

飞控的选择主要根据无人机作业需求确定，追求稳定性好、设置简便优先选择商品飞控；追求拓展性强、成本低则优先选择开源飞控；若需要执行自主精细化巡检则应选择能搭载 RTK（实时动态）高精度定位模块的飞控型号。

5.按距离选通信

遥控、图传、数传等通信设备的选择主要根据对无人机遥控通道数量、飞行距离、图像传输距离和传输码率的需求来确定，追求高画质选择数字传输设备，追求低延时则选择模拟传输设备。发射功率则应满足使用需求的同时不超过当地无线电管理规定的限制。

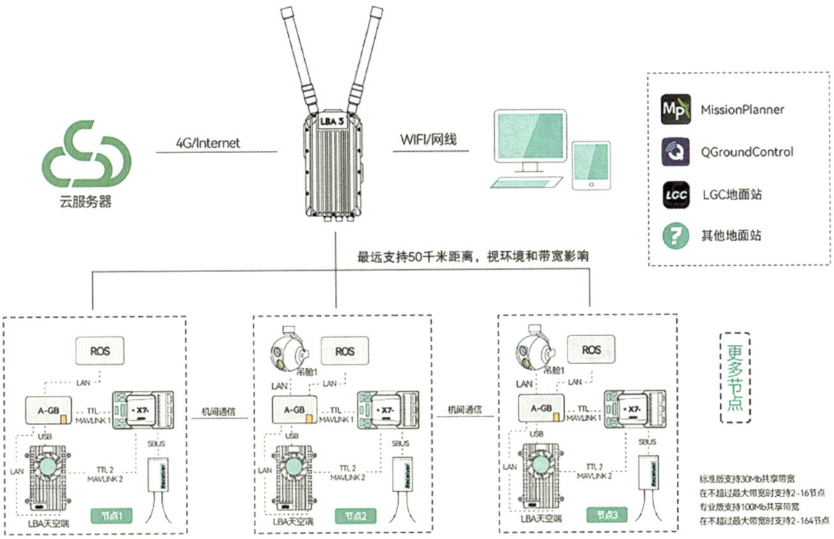

无人机通信示意

专家点评

在一些需要自制无人机用于大载重等特殊用途情况下，“五选”工作法条理清晰地总结出自制多旋翼无人机的五大步骤，在设备选型、制作顺序上给予指导。

赵明明

ZHAO MINGMING

> 干工作就要像铁人那样，干就要干好，就要干出名堂。

赵明明，中共党员，国网信息通信产业集团有限公司思极网安科技（北京）有限公司 CNAS 实验室技术负责人，从事网络安全漏洞挖掘工作 10 余年，主持研发的国家电网有限公司信息安全攻防仿真平台和 AI 智能黑客机器人攻克了能源互联网智能终端网络与信息安全病毒免疫技术，发现重大安全隐患 8 项、国际安全漏洞（CVE）5 项，提交 10 个漏洞到国家漏洞库。2021 年荣获国网工匠称号。

基于电网企业进行多元异构网络攻击追踪溯源四步工作法

工作法简介

赵明明针对网络攻击发现线索困难、处置周期长和反制目标模糊的特征，创新提出多元异构网络攻击追踪溯源四步工作法，通过流量、系统特性和病毒特性等技术手段，从复杂的告警信息中快速筛选出有用信息进行攻击溯源，可以极大地提高电网企业网络安全攻击溯源的准确性、实时性，保障公司业务稳定运行。

工作法背景

当今国际局势风云变幻，部分具有国家背景的攻击组织频频发起高级持续威胁攻击，针对国家关键基础设施、关系国计民生的重要行业、党政机关机密部门，通过向目标计算机系统投放特种病毒，窃取国家机密信息和重要企业的商业信息，破坏基础设施。此类网络攻击发现线索困难、处置周期长、反制目标模糊是公司业务稳定运行的潜在风险。

工作法应用

1.收情报：集合线索

在总结威胁指标类型及其攻防对抗价值的基础上，建立了威胁情报价值金字塔模型，利用该模型揭示防御者追踪溯源到不同的威胁指标并构建在线威胁情报平台，提供查询和分析服务，查看安全预警公告、漏洞公告、威胁通知等，帮助追踪溯源网络攻击。

2.追路径：精准分析

用户使用客户端（通常是指浏览器）访问 Web 网站时，Web 服务器通过一系列手段对用户客户端进行标记和识别，进而关联和分析用户行为。Web 客户端追踪技术在网络攻击溯源中不仅是发现攻击者探测社工信息的重要平台，还是投递攻击载荷的重要通道。浏览器指纹在溯源方面的一个重要应用场景便是跨网站追踪：攻击者同时拥有一个已公开的身份和一个未公开的身份，虽然两个身份访问了不同的网站，但可以提取到相同的浏览器指纹，这就可以通过指纹关联来溯源攻击者的真实身份。

3.做关联：综合研判

利用大数据技术对收集大量的异构数据进行清洗，提炼出有价值的攻击痕迹，再通过数据分析和模型关联将这些信息串联起来形成攻击路径，通过攻击路径的反溯找到攻击入口、还原攻击过程。结合攻击溯源技术和大数据技术，设计出了一个基于大数据技术的多层溯源框架，该框架的基础层为数据集层、中间层为数据清洗分析层、顶层为全景关联溯源层。基础层采集攻击溯源所需的，不同来源的数据集。通过数据清洗分析层实现数据分类、归并、标签化处理，根据用途逐层分类、提炼分析，为全景关联溯源层的多维度关联分析提供依据。

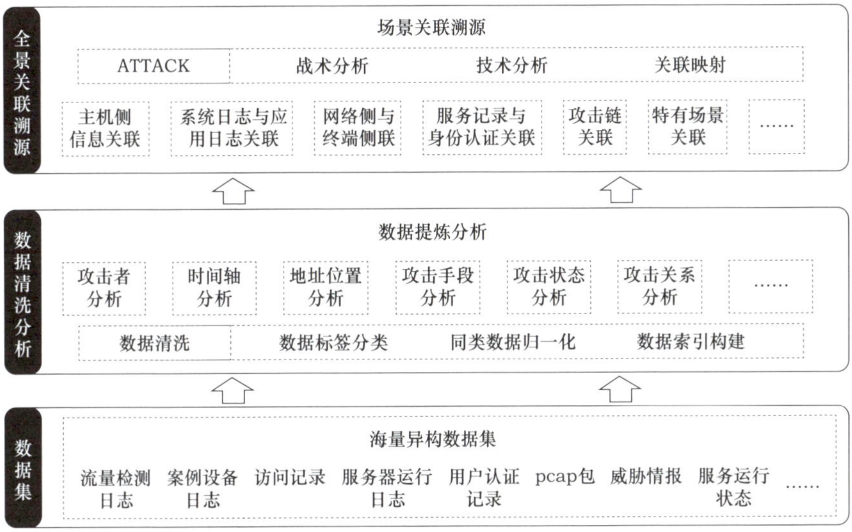

关联分析图

4.绘画像：快速反制

对攻击手法画像，分析攻击者的轨迹信息，即通过分析历史上被监测到产生过多次恶意行为的攻击，提炼出攻击的特征，包括：

（1）攻击的时间段特征：比如凌晨、中午、晚上等。

（2）攻击的目标特征：比如攻击的目标设定为政府网站、银行、企业、学校等；攻击系统如 Windows、Linux；攻击服务如喜欢针对某一类软件等。

（3）攻击手法特征：频率较高地出现远程溢出、SQL 注入、XSS、暴力破解字典组合；常用的攻击路径；常用的账号名等。

（4）内网渗透：一般指已经获得 Web 服务器权限，通过远程登录

WEB 服务器为跳板进入内网，扫描内网 IP，进一步对内网发起攻击，获取内网服务器权限，安装木马、窃取数据等。内网渗透的过程一般不产生互联网流量，其产生的特征为木马反连产生的非法外联信息。

专家点评

攻击溯源是在应急状态下，对海量的“正常”数据进行深入分析，寻找攻击者遗留下的痕迹，并通过这部分痕迹回溯攻击者。在实际工作中，攻击溯源往往发生于保护对象已遭受不法侵害后，距离攻击行为实施的时间跨度较大。在攻击者有意清理下，数据中可供溯源的痕迹极少。加之保护对象众多、攻击行为繁复，溯源工作通常面对极大的困难和挑战。目前，攻击溯源的主要对象是 APT 等高级可持续威胁攻击。利用多元异构网络攻击追踪溯源工作法可以从复杂的告警信息中快速筛选出有用信息进行攻击溯源，极大地提高了溯源效率，进而较大地提升了网络安全应急处置工作的整体水平。

孙沛川

SUN PEICHUAN

以工匠之心，
筑电网防线。

孙沛川，中共党员，硕士研究生学历，国网天津市电力公司高压分公司二次检修中心副高级工程师、高级技师，国网天津公司高级专家。他自2008年参加工作起即扎根继电保护专业生产一线，全过程参与了天津智能电网的建设，主持了天津主网近三十座智能变电站的二次专业验收工作，保障了天津主网的安全稳定运行及高效运维检修，获评天津市劳动模范、国网工匠、国家电网有限公司杰出青年岗位能手等荣誉称号。

智能变电站继电保护模拟传动四步工作法

工作法简介

针对智能变电站保护装置动作逻辑验证对其他运行设备影响较大的问题，孙沛川总结提炼了一套安全高效的模拟传动工作法，通过“查配置”“搭环境”“捕报文”“验回路”四个步骤，对传统的继电保护回路传动工作进行数字化改进，在保证工作正确性的基础上，降低了对电网运行方式造成的影响。

工作法背景

在开展继电保护回路传动工作时，需相关联的一次设备配合停电或二次设备退保护配合传动，当无法配合时，一般可采用万用表测量电位变化或回路通断的方式进行验证。但在智能变电站中，继电保护设备外回路变为光纤传输的虚回路，传统的工作方法不再适用。因此，在智能变电站的继电保护回路传动工作采取一种适用于数字回路的传动方法，能有效提高现场工作效率，降低作业风险。

工作法应用

工作法普遍适用于智能变电站继电保护设备传动工作，由以下步骤组成：

1.熟悉网络结构及保护虚回路

提前熟悉待传动保护装置的过程层网络及虚回路连接，梳理装置的SV采样回路、GOOSE跳合闸回路、GOOSE联闭锁回路的光纤连接方式与现场标示及光纤接口分配信息应一致，检查SCD配置文件中待传动保护装置的虚回路正确性，核对待传动保护装置配置与SCD配置文件应一致，为制定二次安全措施及传动方案做好准备。

2.执行安全措施并搭建传动试验环境

根据待传动保护装置的网络连接情况，使用检修状态压板或断开相关光纤回路的方式执行二次安全措施，保证与运行设备的完整隔离。利用变电站内的网络分析仪或数字试验仪作为保护动作逻辑的数据分析工具，确定待验证的开出信息通过光纤直连或设置调试用交换机的方式与待传动保护装置进行连接。

3.开展传动工作

确认安全措施执行到位后，使用继电保护试验仪为待传动保护装置进行整组试验，在保护装置动作后，利用网络分析仪或数字试验仪捕获保护装置发出的GOOSE动作报文，为数据分析做好准备。

4.数据分析及验证

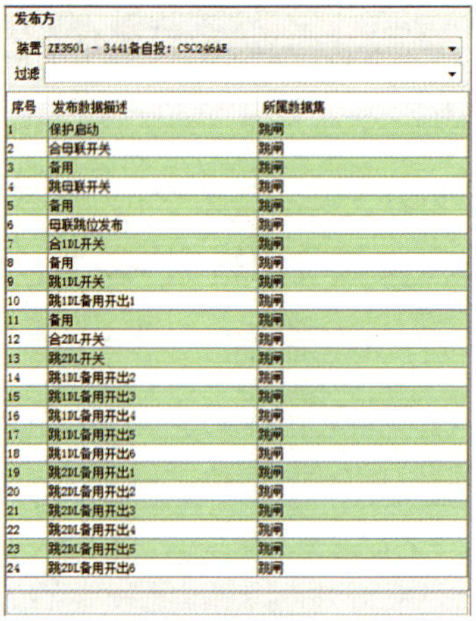

发布方

装置 ZE3501 - 3441备自投：CSC246AE

过滤

序号	发布数据描述	所属数据集
1	保护启动	跳闸
2	合母联开关	跳闸
3	备用	跳闸
4	跳母联开关	跳闸
5	备用	跳闸
6	母联跳位发布	跳闸
7	合1DL开关	跳闸
8	备用	跳闸
9	跳1DL开关	跳闸
10	跳1DL备用开出1	跳闸
11	备用	跳闸
12	合2DL开关	跳闸
13	跳2DL开关	跳闸
14	跳1DL备用开出2	跳闸
15	跳1DL备用开出3	跳闸
16	跳1DL备用开出4	跳闸
17	跳1DL备用开出5	跳闸
18	跳1DL备用开出6	跳闸
19	跳2DL备用开出1	跳闸
20	跳2DL备用开出2	跳闸
21	跳2DL备用开出3	跳闸
22	跳2DL备用开出4	跳闸
23	跳2DL备用开出5	跳闸
24	跳2DL备用开出6	跳闸

确认数据位

通过 SCD 配置文件确认需要验证的保护装置 GOOSE 发布中对应的数据位，以备自投装置为例，需要验证的数据位是跳 1DL 开关（第 9 点）、跳 2DL 开关（第 13 点）、合母联开关（第 2 点）。

在捕获保护装置动作报文后，查看对应的点位数据是否发生变化，以及各个报文之间的时间间隔是否正确。如点位示例 1 所示，帧报文数据区第 9 点位标示为 True，同时对应的二进制数为 01，表示备自投装置在发送出的 GOOSE 报文中将跳 1DL 开关置位为 1，即是发出跳 1DL 开关的报文。

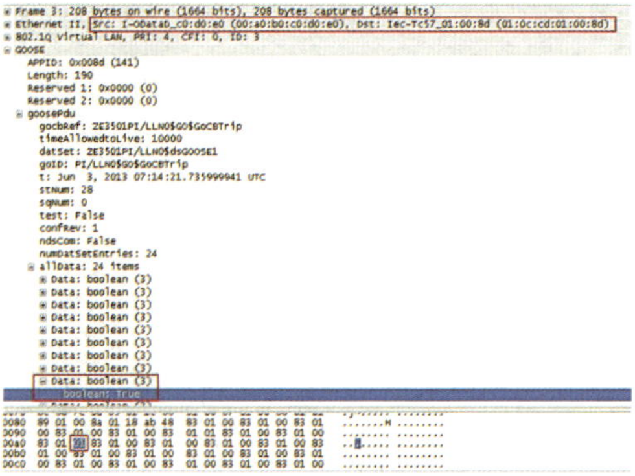

点位示例1

点位示例 2 所示，第 2 点位标示为 True，同时对应的二进制数为 01，表示备自投装置在发送出的 GOOSE 报文中将合母联开关置位为 1，即是发出合母联开关的报文。根据两个数据包的先后顺序及时间间隔可以看出备自投动作先跳开 1DL，0.2 秒后合上母联，动作逻辑正确。同时将获取的数据包与在设备调试验收阶段（调试阶段备自投装置动作实际跳开开关）时保存的动作报文相比较，除时间外的其他参数相同，进一步证明备自投装置功能完备。

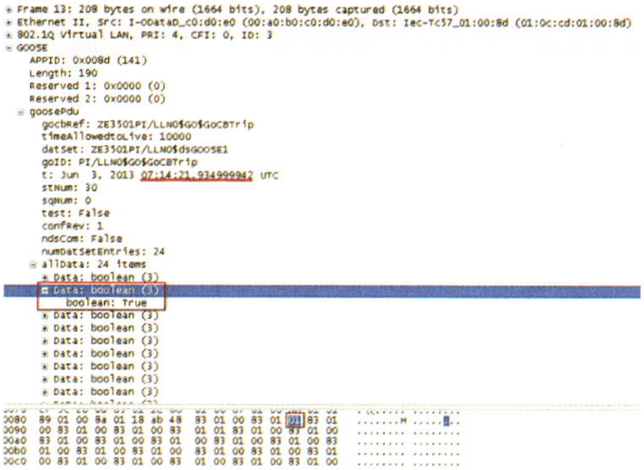

点位示例2

完成以上工作后，即在一次设备不能配合停电的情况下完成了对保护装置动作逻辑及回路的验证工作。

专家点评

在开展智能变电站保护装置传动工作时，若一次设备无法配合停电或二次设备无法退保护配合传动，使用本工作法，可以通过报文分析的手段开展动作逻辑及回路验证，确保被检修设备和运行设备有效隔离并验证保护装置动作正确性，具有较强的实用性和指导性，能大大提高工作效率，保障作业人员人身安全。

电网基建及改扩建工程二次专业标准化验收工作法

工作法简介

针对电网基建及改扩建工程中二次专业验收的存在问题及工作特点，孙沛川总结提炼出一套高质、高效、易用的二次专业标准化验收工作方法，通过“顶层设计”“最优规划”“编制清单”“安全接入”“深度复盘”五个环节，对二次验收业务全流程环节进行优化改进，统一标准，从源头上提升继电保护设备的运行可靠性，提升电网安全稳定运行水平。

工作法背景

作为电网“三道防线”重要一环的继电保护装置，其正确动作率的高低很大程度上取决于设计、安装、调试和运行维护等各方面工作的质量。其中基建及改扩建工程作为二次设备全寿命周期的起始，其工作的质量将直接决定继电保护设备的运行状况、缺陷情况、动作行为，进而影响电网安全稳定运行水平。在当前供电可靠性和电网稳定性有极高要求的背景下，亟须采取一套标准为先、质量为要的二次专业验收工作方法，从源头上提升继电保护设备的运行可靠性。

工作法应用

1.顶层设计：提升标准化程度

分类汇总专业标准、规范、反措要求等，统一明确现有要求中未明确规定的技术细节，将上次验收中发现的问题提炼为技术要求，逐步细化工程前期的标准要求，并增加对设计人员的技术交底环节，提高设计人员出图的准确性，同时提高图纸等资料的审核质量。

2.最优规划：提高入网安全

编写改扩建工程中各种方案的典型模板，确保改扩建工程的停电范围、停电时长、各阶段工序等达到最优，从源头上确保新设备接入电网的安全、高质和高效。

3.编制清单：消除验收死角

编制详细的验收项目清单，涵盖资料明细、施工工艺、鉴定标准、标准化验收项目等内容，用于指导各环节的现场作业，确保设备验收无死角、无盲点。

4.安全接入：保证工程质量

新设备接入分为准备工作、接入作业、主站传动、投前收尾、投产送电五部分，总结提炼各环节的工作要点，重点明确了新设备接入电网各项相关工作的技术标准和相关要求，确保基建改扩建工程安全第一，质量至上。

5.深度复盘：及时反馈提升

投后工作分资料整理归档、复盘评估两部分。提出投运后的复盘总结分析相关要求，对新设备进行针对性分析，总结出设备、回路、配置等与其他工程不一致的特点，制定针对性策略，指导后期设备运维。

专家点评

随着电网的跨越式发展，基建及改扩建工程任务日益繁重，亟须提升作业质量、降低作业风险，保障新设备接入电网的安全可靠。根据本文提出的工作法，将二次验收业务全流程分解为五大环节，作业人员可高质高效完成验收工作。本方法创新性地将双重预防机制嵌入到基建改扩建全过程，在验收过程中持续开展隐患排查治理和风险分级管控，实现基建工程新增设备的零缺陷零隐患投运，以及改扩建工程中设备风险和作业风险的先降后控。总体来说，该工作法实用性强，具有较好的推广应用效果，能够有效提升继电保护设备及回路的标准化程度，显著提高验收工作质效，进而提升二次设备全寿命周期健康状况。

王伟

WANG WEI

失意时立得意之志，苦中寻乐，方无失意之悲；得意时不忘失意之痛，乐中怀忧，方无失意之患。

王伟，中共党员，国网冀北电力有限公司唐山供电公司二次检修中心副主任，高级工程师，高级技师，他扎根二次检修一线20年，掌握了过硬的设备“诊断”本领和丰富的科研攻关经验，牵头研发电力生产管理AI辅助系统和智能巡检等系统，推动二次检修工作流程更加智能化、自动化。获评全国电力行业技术能手、河北省突出贡献技师、河北省十大金牌工人、河北省五一劳动奖章、国网工匠、国家电网有限公司劳动模范、国家电网有限公司生产技能专家等荣誉称号。

智能变电站断链告警快速故障定位四步工作法

工作法简介

针对智能变电站二次回路设备板卡级插件、光口异常缺陷难以准确判断和定位等问题，王伟在检修工作中总结提炼出一套智能站断链告警快速故障定位四步工作法，即“告警溯源”“回路剖析”“光功检测”“报文分析”，可快速准确判断智能变电站二次回路故障点，提高智能站断链缺陷处理效率。

工作法背景

随着智能电网的发展，国内智能变电站大量投运，智能变电站实现了全站信息数字化、通信平台网络化、信息共享标准化，自动完成信息采集、测量、控制、保护、计量及监测等功能，其中二次设备作对电力系统内对一次设备进行监察、测量、控制、保护、调节的辅助设备，其安全可靠运行和精益运维检修至关重要。智能变电站大量采用数字化设备，二次回路演变为虚拟化的网络信号，传统的电缆传输模拟量演变为光纤传输数字量，装置间的联系主要依靠逻辑配置完成，二次设备及二次回路所构成的二次系统形成物理简化、逻辑复杂的结构。因此，传统变电站的二次回路故障查找方法已不适用，亟需一套适配于智能变电站的 GOOSE、SV 断链告警快速故障定位方法。

工作法应用

1.告警溯源：确认断链是否实发

依据 D5000 告警信号（远动）、现场监控后台光字牌告警情况追溯告警设备源头，检查告警设备本身指示灯及断链告警情况是否与 D5000、监控后台一致。若不一致，可能为误发告警，需检查监控后台、远动机、调控主站前置机信号关联情况。

2.回路剖析：缩小故障查找范围

根据发断链告警设备的类型以及对侧设备类型判断过程层是组网连接还是点对点连接，是否经过过程层交换机；依据对侧设备 GOOSE、SV 的其他接收方（本间隔保护、母差、测控、合并单元、智能终端、网分、录波等）是否发断链告警，确认是发送端问题还是接收端问题。若组网、点对点接收对侧设备 GOOSE、SV 信号的装置都报断链，则初步判断为对侧设备故障；若组网接收对侧设备 GOOSE、SV 信号的装置都报断链信号，则初步判断为对侧设备与过程层交换机通信故障；若只有点对点接收对侧设备 GOOSE、SV 信号的装置有断链告警，则需要光功率检测进一步判断。

3.光功检测：精确定位故障位置

采用光功率计逐点检查对侧设备发送出口处、对侧设备光配处、过程层交换机处、本侧断链告警设备光配处、本侧断链告警设备接收处的光功率（依据步骤 2 中缩小后的故障查找范围，只检测需要检查的部分），根据首次检测不到光功率的节点，精确定位故障位置（对侧设备板卡或光模块故障、跳纤故障、光纤配线架故障、过程层交换机电源或光口故障、发断链告警设备本身 GOOSE、SV 接收板卡故障）。若以上各部分测量得到的光功率均正常，则需要网络报文分析装置进一步分析判断。

4.报文分析：断链原因准确定性

在发断链告警设备接收端用手持网络报文分析仪抓包，判断接收 GOOSE、SV 报文的 APPID、MAC 地址、ASDU 数目、采样值数目、配置版本号及 DA 类型等配置是否与本装置一致。若一致则判断发断链告警设备本身故障，有可能是光模块故障、软件原因、CPU 板件故障、电源板件故障、通信板件故障、其他插件故障；若不一致，则判断为 SCD、CID、CCD 等配置文件错误或光纤连接错误。

用手持网络报文分析仪抓包分析断链原因

专家点评

二次设备断链故障是智能变电站的常见故障，包括 GOOSE 断链故障和 SV 断链故障，其后果可能影响“四遥”数据的转发，甚至影响继电保护设备正确动作。因此，快速定位断链故障点进行缺陷处理对电力系统的安全稳定运行至关重要。技术人员只要熟练掌握智能变电站断链告警快速故障定位“四步法”，便可快速准确判断智能变电站二次回路故障点，提高智能变电站断链缺陷处理效率。该工作法具有很强的实用性和专业指导性，可确认故障是否实发、缩小故障查找范围、精确定位故障位置，快速判断故障原因。

10千伏断路器越级跳闸故障排除五步工作法

工作法简介

针对近几年电网系统内多起10千伏断路器越级跳闸事件，王伟在继电保护校验工作中摸索出一套10千伏断路器越级跳闸故障排除法，包括“看信息”“查定值”“做测试”“细研判”“交叉查”五个步骤，能够快速准确找到导致开关越级跳闸故障的问题所在，避免专业间试验盲点，有效提高检修效率。

工作法背景

随着经济社会的发展，人们对配电网的可靠性要求越来越高，而近几年电网系统内发生过多起10千伏断路器越级跳闸事件，严重影响了供电可靠性和优质服务指标。10千伏断路器越级跳闸事件是指：10千伏断路器在运行中，线路保护范围内发生故障，保护动作跳闸，但由于断路器机构卡涩或者装配质量不良，没有在规定的时间范围内完全分闸，故障电流持续存在，达到了上级主变压器低压侧复压闭锁过流保护的动作时限，造成变压器保护动作跳开主变压器低压侧开关，导致故障线路所在的整段母线停电，使更多的用户停电。而目前没有一种方法能够检测出断路器的分闸时间，从而甄别出装配质量存在问题的断路器，不能提前预防越级跳闸事故，因此需要开创一种新的试验方法来解决上述问题。

工作法应用

1.看信息：判断是否越级跳闸

通过查看远动装置、监控后台的 SOE、COS 信号以及光字牌，确定动作的保护装置。若只有 10 千伏线路保护动作，则保护非越级动作；若同时有主变压器低压侧后备保护动作，则判断发生越级跳闸。

2.查定值：判断是否整定正确

若发生越级跳闸，首先核实主变压器保护定值、10 千伏线路保护定值是否与最新定值单一致；若一致，再核查两个保护的动作定值以及动作时间整定配合是否存在问题。

判断定值是否整定正确

3.做测试：检查整组动作情况

若定值整定无问题，再做 10 千伏线路保护的整组试验，开关在合位时，利用继电保护测试仪向保护装置中加入故障电流（大于速断定值），查看速断保护是否能正确动作出口，开关是否正常跳闸。

检查整组动作情况

4.细研判：分析整组试验盲区

常规整组试验方法只能对保护装置进行动作特性检验，而保护动作时无法对涉及的开关传动部分、弹簧力矩、限位部件等进行精细测试，无法精确测量保护分闸命令发出后开关触头实际断开时间。

5.交叉查：确定越级跳闸原因

应用合于速断故障模拟试验法：由试验仪器发出的速断电流经过开关的一相主触头控制后进入微机保护装置，另一相主触头接电秒表以测量开关主触头接通时间，开关原始状态为分位，试验仪器调整好速断电流后处于工作状态，当手动合上开关的同时，速断电流随即进入保护装置，模拟手合（重合）于速断保护范围内的短路故障，观察发现保护动作正确，跳闸线圈立即吸合动作，但部分开关主触头没有即刻彻底分开，需待跳闸线圈吸合一段时间（储能2.5秒左右，扇形板转动过挡住机构的角度）后，开关主触头才彻底分开。

由交叉查试验可以确定：当手合（重合）于速断保护范围内的短路故障，保护装置虽然已经正确动作，但是由于开关机构原因致使主触头没有及时断开，导致故障电流没有被切断，致使主变压器低后备保护动作，造成越级。

确定越级跳闸原因

专家点评

10 千伏断路器越级跳闸故障排除法采用合于速断故障模拟试验检测方法对开关进行模拟合于速断的方法进行检验，对涉及的开关传动部分、弹簧力矩、限位部件等进行测试，该试验方法操作简单但行之有效，能够快速准确地找到导致开关越级跳闸故障的问题所在，避免了专业之间的试验盲点，有效地提高了工作效率。

刘小元

LIU XIAOYUAN

有责任有担当，
人身才会闪光。

刘小元，中共党员，高级工程师、高级技师，国网山西省电力公司生产技能类高级专家，国网临汾供电公司城区供电中心带电作业班班长。他扎根高压线路带电检修生产一线15年，牵头研发“跌落开关快速短接装置”，填补了国内变压器在不停电的情况下对跌落开关保险丝进行检查更换的技术空白，获评全国五一劳动奖章、山西省特级劳动模范、国网工匠、出彩国网人等荣誉称号。

绝缘杆泄漏电流实时检测报警工作法

工作法简介

针对绝缘杆泄漏电流问题，刘小元在长期的带电作业中，根据自身实际工作经验总结并设计了一种实用高效的泄漏电流实时监测报警工作办法，主要包括“接触头”“看显示”“听示警”“放停止”四个步骤。使用非接触式传感器将泄漏电压信号进行采集，电压信号经放大后转换为电流信号并将数据保存至控制器达到实时监控的效果，对常用的电阻式、电磁式等电流检测办法的使用进行了优化和改进，使得绝缘杆在带电检修中可以实时观测到杆体绝缘状况，准确便捷地对泄漏电流进行检测，提高作业效率及安全性问题。

工作法背景

绝缘杆是带电作业具体作业方法中，间接作业法的基本工器具，作业人员手拿绝缘杆一端，通过绝缘杆另一端配套安装的金属夹具完成特定的作业项目。作业人员在作业过程中由于天气原因或脏污黏附在绝缘杆表面，导致绝缘杆绝缘

传统绝缘杆作业法使用情况

失效，泄漏电流超标时，可能对操作人员人身安全以及设备安全造成非常严重的后果。因此开展泄漏电流实时检测报警对人员安全、作业效率等方面具有重要意义。

工作法应用

1.接触头：感应泄漏电流

绝缘操作杆操作头与杆体之间连接检测报警装置，内置采样电阻。带电作业时，作业人员手持绝缘部分，操作头与带电体接触，采样电阻采集电压信号。

绝缘杆成品

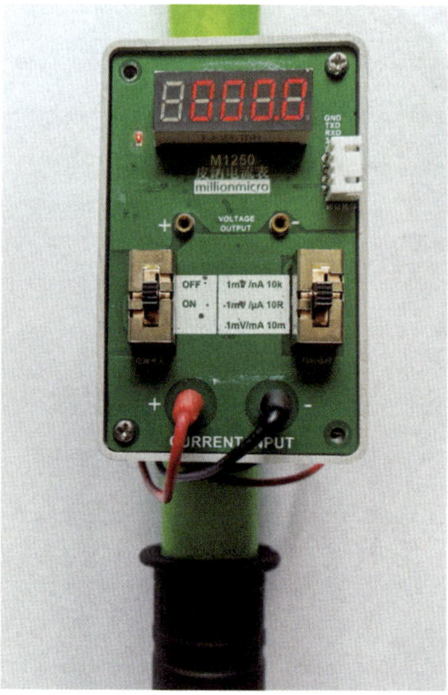

电流实时检测报警

2.看显示：检测信号经模数转换后显示

采集到的微弱电压信号经仪表放大器、变送器等转换为数字信号保存至控制器显示，供带电作业人员实时监测，可以判断此时流经绝缘杆泄漏电流的大小及绝缘杆与操作头连接部分的绝缘情况。

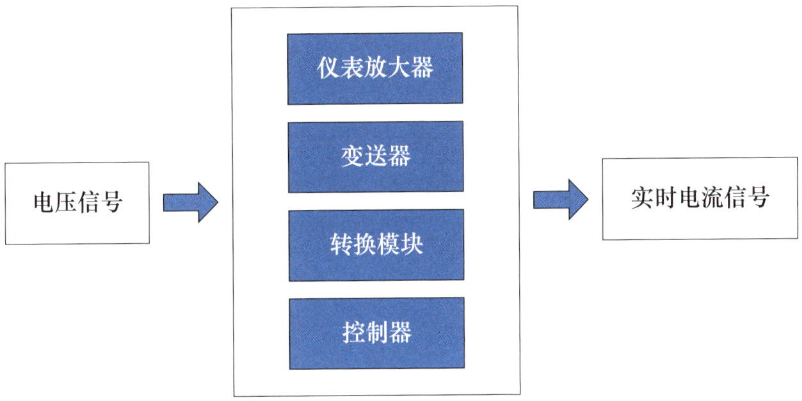

检测信号经模数转换示意

3.听示警：超标报警

设定泄漏电流安全阈值，绝缘杆表面泄漏电流超过安全阈值时，内部电阻、电容与另外的与非门组成的可控振荡器被触发起振，输出矩形波，蜂鸣器、氖光泡断续导通发光、发声给予作业人员示警。

4.放停止：放下绝缘杆、停止作业

泄漏电流超标报警后，根据实际作业情况应立即放下绝缘操作杆并停止作业，对作业设备的绝缘程度和电力系统开展检修，预防危险事故发生。

专家点评

使用绝缘操作杆开展带电作业是危险度很高的一个环节，对作业人员的绝缘设备、绝缘程度和技术水平要求较高。作业人员只需熟练掌握绝缘杆泄漏电流实时检测报警工作法，便可准确检测到流经绝缘杆体的泄漏电流大小并继续安全带电作业，另外当泄漏电流值超过安全阈值发出报警信号，减少带电作业给作业人员的危险。通过“接触头”“看显示”“听示警”“放停止”四个步骤逐层次实现泄漏电流感应、实时监测、超标预警及安全预防。总的来说，该工作法具有较高的便携性与实用性，可大大提高带电检修的安全可靠性，有效提高作业效率。

快速更换跌落开关熔丝五步工作法

工作法简介

针对需要在设备不停电的情况下对跌落开关熔丝进行检查、更换的难题，刘小元在长期带电作业工作中，参考旁路分流作业方法的原理，研制了跌落开关快速短接装置，可在设备不停电的情况下开展操作。

工作法背景

跌落开关，是一种短路保护开关。它具有经济、操作方便、适应户外环境性强等特点，被广泛应用于 10 千伏配电线路和配电变压器一侧作为保护和进行设备投、切操作之用。开关内部的熔丝为保护器件，是一种安全元件，它的质量关系到设备的运行状态，运行中需定期进行检查或更换。以往更换操作前需要将设备停电后才可作业，影响了设备正常运行，因此，需研制一套行之有效的作业工具，可以满足设备不停电便可作业的要求。

工作法应用

步骤一：作业人员首先使用绝缘锁杆锁住跌落开关快速短接装置的下固定装置，将其安装在绝缘锁杆上。

锁住跌落开关快速短接装置的下固定装置

步骤二：手持绝缘锁杆再将跌落开关快速短接装置的上连接环连接在跌落开关的上触头，再将下连接环连接在开关的下触头。

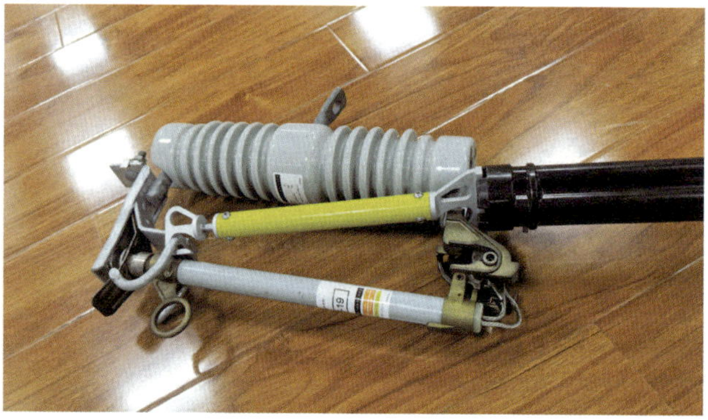

将跌落开关快速短接装置安装在跌落开关上

步骤三：跌落开关快速短接装置与跌落开关可靠连接后，该装置便起到了与跌落开关并列运行的作用，将跌落开关中的电流旁路分流继续向变压器供电。

步骤四：使用绝缘拉闸杆将跌落熔断管从设备上拉开并从设备上取

下，进行检查或更换熔丝，此时，将由跌落开关快速短接装置代替熔丝继续工作向设备供电。

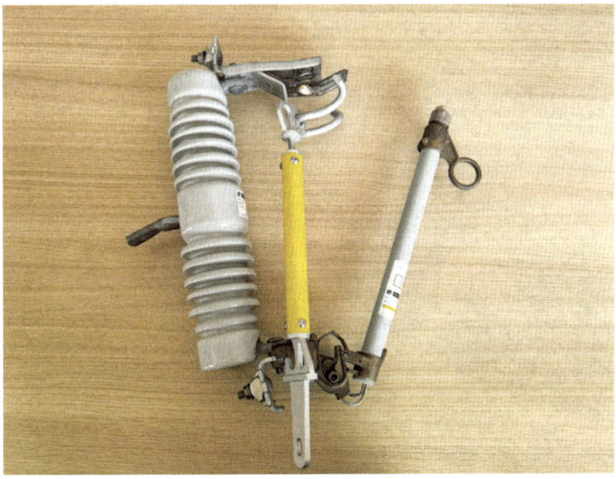

拉开跌落熔断管

步骤五：检查更换结束后，先使用绝缘拉闸杆将熔断管重新安装在设备上，恢复设备正常运行状态，再使用绝缘锁杆锁住快速短接装置的下连接环，将其从设备上脱离取下，便可高效完成更换熔丝的作业方法。

专家点评

跌落开关内部的熔丝为保护器件，是一种安全元件，它的质量关系到设备的运行状态，运行中需定期进行检查或更换，利用跌落开关快速短接装置便可进行操作，总体来说，该工作法实用性强，具有很强的专业指导性，填补了国内能在设备不停电的情况下就可作业的技术空白。

吴家华

WU JIAHUA

坚守匠心，需要执着，
需要倔强，更需要传递。

吴家华，中共党员，国网上海市电力公司奉贤供电公司副总经理，自 1994 年入职以来，他长期奋战在生产一线，“以人为本，重在现场”是他一直遵循的工作原则，他牵头研发的“基于有限环技术的变电站局部放电在线监测及定位系统”，实现了对多个电力设备的同步局放监测与局放源的精确定位。获评上海市五一劳动奖章、上海工匠、中央企业劳动模范、国家电网有限公司劳动模范、国网工匠等荣誉称号。

二次安措四步工作法

工作法简介

针对在运行变电站改造过程中二次回路常常要预先做安全措施的工作场景，吴家华结合继保专业工作实践总结出二次安措四步工作法，主要包括“前期现场校核”“方案确定制表”“安措顺序执行”“检查记录总结”四个步骤，使得二次回路安措执行流程规范、危险注意点更加明确。

工作法背景

在运行变电站改造过程中，由于二次回路往往涉及运行设备与停电改造设备间的联系，所以二次回路要预先做安全措施，确保改造回路与运行回路彻底隔离，才能安全地抽除二次电缆，拆除相应的二次设备。由于往往牵涉二次公共回路和自动装置等重要运行设备，稍不留意就会酿成运行设备误动或保护失电等严重情况，影响改造进程。由此吴家华通过多年的继保工作经验总结出二次安措四步工作法，旨在二次回路安措执行流程规范、明确危险注意点。

工作法应用

1.前期现场校核

前期带好施工前和施工二次图纸等资料到现场，一是核对图纸的

前期带图纸到现场校核

准确性，尤其是相关联络回路。二是对相关需要做安措的回路做好记录，要细致到几号端子排，特别注意差动回路、“和电流”回路、自切等自动装置等回路间有相关的回路，还要注意是否有一端子接两回线、二次小开关并用等细节。因为这阶段最费工夫，是整个工作的重点和基础。

2.方案确定制表

对前期现场探勘的情况进行整理，通过表格和备注等形式对要拆短的端子、拆除回路的端子排号、拉开的小开关等一一明确，所有涉及跳闸或启动运行保护的回路要做到彻底隔离，即拆除到电源端子排，不要以为取下压板就万事大吉；对有误碰、误拆有风险的部位要用醒目的颜色标注，纵差回路和压变回路要注意事先申请停用相关保护。这阶段是二次安措票和施工方案的重点，直接影响现场施工的安全。

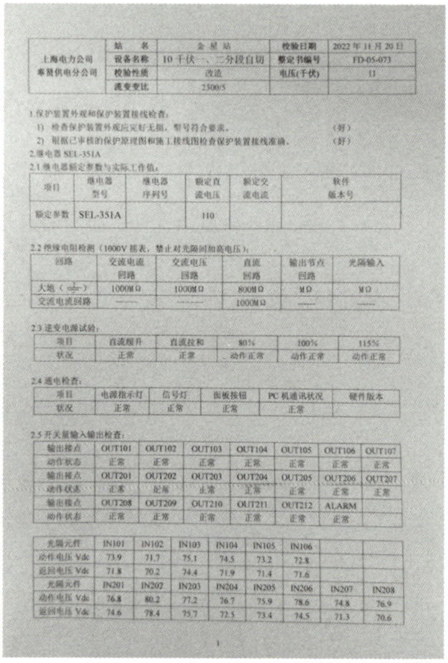

上海电力公司奉贤供电分公司	站　名	金星站	校验日期	2022年11月20日
	设备名称	10千伏一、二分段自切	整定书编号	FD-05-073
	校验性质	改造	电压(千伏)	11
	流变变比	2300/5		

1.保护装置外观和保护装置接线检查：

1）检查保护装置外观应完好无损，型号符合要求。（好）

2）根据已审核的保护原理图和施工接线图检查保护装置接线准确。（好）

2.继电器 SEL-351A

2.1 继电器额定参数与实际工作值：

项目	继电器型号	继电器序列号	额定直流电压	额定交流电流	软件版本号
额定参数	SEL-351A		110		

2.2 绝缘电阻检测（1000V 摇表，禁止对光隔间加高电压）：

回路	交流电流回路	交流电压回路	直流回路	输出节点回路	光隔输入
大地（⏚）	1000MΩ	1000MΩ	800MΩ	MΩ	MΩ
交流电流回路	——	——	1000MΩ	——	——

2.3 逆变电源试验：

项目	直流缓升	直流拉和	80%	100%	115%
状况	正常	正常	动作正常	动作正常	动作正常

2.4 通电检查：

项目	电源指示灯	信号灯	面板按钮	PC 机通讯状况	硬件版本
状况	正常	正常	正常	正常	

2.5 开关量输入输出检查：

输出接点	OUT101	OUT102	OUT103	OUT104	OUT105	OUT106	OUT107
动作状态	正常	正常	正常	正常	正常	正常	正常
输出接点	OUT201	OUT202	OUT203	OUT204	OUT205	OUT206	OUT207
动作状态	正常	正常	正常	正常	正常	正常	正常
输出接点	OUT208	OUT209	OUT210	OUT211	OUT212	ALARM	
动作状态	正常	正常	正常	正常	正常	正常	

光隔元件	IN101	IN102	IN103	IN104	IN105	IN106		
动作电压 Vdc	73.9	71.7	75.1	74.5	73.2	72.8		
返回电压 Vdc	71.8	70.2	74.4	71.9	71.4	71.6		
光隔元件	IN201	IN202	IN203	IN204	IN205	IN206	IN207	IN208
动作电压 Vdc	76.8	80.2	77.2	76.7	75.9	78.6	74.8	76.9
返回电压 Vdc	74.6	78.4	75.7	72.5	73.4	74.5	71.3	70.6

1

现场校核表

3.安措顺序执行

按安措顺序执行

这阶段是强调按方案顺序一步步执行，要求至少两人，采用“唱票”的形式一人按方案执行，一人监护确认。执行中要注意先直流后交流，防止误碰等情况下保护误动；拆除回路时要先用万用表确认；线拆除后将接线裸露部位剪除后用胶带包住，注意保留接线原编号套管以防万一；需要临时跳线必须用专用短接端子，临时做的短接线必须做好防误碰措施；必须时采用绝缘部包扎的形式防止误碰；差动回路以及“和电流”流变回路要理清“先拆后短”还是“先短后拆”。这阶段要求十分细致，相互配合默契。

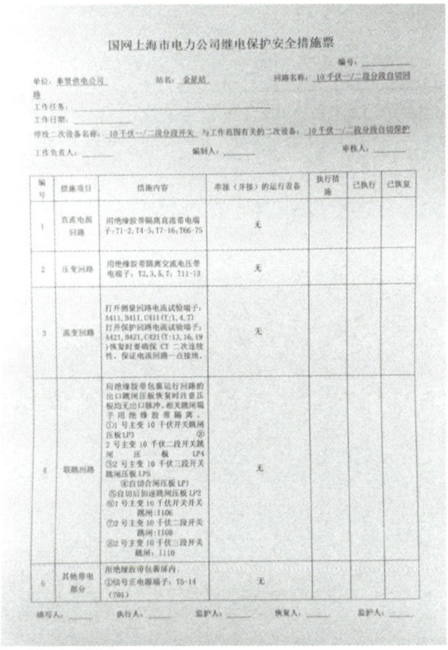

国网上海市电力公司继电保护安全措施票

编号：

单位：奉贤供电公司　　站名：金星站　　回路名称：10千伏一/二段分段自切回路

工作任务：

工作日期：

停役二次设备名称：10千伏一/二段分段开关　与工作范围有关的二次设备：10千伏一/二段分段自切保护

工作负责人：　　编制人：　　审核人：

编号	措施项目	措施内容	串接（并接）的运行设备	执行措施	已执行	已恢复
1	直流电源回路	用绝缘胶带隔离直流带电端子：T1-2，T4-5，T7-16，T66-75	无			
2	压变回路	用绝缘胶带隔离交流电压带电端子：T2，3，5，7；T11-13	无			
3	流变回路	打开测量回路电流试验端子：A411，B411，C411（T:1，4，7）打开保护回路电流试验端子：A421，B421，C421（T:13，16，19）恢复时要确保CT二次连续性，保证电流回路一点接地。	无			
4	联跳回路	用绝缘胶带包裹运行回路的出口跳闸压板恢复时注意压板均无出口脉冲，相关跳闸端子用绝缘胶带隔离，①1号主变10千伏开关跳闸压板LP3 ②2号主变10千伏二段开关跳闸压板LP4 ③2号主变10千伏三段开关跳闸压板LP5 ④自切合闸压板LP1 ⑤自切后加速跳闸压板LP2 ⑥1号主变10千伏开关开关跳闸：1106 ⑦2号主变10千伏二段开关跳闸：110B ⑧2号主变10千伏三段开关跳闸：110	无			
6	其他带电部分	用绝缘胶带包裹屏内：①信号正电源端子：T5-14（701）	无			

填写人：　　执行人：　　监护人：　　恢复人：　　监护人：

总结记录表

4.检查记录总结

最后，检查总结很重要。检查是否有异常，记录是否完整是否有偏差，尤其是总结方案是否有需要改进或不妥的地方，为今后的工作积累经验。

专家点评

继电保护工作需要细致和耐心的工作态度，尤其老站保护改造二次回路做安措具有很大的安全风险和难度，需要一定的经验和水准，“二次安措四步法”很好地总结了这项工作难度和作业步骤，特别是细节方面交代比较清晰，值得推广借鉴。

吴维国

WU WEIGUO

保障运行不惜一脚，
守护光明不停一秒。

吴维国，中共党员，安徽送变电公司带电班班长、高级工程师/高级技师。1998年参加工作，一直致力于特/超高压输电线路带电作业工作。他先后参与特/超高压输电线路停电检修1000余条次，带电处置各类危急缺陷百余次，完成多项世界首次带电作业，全力服务电力供应保障大局、服务国计民生发展，有力保障了大电网的安全稳定运行。获评江淮工匠标兵、安徽省五一劳动奖章、国家电网有限公司优秀共产党员、国网工匠等荣誉称号。

应用多维感知智能穿戴设备进行特/超高压输电线路带电作业工作法

工作法简介

针对特/超高压输电线路带电作业中存在人员状态感知难、安全距离监控难、作业过程沟通难等问题，吴维国创新研制作业屏蔽服等智能穿戴设备，实现了带电作业智测、智感、智控，做到作业时安全智能预警及时、人员状态记录准确、工作指令传达迅速，全面提升带电作业安全防护水平，保障大电网安全稳定运行。

工作法背景

近年来，特/超高压线路体量快速增长，带电作业次数也随之增多。但相对停电检修，带电作业安全更为突出、技术更为密集、操作更为复杂，目前，带电作业人员受制于作业高度和电场噪音干扰等因素，与监护人员沟通困难、反馈迟滞；专业人才培养难，带电作业技能要求严、培养周期长，造成带电作业精尖人才匮乏，难以满足特/超高压线路带电作业需求。因此，采取一套行之有效的作业法可有效杜绝作业风险，全面提升带电作业安全防护水平。

工作法应用

1.状态感知：身心状况动态记录

“多维感知”智能穿戴作业屏蔽服腕部配备体征监测模块，实时获取作业人员体温、脉搏、血压等重要指标，及时对不良体征状态的人员进行提示。

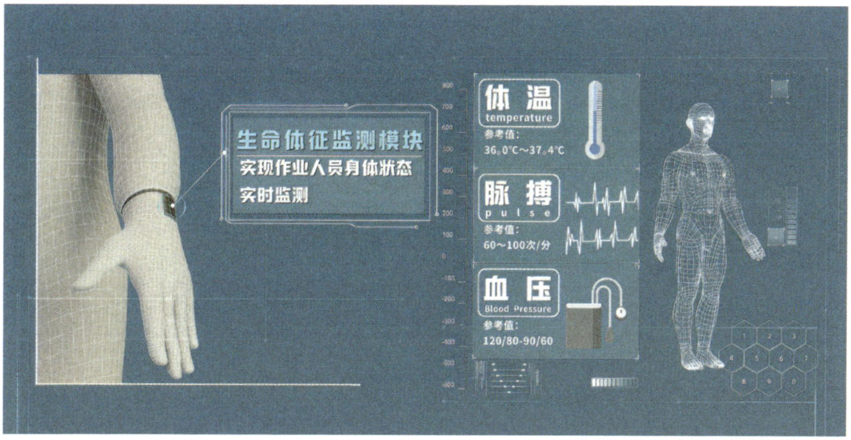

利用体征监测进行身心状况动态记录

2.精准测算：安全距离实时监控

依托无人机激光扫描技术，建立线路三维点云模型，获取杆塔高精度坐标点；利用北斗差分定位技术，在“多维感知”智能穿戴作业屏蔽服典型作业位置配备 RTK 模块，还原人体在三维点云杆塔中的坐标位置，捕捉人员活动姿态、测算安全距离，根据设定的安全阈值，主动对安全距离不足进行声光预警。

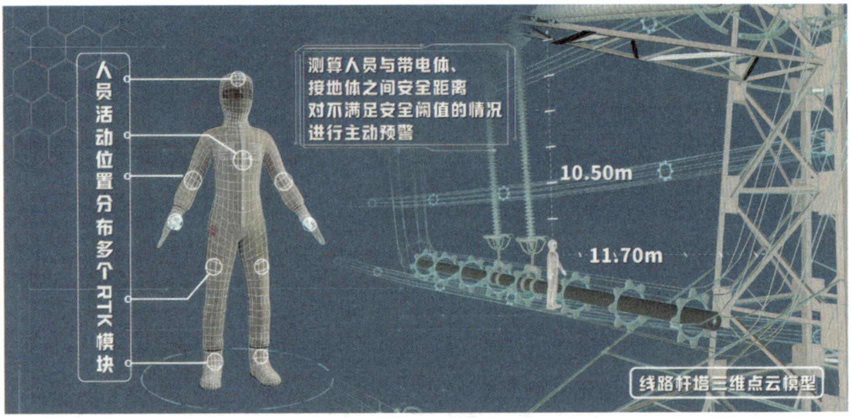

"多维感知"智能穿戴作业屏蔽服加入北斗定位模块
进行安全距离实时监控

3.全程监管：工作指令迅速传达

"多维感知"智能穿戴作业屏蔽服面罩部分集成了视频监控和即时通信模块，地面监护人员可以通过远程指导带电作业动作行为、作业流程，辅助人员快速处置突发状况或者疑难问题，实现统一指挥、决策部署。

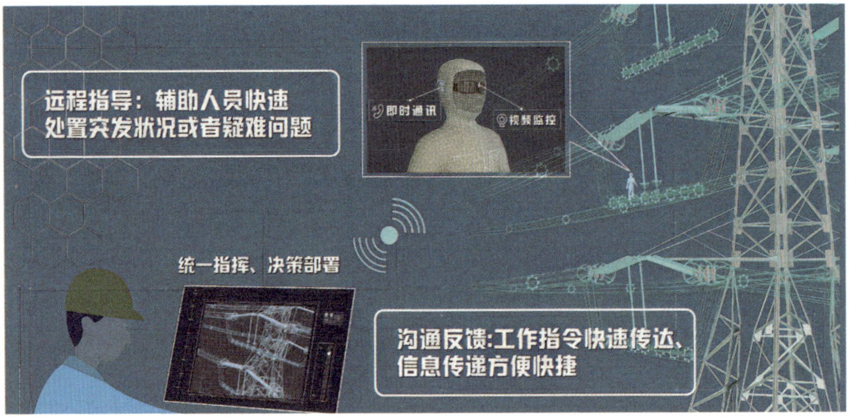

作业过程全程监管，指令实时传达

4.数据延伸：提升专业人才储备

依托前端感知数据，为复盘作业流程、分析作业短板、优化作业方案提供支撑；同时，获取的影像资料可以为人员建立更清晰、全面的认识，克服心理障碍、消除思想恐惧，稳步提升作业技能，锻造带电作业精尖人才队伍。

专家点评

特 / 超高压输电线路作为大规模跨区输电和新能源发电并网的重要基础，线路停电次数有限，需要通过带电作业处置线路突发故障和隐患。通过“多维感知”智能穿戴作业屏蔽服贯穿状态感知、距离监控、视频通信于一体，打造“团队上下统一、指挥协调迅速、作业高效安全”的输电线路带电作业新模式，实现人身安全、作业安全、电网安全三个层级全面掌控。该工作法实用性强，具有较好的专业指导性，可有效杜绝带电作业人身安全风险和设备风险。

吴志成

WU ZHICHENG

创新不是无中生有，解决手头上每个难题都是一次实实在在的创新，扎实做好本职工作是创新最好的源泉。

吴志成，中共党员，国网福建省电力有限公司泉州供电公司运维检修部三级职员、副主任（高级技师），国家级技能大师工作室领办人，入选福建省优秀人才“百人计划”，享受国务院特殊津贴，长期从事输电运检工作。20 多年来，他开发创造了多种中心技术，创造性地解决了电网检修技术难题，先后发明滑轮卡具等数十种新工具，参与了数十个大型复杂带电作业项目，最大限度地实现了电网的不间断供电，获评全国技术能手、全国青年岗位能手、福建省五一劳动奖章、国家电网有限公司劳动模范、国网工匠、华东电力工匠等荣誉称号。

输电线路防机械施工外力破坏“四管六盯”工作法

工作法简介

针对输电线路机械施工外破难于防控问题，吴志成总结提炼出一套防施工外破“四管六盯”工作法，主要包括“管施工作业队伍”“管机械使用计划”“管关键人员动态”“管隐患现场安措”四项要素和“盯项目业主”“盯现场经理”“盯施工进度”“盯操作司机”“盯作业行为”“盯重要时刻”六项关键巡检策略，确保施工隐患点可控、能控、在控。

工作法背景

近年来，伴随着社会经济的快速发展，输电线路施工外部隐患数量日益上升，群众涉电安全意识淡薄，管控难度日益增大，施工外力破坏造成输电线路跳闸故障时有发生，已成为输电运维工作主要难点。因此通过管住“四项要素”、紧盯“六项关键点”，这套行之有效的工作法，可有力提升输电施工外破隐患管理效率，具有重要意义。

工作法应用

1. “四管”：管住四项要素

（1）管施工作业队伍。对沿线施工项目部、施工队伍进行必要的安全交底，对电力安全保障方案和人员、安全设施进行审查。

（2）管机械使用计划。利用微信群管控，机械（吊泵车等）施工计划做到现场安全员每天零汇报，采用机械作业实时许可实时安全交底制度；

（3）管关键人员动态。重点管住现场安全员和司机，动态跟踪人员变化情况，有变化及时履行安全交底和戴卡上岗要求。

（4）管隐患现场安措。落实现场“三防”措施，确保旁站看护和隐患巡视等人防措施到位，警示灯、警示牌、限高门等物防措施，监控智能告警等技防措施。

2. “六盯”：盯住六项关键

（1）盯项目业主。紧盯业主履职检查是否履职到位，是否按要求投入必要安全资金，是否严格履行涉电施工申请审批制度，是否掌握涉电安全要求，是否组织安全教育或培训。

（2）盯现场经理（或安全员）。紧盯现场经理（或安全员）是否在岗指挥和监督，是否接受过相关安全教育培训，是否严格落实涉电施工方案。

（3）盯施工进度。紧盯施工作业计划是否变化，掌握使用大型机械高风险工序。

（4）盯操作司机。紧盯操作司机是否发生变化，是否在操作大型机械使用前接受安全交底，是否掌握涉电安全要求，是否按安全方案操作。

（5）盯作业行为。紧盯输电通道现场作业是否存在可能危及输电线路安全运行的行为，现场是否新增使用施工吊车、建筑塔吊、水泥泵车、地下顶管机等各类可能影响线路安全运行的机械。

（6）盯重要时刻。紧盯工程起吊、地下勘探、拉管等高外破风险作业的开工、收工、转序和夜间作业时刻，采取全程旁站安全监护措施。

专家点评

吴志成在平凡的岗位刻苦钻研，不断探索，善于发现和解决电气设备运行中出现的问题和疑难杂症，成为探究输电设备隐患的“电网神探”，针对施工外力破坏造成输电线路跳闸故障的问题，寻找出管住“四项要素”、紧盯“六项关键”最优方案解决问题，让输电线路施工各类故障药到病除。

郭达明

GUO DAMING

没有想不出的办法，
没有解决不了的问题，
办法总比困难多。

郭达明，中共党员，国网湖南省电力有限公司湖南省送变电工程有限公司项目执行经理（三级工匠），副高级工程师、高级技师。他深耕输电线路施工一线40年，大力开展机械装备创新研发与应用，牵头研发电建钻机、履带式电建起重机、履带式运输车、电建应急照明车等机械化施工装备，多项典型施工工作法在湖南省内乃至全国范围成功指导多场景机械化施工实施，促进了电力施工技术创新水平全面升级，有力推动了传统作业模式向机械化施工模式转型。获评中央企业劳动模范、国网工匠、全国电力行业技术能手、国家电网公司生产技能专家、国家电网公司优秀共产党员、湖南省电力优秀科技工作者、湖南省重点建设先进个人、最美国网人等荣誉称号。

全地形电建旋挖钻机成孔工作法

工作法简介

针对人员下深基坑作业安全风险高、施工单位人员老龄化、专业人员流失严重、产业工人队伍人力资源短缺等问题，郭达明在一线多年工作经验的基础上，联合厂家研发了四个系列五种型号的电建钻机（俗称“电建五兄弟”），并总结提炼出对应的成孔典型施工工作法，主要包括直接成孔法、分次成孔法、配套施工措施等，解决了各种地形地质条件下 35~1000 千伏的输电线路挖孔基础、掏挖基础、灌注桩基础、岩石嵌固基础机械成孔难题，避免了基础开挖过程中人员下到深基坑作业的安全风险，减少了作业人员数量，一定程度上缓解了产业工人队伍人力资源短缺的难题。

工作法背景

输电线路工程地质条件复杂多样，施工点多面广，沿线桩位交通运输条件较差，传统基础施工基本靠人力开挖，采用空压机配合风镐进行开凿，同时用摇架进行提土，安全风险高、人员投入大且工作效率低。市面常规的旋挖钻机重量大（70 吨以上），轨距宽（4 米以上），稳定性差、爬坡能力差，无法在山区地形道路及工况下使用。电建钻机具有轻巧、高效、安全、可爬坡的特点，适用于平地、丘陵、山地等地形，适用于流沙、流泥、普通土、坚土、风化岩石（强度小于 60 兆帕）等地质，成孔直径范围 0.6~3.2 米，最大成孔深度 30 米，满足常规线路基础施工需求。电建钻机的应用，实现了深基坑作业全程不下人的安全目标，提高了施工效率。

工作法应用

1.机械成孔，压降安全风险

基础施工方式的选择，决定了安全风险的高低。深基坑开挖作业由于地质不同，容易出现孔洞坍塌、涌水、涌沙等问题，传统施工方法下，对基坑内作业人员的生命安全造成巨大威胁，安全风险极高。使用电建钻机开展机械化施工，可实现不同地形地质条件下基坑成孔的需求，人员不用下到深基坑作业，大大压降了施工安全风险。

电建钻机机械成孔

2.基坑护壁，破解孔洞坍塌难题

普土、坚土及土夹石等稳定性较好，地下水较少的地质基坑开挖，可使用干作业法直接成孔。存在砂层、卵石层、回填土，地下水丰富地质的基坑开挖，则可以考虑湿作业法，搭配基坑护壁措施，实现机械成孔。

（1）泥浆护壁。采用双底捞砂斗钻头搅拌黏土造浆，泥浆对孔壁产生静压力防止孔壁坍塌。

泥浆护壁施工

（2）稀释混凝土护壁。对于泥浆无法有效护壁的基坑，在易坍塌层灌注稀释混凝土，待初凝后再开挖。

稀释混凝土护壁施工

（3）预注浆护壁。适用于地下岩溶裂隙发育、流沙、流泥层夹杂大块石地质基础开挖，开挖前沿基础坑壁位置高压注入水泥浆，初凝形成地层帷幕护壁后再进行开挖作业。

预注浆护壁施工

（4）钢筒护壁。先利用电建钻机的护筒驱动器将护筒旋入松散地层，再用双底捞砂斗钻头将护筒内泥沙取出，逐层旋进护筒，同步开挖基础至设计深度，混凝土浇筑时同步旋出护筒。

钢筒护壁施工

3.分次成孔，满足岩石、大孔径基坑开挖需求

分次成孔主要适用于土质强度较高、孔径较大的基坑开挖。包括分

层环形旋进工作法和梅花桩工作法。

（1）分层环形旋进工作法。适用于承载力特征值小于 1500 千帕的岩石基坑开挖，首先利用小直径钻头取芯，再按照 0.4~0.6 米直径级差钻头依次分层旋进，实现小型设备开挖大直径基础。

电建钻机分层环形旋进成孔

（2）梅花桩工作法。适用于岩性承载力特征值 500~1000 千帕坚土、风化岩，且直径超过 2 米的基坑，先利用 0.6~1.2 米钻头梅花式钻进，再利用大钻头二次钻进，完成大直径基础成孔。

电建钻机梅花桩成孔

4.钢筋笼吊装，减少机械种类及设备二次进出成本

电建钻机系列具备 6 吨以内起重吊装能力，可吊装钢筋笼、地脚螺栓、钢模板等，超长超重钢筋笼可分段吊装。

钢筋笼内部焊接支撑保障吊装不变形，笼外安装水泥滚轮垫块保障保护层厚度。

直接使用电建钻机吊装钢筋笼，可不用再配套使用吊车，有效压降了吊车进出的时间成本和经济成本。

电建钻机吊装钢筋笼

5.流水作业，实现减员增效目标

传统人工开挖，需要配套工作负责人1人、安全监护人1人、开挖人员1人、提土人员1人、扎筋人员1人、焊工1人、其他配合人员3~5人，实现一基桩位成孔作业，最少需要10天。使用电建钻机开展基础机械化施工，同等地形地质条件下，一个基坑，最快可实现1小时成孔，且现场只需要配合工作负责人（兼安全监护人）1人、机械操作手1人，流水化作业模式下，将1个大班组分成前期准备、钢筋笼制作及运输和开挖浇筑3个小班组，在不同桩位间平行搭接施工，综合可减少作业人员2/3，提高施工效率10~40倍。

专家点评

传统输电线路基础施工以人工开挖为主，有限空间作业安全风险高；随着中国人口的不断老龄化、产业结构的调整及城镇化的发展，施工单位人员老龄化、专业人员流失严重，电网建设提速与产业工人队伍呈现的人力资源短缺成了主要矛盾。电建钻机的研发及应用，实现了人员不下深基坑作业的目标，降低了施工安全风险，减少人员伤亡，避免人身和财产损失；通过电建钻机进行机械化施工，施工效率较人工开挖大幅提高，缩短了整个项目的建设周期，具有显著的经济效益和社会效益。

黄志敏

HUANG ZHIMIN

志存高远，干一行爱一行专一行。

黄志敏，中共党员，国网江西省电力有限公司上犹县供电分公司电气试验高级技师。他从事变电检修试验工作 28 年，创新研制“电子式直显电缆对线器”，在电缆核相检测环节实现了检查结果的可观性、可溯性，减缩了验收复测工作量，提高了工作效率。获评国网工匠、赣州市“苏区之光”高技能人才等荣誉称号。

电缆头搭接前核相四步工作法

工作法简介

黄志敏针对电缆相色标记错误等问题，摒弃传统的万用表检查法，创新研制“电子式直显电缆对线器”并应用于实际工作中，形成了电缆头搭接前的核相工作法，主要包括“夹、测、拍、存”四个步骤，使得电缆核相更加简便、直观、准确、可溯源。

工作法背景

电力系统是三相供电系统，其三相之间有一个固定的相位差，为保证相位正确，满足并列运行和接带三相负荷的需要，电缆在与设备连接前要进行核相，做到每相线芯两端的相色标志一致并和连接的电气设备同相。《GB 50150—2016 电气装置安装工程电气设备交接试验标准》17.0.1 电力电缆线路的试验项目之项目 5 规定：“电缆在投运前需要检查电缆线路两端的相位”。

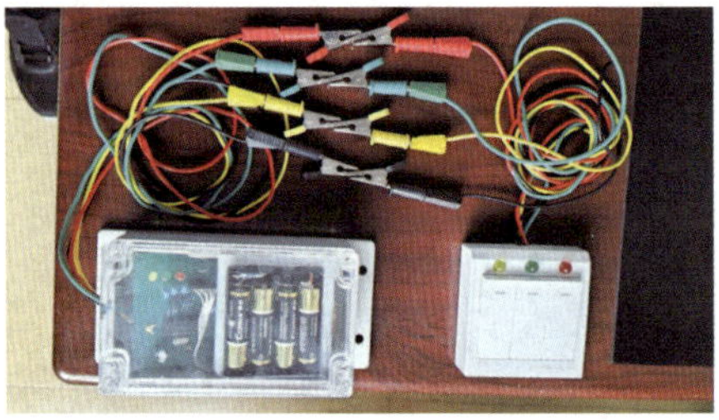

电子式直显电缆对线器实物图

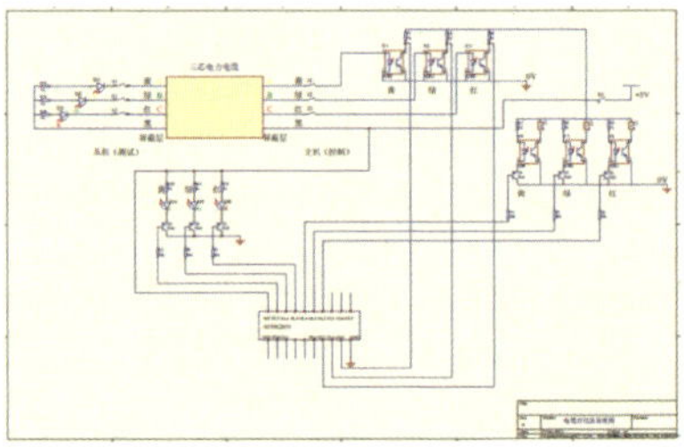

电子式直显电缆对线器原理图

在电缆投运前的验收检查中时常发现“电缆相色标记错误”问题，造成返工，影响了电缆线路的按时正常投运。深究其原因是施工作业人员认为万用表检测法不方便、不直观，难以确认检查结果，于是寄希望于后端工序进行把关，结果造成“错测、错标”现象，增加了电缆投运前带电核相纠错的工作量。对保证施工作业质量，做到测得准、标得对，减少对带电核相纠错的依赖度，降低非停更换电缆相位的施工作业安全风险，显得非常有必要。

工作法应用

1.对应相色标志夹好测试线夹

在电缆对端，把电缆头套上永久相色标志，用“电子式直显电缆对线器”的从机自带的测试线按相色与电缆头的线芯一一对应夹好，同时把黑色线夹到电缆屏蔽层的接地线上，作为检测的公共线；在测试端，把主机自带的测试线按相色与电缆头的线芯也一一对应夹好，同时把黑色线夹到电缆屏蔽层的接地线上，也作为检测的公共线，电缆处于待测状态。

接入从机并记录结果

2.根据测试结果调整相色标志

开启测试仪，按下 A 相测试开关；若正确，接着测试 B 相；若也正确，再测试 C 相；如果仍然正确，则给电缆头套上永久相色标志，测试完成。若按下 A 相测试开关，显示错误，A、B 线夹对调，也错误，则将 A、C 线夹对调，表明临时相色标志的 C 相实际是 A 相。同理，B、C 相重测，直至 B、C 两相也正确。此时，以测试线夹的色标为准，更换电缆的临时色标为永久色标。复检，若三相都正确，则测试完成。

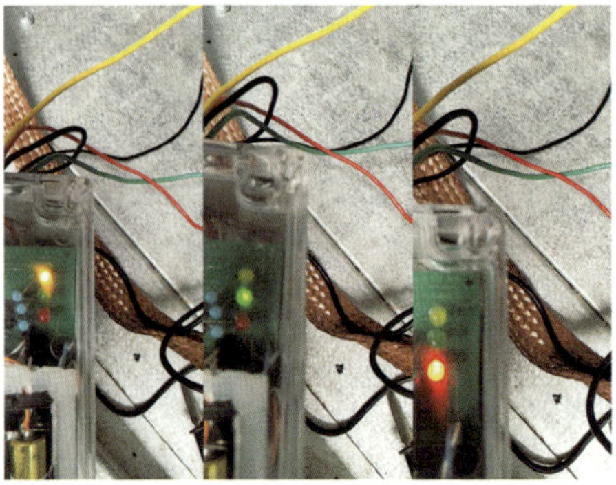

接入主机并显示结果

3.对正确的测试结果进行拍照

确认测试结果无误，开启水印相机，把现场的测试场景和测试结果进行拍照留存，目的是方便复核人员检查线夹有没有夹错。照片包括对端电缆线夹的照片、测试端线夹的照片和测试仪的测量结果照片，测试人员要根据电缆线路名称命名照片名称。

4.把照片进行数字化保存共享

把拍摄的 3 张照片归档保存，作为电缆相位检查正确的证据，其他电缆资料一并作为验收送电依据。验收复检人员只需进行资料验收就可以签发验收意见，而不需施工人员用万用表法重测电缆相位，这样可以大大提高验收效率。

专家点评

要提高电网数字化水平，通过数字赋能，实现电网全环节可观可测、可调可控，是公司总部提出的工作要求。该工作法顺应了公司发展的要求，摒弃了传统的万用表检查法，通过“电子式直显电缆对线器”的应用，在电缆核相检测环节实现了检查结果的可观性、可溯性，减缩了验收复测工作量，提高了工作效率，可谓“小发明、大作用”。

刘传波

LIU CHUANBO

我愿做一颗永不生锈的电力螺丝钉，
牢牢拧在国家电网公司这部大机器上，
一辈子只做一件事，守护万家灯火。

刘传波，中共党员，国网辽宁省电力有限公司抚顺供电公司高湾供电所所长，配电线路高级技师，长期从事电缆故障诊断和用户服务工作，获评全国五一劳动奖章、国网工匠、国家电网公司特等劳动模范等荣誉称号。

电缆故障诊断四步工作法

工作法简介

刘传波针对电缆故障测试难的问题，总结提炼出一套实用高效的电缆故障诊断方法，主要包括故障性质判断、故障距离预定位、电缆路径走向、精确定位四个步骤，实现快速准确判断故障点位置，有效提高工作效率。

工作法背景

目前，电缆故障测试工作难度大，有很多电缆故障测试时间长，甚至找不到故障点，需要重新敷设，给供电企业和用户带来很大的经济损失。因此，编写电缆故障诊断方法对供电企业和用户具有重要意义。

工作法应用

电缆故障种类很多，为便于电缆的故障测寻，可分为以下五种类型。

1.接地故障

电缆一芯主绝缘对地击穿故障（有高阻故障和低阻故障）。

2.短路故障

电缆两芯或三芯短路（有高阻故障和低阻故障）。

3.开路故障

电缆一芯或数芯被故障电流烧断或受机械外力拉断，造成导体完全断开。

4.闪络性故障

这类故障一般发生于电缆耐压试验击穿中，并多出现在电缆中间接头或终端头内。试验时绝缘被击穿，形成间隙性放电通道。当试验电压达到某一定值时，发生击穿放电；而当击穿后放电电压降至某一值时，绝缘又恢复不发生击穿，这种故障称为开放性闪络故障。有时在特殊条件下，绝缘击穿后又恢复正常，即使提高试验电压，也不再击穿，这种故障称为封闭性闪络故障。以上两种现象均属于闪络性故障。

5.混合性故障

同时具有上述故障中两种以上故障的称为混合故障。

确定电缆故障的性质，一般应用摇表和万用表进行测量并做好记录。

（1）首先在任意一端用摇表测量 A- 地、B- 地及 C- 地的绝缘电阻值，测量时另外两相不接地，以判断是否为接地故障。

（2）测量各相间 A-B、B-C 及 C-A 的绝缘电阻，以判断有无相间短路故障。

（3）分相屏蔽型电缆（如交联聚乙烯电缆和分相铅包电缆），一般均为单相接地故障，应分别测量每相对地的绝缘电阻。当发现两相短路时，可按照两个接地故障考虑。在小电流接地系统中常发生不同两点同时发生接地的“相间”短路故障。

（4）如用摇表测得电阻为零时，则应用万用表测出各相对地的绝缘电阻值和各相间的绝缘电阻值。

（5）如用摇表测得电阻值很高，无法确定故障相时，应对电缆进行直流电压试验，判断电缆是否存在故障。

（6）因为运行电缆故障有发生断线的可能，所以还应做电缆导体连续性是否完好的检查。其方法是在一端将 A、B、C 三相短接（不接地），另一端用万能表的低阻挡测量各相间电阻值是否为零，检查是否完全通路。

接下来按照电缆测试流程操作就能准确找到故障点的位置。

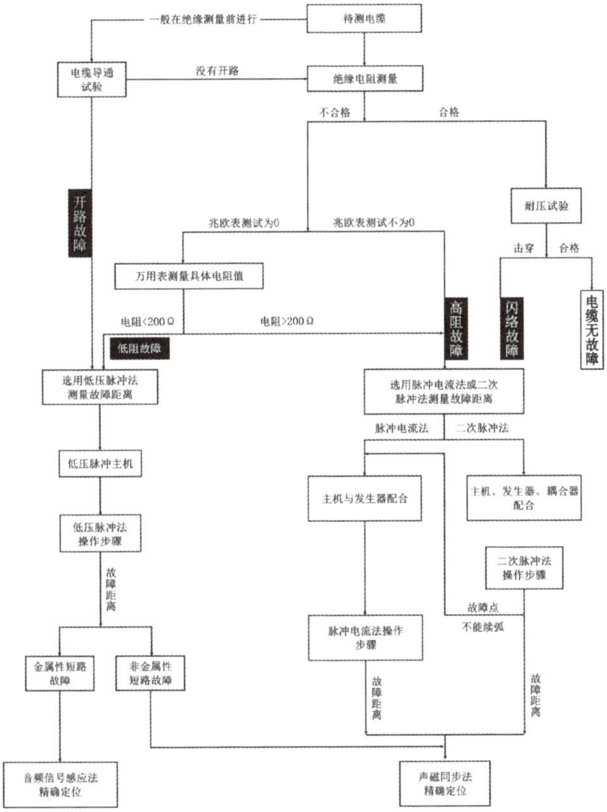

电缆故障诊断流程

专家点评

电缆故障测试是电缆工种里难度最大的工作。对技术与经验的要求较高，给电缆诊断故障就像医生给病人看病一样，要快、要准，不能挖开试试看，要快速解决问题。检测人员只要熟练掌握电缆故障诊断方法，按照故障诊断流程图测试故障电缆，便可以快速准确判断故障点位置。总体来说，该工作法实用性强，具有很强的专业指导性，可以大大减少误判的概率，有效提高工作效率。

基于六种故障现象的电缆故障性质判断工作法

工作法简介

刘传波针对电缆故障性质判断的问题，尤其是泄露性高阻故障和闪络性高阻故障判断方面，通过在长期的电缆故障诊断中，总结提炼出一套实用高效的电缆故障性质判断方法，通过六种故障现象，使电缆故障性质判断工作变得简单、高效、精准。

工作法背景

电缆故障性质的判断，是电缆故障测试工作程序中的第一步，也是关键的一步。电缆故障性质判断的准确与否直接影响粗测方法的选择。有时由于故障性质的判断失误，将导致测试方法的选择错误，造成整个测试工作的失败。因此，编写电缆故障性质判断方法对电缆故障测试工作具有重要意义。

工作法应用

（1）运行中的电缆发生失压信号，可采用绝缘电阻与导通试验来判断故障性质。

（2）当电缆的绝缘电阻小于5兆欧时，可采用绝缘电阻与导通试验来判断故障性质。

（3）运行中的电缆发生断续接地信号，应采用直流耐压试验来判断故障性质。

（4）当电缆的绝缘电阻大于5兆欧时，应采用直流耐压试验来判断故障性质。

（5）对已经确定是泄漏性故障的电缆，应采用直流耐压试验。

（6）对已经确定是闪络性故障的电缆，应采用直流耐压试验。

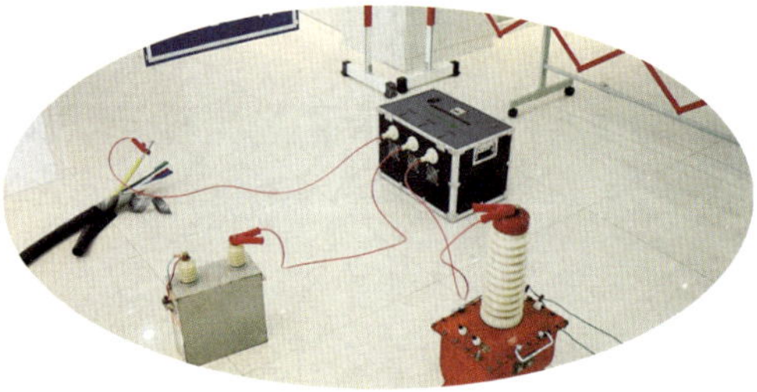
闪络性故障实验

专家点评

对于判断电缆故障性质所使用的仪器和方法，厂家和书籍普遍推荐绝缘摇表和万用表，即测试绝缘电阻与导通试验相结合。通过长期实践证明该方法有一定的局限性和片面性，对于某些泄漏性或闪络性高阻故障，为了进一步确定故障性质，在上述的基础上必须应用直流耐压试验，这样不但能有效、快速地判断故障性质，还可以弄清故障点的击穿电压值，以便下一步粗定位时使用。该工作法具有较强实用性和专业指导性，可以大大减少误判的概率，有效提高工作效率。

丛犁

CONG LI

钻研之路矢志向前，
奋斗之心须臾不忘。

丛犁，中共党员，国网吉林省电力有限公司信息通信公司通信专业正高级工程师。深耕电力通信建设运维工作 12 年，成功研制“光缆熔接机防护箱”“10 千伏电力通信光缆防护装置”等多项创新成果，大幅提升基层电力通信光缆可靠性。获评国网工匠、国家电网有限公司劳动模范、国网优秀共产党员、国网杰出青年岗位能手等荣誉称号。

基于海量通信数据资源下电网企业通信数据治理、应用四步工作法

工作法简介

丛犁针对电网企业通信专业数据量大、数据应用不充分的问题，总结提炼出一套实用高效的通信数据治理、应用工作法，主要包括“强化数据核查”“创新巩固更新机制”“优化上云途径”“拓宽应用途径”四个步骤，使得通信数据准确性得以大幅提升，数据进一步深化应用，数据潜能充分释放。

工作法背景

通信是大电网运行的“支撑者”和“保障者”。国网吉林省电力有限公司经过通信管理系统建设和长期开展的数据治理工作，积累大量结构化、非结构化的历史和实时通信数据资源。但海量通信数据的价值尚未被充分挖掘利用，未能完全实现数据反哺，无法充分发挥数据支撑作用。因此，针对通信数据特点，提出一套行之有效的数据治理、应用方法，对通信专业乃至大电网安全稳定运行，都有着十分重要的意义。

工作法应用

1.强化数据核查

编制数据梳理方案，按照“源端常态开展，云端反哺源端，应用指导数据”的思路，借鉴电网一次数据治理经验，建立通信资源数据治理长效机制，做到核查场景与核查类型全面覆盖，做到逐层、逐级按步骤开展数据核查，高效开展数据清查工作，不断提升源端数据质量。

2.创新巩固更新机制

问题导向，追根溯源强化数据治理。建立“问题—反馈—解决”的正向循环机制，针对数据治理工作中发现的问题，定期组织开展问题研讨会，认真分析研讨问题根源，制定解决方案，并通过线上培训方式宣贯问题解决方案，形成统一标准。

3.优化上云途径

根据《电力调度通用数据对象结构化设计》的规范和原则，开展公共基础数据和数据字典向调控云中统一规范数据映射和转换，实现通信系统数据纳入调控云的统一模型管理；以国网数据模型为标准，开展数据映射，实现通信管理系统数据与调控云数据模型相匹配。

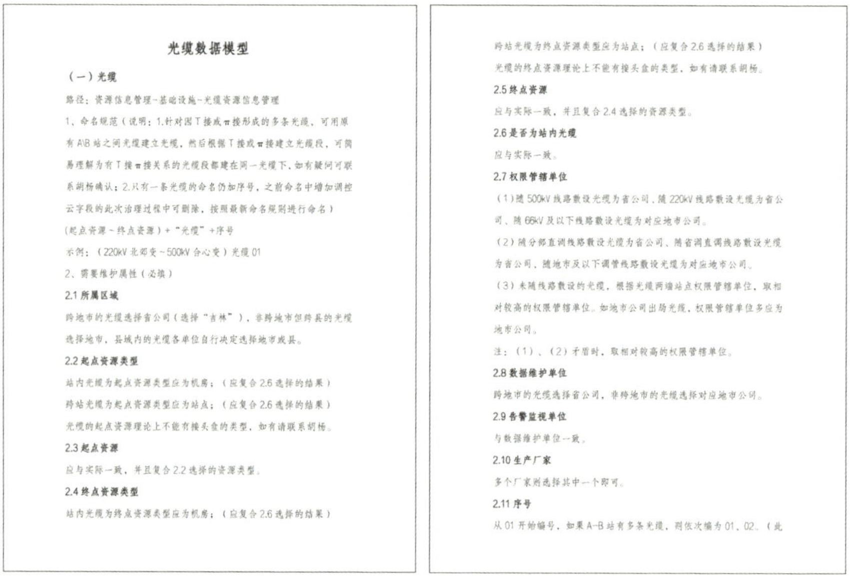

光缆数据模型

（一）光缆

路径：资源信息管理-基础设施-光缆资源信息管理

1、命名规范（说明：1.针对因T接或π接形成的多条光缆，可用原有A\B站之间光缆建立光缆，然后根据T接或π接建立光缆段，可简易理解为有T接π接关系的光缆段都建在同一光缆下，如有疑问可联系胡杨确认；2.只有一条光缆的命名仍加序号，之前命名中增加调控云字段的此次治理过程中可删除，按照最新命名规则进行命名）

(起点资源~终点资源）+“光缆”+序号

示例：（220kV北郊变~500kV合心变）光缆01

2、需要维护属性（必填）

2.1 所属区域

跨地市的光缆选择省公司（选择“吉林”），非跨地市但跨县的光缆选择地市，县域内的光缆各单位自行决定选择地市或县。

2.2 起点资源类型

站内光缆为起点资源类型应为机房；（应复合2.6选择的结果）

跨站光缆为起点资源类型应为站点；（应复合2.6选择的结果）

光缆的起点资源理论上不能有接头盒的类型，如有请联系胡杨。

2.3 起点资源

应与实际一致，并且复合2.2选择的资源类型。

2.4 终点资源类型

站内光缆为终点资源类型应为机房；（应复合2.6选择的结果）

跨站光缆为终点资源类型应为站点；（应复合2.6选择的结果）

光缆的终点资源理论上不能有接头盒的类型，如有请联系胡杨。

2.5 终点资源

应与实际一致，并且复合2.4选择的资源类型。

2.6 是否为站内光缆

应与实际一致。

2.7 权限管辖单位

（1）随500kV线路敷设光缆为省公司，随220kV线路敷设光缆为省公司、随66kV及以下线路敷设光缆为对应地市公司。

（2）随分部直调线路敷设光缆为省公司、随省调直调线路敷设光缆为省公司，随地市及以下调管线路敷设光缆为对应地市公司。

（3）未随线路敷设的光缆，根据光缆两端站点权限管辖单位，取相对较高的权限管辖单位。如地市公司出局光缆，权限管辖单位多应为地市公司。

注：（1）、（2）矛盾时，取相对较高的权限管辖单位。

2.8 数据维护单位

跨地市的光缆选择省公司，非跨地市的光缆选择对应地市公司。

2.9 告警监视单位

与数据维护单位一致。

2.10 生产厂家

多个厂家则选择其中一个即可。

2.11 序号

从01开始编号，如果A-B站有多条光缆，则依次编为01、02。（此

通信数据关键字段数据模型

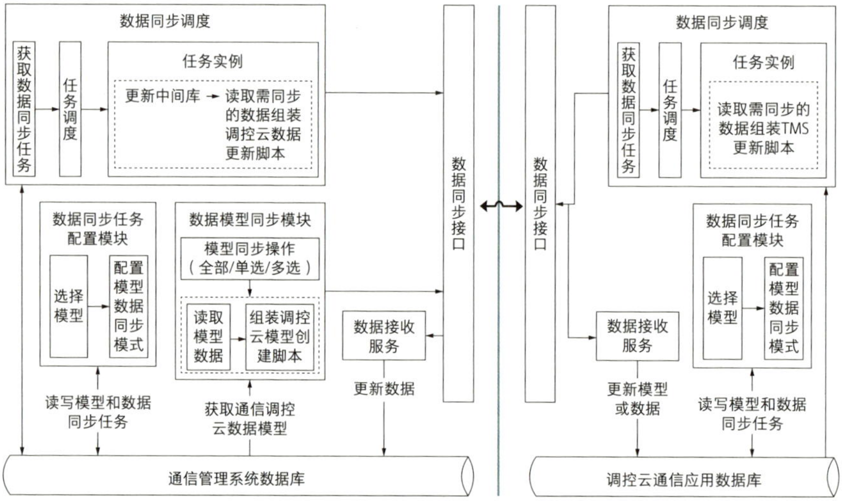

公共基础数据向调控云映射过程

4.拓宽应用途径

以需求为导向，结合国网吉林省电力有限公司应用需求，探索通信与电力系统相互渗透和深度融合的有效交叉点，结合通信网络结构和运行管理特点，开展通信调度数字化管理微应用的设计、开发、实施、部署，以及试运行工作，目前已开发通信光缆与设备统计分析、业务资源自动调配、“通信网 + 电网”故障联判与辅助分析、虚拟通信调度员等实用化微应用，对通信数据倍增效应的释放起到了十分重要的作用。

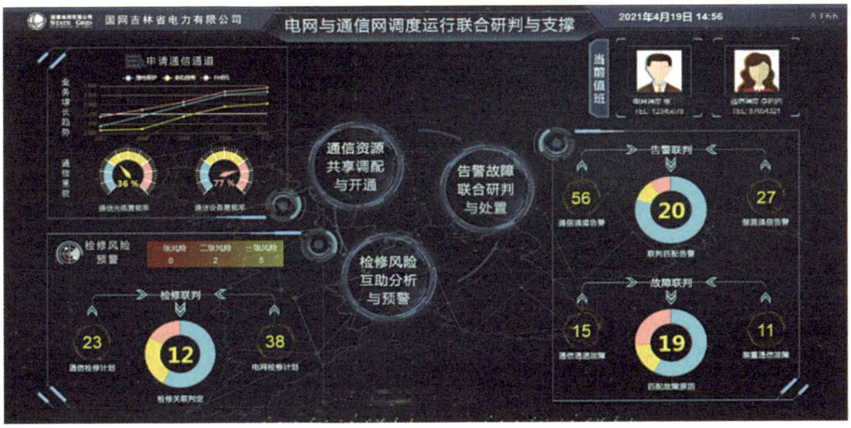

“通信网+电网”故障联判与辅助分析微应用展示

专家点评

通信数据治理、应用对电力通信乃至电网运行都具有重要的作用，该工作法中，数据治理人员掌握四大步骤，可显著提升通信数据准确性，拓宽通信数据应用途径。总体来说，该工作法具有较强的实用性，对通信数据应用、通信专业数字化转型起到了很强的指导作用。

马海峰

MA HAIFENG

服务社会、奉献有我；探索实践，创新有我；培养人才、传承有我！

马海峰，中共党员，国网黑龙江省电力有限公司鹤岗供电公司研究员级高级工程师、高级技师，工程技术和生产技能专家。他扎根电气试验生产一线 28 年，牵头研发的配网氧化锌避雷器验收仪，实现了电气试验多项装备完美整合创新，获评全国技术能手、全国五一劳动奖章、国网工匠等荣誉称号，享受国务院政府特殊津贴。

配网氧化锌避雷器验收试验四步工作法

工作法简介

马海峰针对配网氧化锌避雷器验收试验工作量大、使用仪器多的问题，对常规的配网氧化锌避雷器验收检测试验进行优化改进，总结出一套配网氧化锌避雷器验收试验工作法，主要包括“做准备”“清表面”“优方案”“定结论”四个步骤，使得现场检测效率更高，安全性更强。

工作法背景

目前国内外进行配网氧化锌避雷器验收试验时，工作人员需要携带至少两台仪器，一台兆欧表和一台直流高压发生器，两台仪器需要四个箱子运输，总重量达到 30 千克左右。进行试验时两台仪器依次使用，需要多次变更试验接线，工作效率非常低。而且避雷器泄漏电流需要在直流高压发生器的高压端读取数据，受现场光线等外部环境影响，读数安全距离有时无法保证，存在很多安全隐患。因此，研究一种简单实用的配网氧化锌避雷器验收试验方法，并且能够实现试验数据无线传输，在控制面板上准确读取试验数据，对于安全高效完成试验任务、指导验收试验具有重大意义。

工作法应用

1.做准备：保证工作有的放矢

接到氧化锌避雷器试验任务时，首先要知道现场联系人，通过联系人了解试验地点和避雷器数量，现场是否有试验电源，去往现场的道路情况，根据掌握的信息，安排前去试验人员、车辆，携带的仪器和工具，认真做好各项准备工作。

2.清表面：杜绝表面脏污影响

新建的配网线路，由于施工环境相对恶劣，避雷器经常暴露存放在现场，表面不同程度存在脏污。在试验之前，一定先用清洁干燥的抹布，对其表面进行清洁，脏污严重时可以考虑使用少量酒精清洁，确保表面干净、干燥，从源头杜绝表面脏污对试验结果带来影响。

清理避雷器表面污秽

应用配网氧化锌避雷器验收仪试验

3.优方案：提高现场工作效率

创新思维观念，研发出二合一试验仪器，实现试验仪器的一次变革，使每组避雷器试验时间缩短 60% 以上，仪器总重量比传统两台仪器总重量降低 50% 以上。并且数据实现无线传输功能，解决现场读数不方便、不安全的问题。

4.定结论：精准判断试验结果

由于试验现场存在许多不可控因素，工作背景较为复杂、精准判断试验结果难度相应升高。在对电气试验结果进行判断时，不仅要最大程度上维持试验现场便于工作，还要试验人员严格按照相关规程要求定结论，避免发生误判断事故。

专家点评

氧化锌避雷器以其优越的保护性能，在新建的配电线路中大量使用，配网氧化锌避雷器验收试验是氧化锌避雷器投入运行前必做的试验项目，大量的避雷器验收试验需要相当长的时间才能完成，因此对检测人员检测效率要求很高。根据验收试验法介绍，将传统兆欧表和直流高压发生器两台仪器完成的试验项目，整合到一台试验仪器上，试验数据可以无线传输，仪器控制面板可以精准读数，检测人员只要熟练掌握本工作法，便可安全高效地完成试验任务。总体来说，该工作法简单、易学、实用，具有很强操作性，可以大大提高工作效率，减轻试验人员劳动强度，增加工作安全性。

赵新力

ZHAO XINLI

严细求实，无私奉献，
筑牢电网三道防线。

赵新力，国网内蒙古东部电力有限公司通辽旗（县）供电公司新城变电工区二次检修班班长，高级技师，高级工程师，扎根继电保护一线32年，获评国网工匠、蒙东电力公司继电保护技术状元、全国电力行业技术能手、蒙东公司继电保护带头人、国网蒙东电力高级专家、通辽市五一劳动奖章等荣誉称号。

电力系统故障分析顺序检查与逆序检查相结合工作法

工作法简介

电力系统故障与电力系统运行环境密切相关，同时受基建、安装、调试、日常维护的影响。掌握足够的继电保护基本原理是分析和处理事故的首要条件，但丰富的现场运维经验往往对准确分析与定性事故又起着关键作用，因此理论与实际相结合是电力系统故障分析的一个基本原则。赵新力在长期的一线工作过程中，提出顺序检查与逆序检查相结合的电力系统故障分析方法，提升了故障原因确认的准确性，提高了工作效率。

工作法背景

电力系统故障发生时，继电保护装置会发生正确动作、拒动、误动三种运行状态，继电保护装置的拒动和误动给电力系统带来事故范围扩大、大面积停电等严重危害。事故原因分析的目的是将事故教训变为后人的经验，是为了惩前毖后，防止同类事故再次发生，因此快速准确的事故分析方法，对保证电力系统平稳运行具有重要意义。

工作法应用

1.逆序检查法

变电站综合自动化技术的不断发展，给继电保护事故处理带来了很多的便利条件。因此当系统一旦发生事故，我们能获取的故障信息来源很多，譬如保护装置面板信号灯指示信息、跳闸信号继电器信息、保护装置事件记录及报文信息、保护装置故障录波信息、专用故障录波器录波信息、行波测距装置信息、监控系统后台信息、测控装置的信息、保护管理机（保护管理信息子站）的信息、功角测量装置的信息等。

现场检查装置状态

逆序检查法就是从事故的不正确结果出发，利用这些保护及综自信息，根据保护动作原理逻辑图及故障录波图一级一级逆序分析查找，当动作需要的条件与实际条件不相符的地方就是事故根源所在。故障录波图是继电保护事故处理的眼线，是建立事故分析处理整体思路的重要支撑。在外围硬件设备、二次回路无明显故障痕迹的情况下，如何从录波图上去寻找事故分析的突破口，非常关键。这要求分析者有一定的系统故障分析理论水平及相当的现场经验。

2.顺序检查法

现场审核每一个回路正确性

顺序检查法就是按照保护检验规程要求的次序，从保护装置外部检查、绝缘检查、逆变电源检查、开入量检查、开出量检查、定值检查、保护功能检查、保护动作特性检查等方法分步依次进行，常用于继电保护出现拒动或者逻辑出现错误的事故处理，一般也是逆序检查法失效的情况下运用的方法。

进行顺序检查时，要根据现场实际环境，排查相关的继电保护设备和二次回路，在可疑设备和相关回路上做模拟试验，尽快找到故障原因，这样可以缩短故障排查时间。

3.灵活应用顺序检查法与逆序检查法

现场可根据具体情况选用顺序检查法和逆序检查法。在实际故障处理时，往往经过某些简单的检查，就会查出一般的故障部位，如果经过一些常规的检查，仍未发现故障元件，说明该故障较为隐蔽，应当引起充分重视。此时可采用逐级逆向排查方法，即对故障现象的暴露点入手，根据继电保护装置动作原理，排列出引起故障现象的原因，由故障原因推导出故障范围，在故障范围内，通过简单试验确定故障元件并加以排除，使保护及自动装置尽快恢复正常运行。如果通过逆序检查不能确定故障的原因，就要采用顺序检查法，对装置进行全面的检查试验，逐项进行认真地分析，根据每一步的试验现象查找事故原因。

分析故障原因

专家点评

电力系统出现继电保护装置不正确动作或者异常状态，分析其原因过程十分复杂，赵新力提出顺序检查法即按照检验规程要求，分步逐次进行试验检查，逆序检查法是根据故障现象反向分析查找。顺序检查与逆序检查相结合的电力系统故障分析方法大幅度降低难度，大大提高工作效率和故障原因确认的准确性，给调度部门快速调整运行方式提供支撑保障，同时提高电网供电可靠性，具有良好的推广价值。

李战荣

LI ZHANRONG

凡事都要脚踏实地去作，不驰于空想，不骛于虚声，唯以求真的态度做踏实的工作。

李战荣，国网陕西省电力有限公司变电检修中心五级职员、高级技师。他参加工作30多年来，扎根电力生产一线，在平凡的岗位上做不平凡的自己，认真钻研、大胆创新，解决了设备检修工作中的多项疑难问题，获得专利9项。他充分发挥“传帮带”的精神，以他为核心组建成立了“睿匠创新工作室”，为职工提供了更为广阔的创新平台。2021年该工作室被陕西省能源化学工会授予“劳模和工匠人才创新工作室”，发挥了“工匠人才”的带头作用。荣获陕西省科学技术奖，获评陕西省“产业工匠”，陕西省“带徒名师”、陕西省五一劳动奖章、陕西省“三秦工匠”、中国电力联合会技术能手、国网工匠、陕电工匠等荣誉称号。

蓄电池组核对性充放电试验效率提升五环工作法

工作法简介

李战荣针对蓄电池组核对性充放电试验工作场景，总结出一套实用高效的工作法，主要包括“重培训”“强调查”“善分析”“敢创新”“会总结”五个环节，可以极大提高蓄电池组核对性充放电试验效率，保证变电站直流电源系统安全可靠运行。

工作法背景

蓄电池组是变电站直流电源系统的重要组成部分，蓄电池组核对性充放电试验是蓄电池组维护的重要手段，提升蓄电池组核对性充放电效率是保证蓄电池组安全稳定运行的重要条件，对站用直流电源系统装置的安全稳定运行具有重要意义。但是，在实际蓄电池组核对性充放电过程中，总会有一些影响蓄电池组核对性充放电试验效率的因素。因此，在进行核对性充放电试验工作中，应采取一套行之有效的工作方法，可以极大提高蓄电池组核对性充放电试验效率，保证变电站直流电源系统安全可靠运行。

工作法应用

1.重培训：加强技能水平

由于不同作业人员的技能水平、操作习惯，以及工作方法等存在差异，这些人为因素都会影响到现场作业工作效率，甚至造成不安全事故的发生。因此在工作开展前，着重对作业人员开展蓄电池组核对性充放电试验专业性培训，让其熟知专业理论知识、相关规章制度，以及标准化作业流程，切实提升作业人员技能水平及安全意识，从而提升蓄电池组核对性充放电试验效率。

2.强调查：强化现场调查

对传统试验工作中存在的问题进行现场调查，通过咨询技术专家，联系厂家售后，查找相关资料等方法提出解决方案，必要时进行可行性论证。对不同型号蓄电池极柱螺丝进行调查统计，根据形状规格探索不同的蓄电池快速接线方法，并据此探寻适宜的接触面。通过现场调查并解决问题，切实提升蓄电池组核对性充放电试验效率。

现场调查蓄电池充放电开展情况

3.善分析：进行差异分析

对影响工作效率的主要因素进行分析，由于不同型号的蓄电池组电压巡检模块接线夹力度，以及接触面积的差异，会对蓄电池组核对性充放电试验稳定性与精确度造成影响。同时，传统的充放电试验需要将蓄电池电压巡检模块逐个加装在蓄电池极柱两端，工作区域大且工作空间有限，会极大影响充放电试验接线效率。若增加巡检模块加装牢固度以及接触面，同时集中工作位置，可以大幅提升蓄电池组核对性充放电试验效率。

4.敢创新：改进优化装置

通过调查分析，对蓄电池组电压巡检模块接线夹子进行改进，将蓄电池无线电压巡检模块的加装部分由锯齿状改为插入式，通过优化巡检线将蓄电池电压集中引至试验接线盒，接线盒配合无线电压巡检模块改为插孔式，在充放电试验电压采集环节，只需要集中在无线巡检模块插入试验接线盒，可大幅度提升接线效率，从而提升蓄电池组核对性充放电试验效率。

加装蓄电池试验接线盒

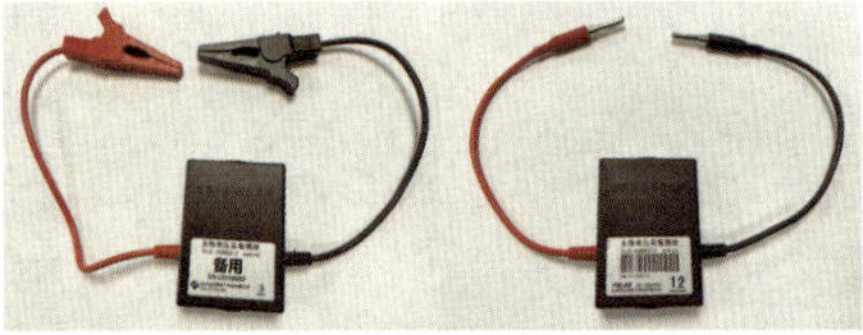

无线电压采集模块改造前后对比图

5.会总结：总结规范流程

对蓄电池组核对性充放电试验全过程进行复盘总结，对各环节方法进行优化，对整体工作流程进行改进，根据专业相关的规程规定进一步规范各工作环节，按照程序修订标准化作业工序卡，使得蓄电池组核对性充放电试验工作标准化、规范化，进一步提升蓄电池组核对性充放电试验效率，保证站用直流电源系统安全可靠运行。

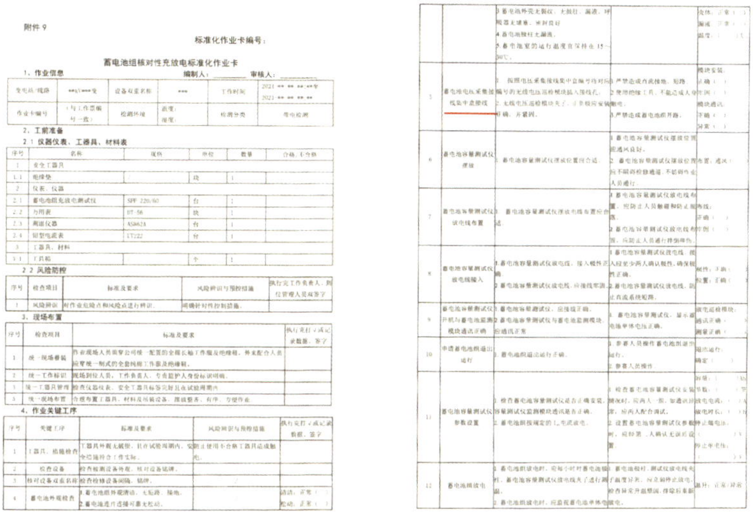

附件 9

标准化作业卡编号：

蓄电池组核对性充放电标准化作业卡

1. 作业信息

2. 工前准备

2.1 仪器仪表、工器具、材料表

2.2 风险防控

3. 现场布置

4. 作业关键工序

蓄电池组核对性充放电试验效率提升五环工作法

专家点评

蓄电池组核对性充放电试验是蓄电池组维护工作的重要环节，需要直流设备检修人员切实提高试验效率，保证变电站直流电源系统蓄电池组健康稳定运行。根据李战荣“重培训、强调查、善分析、敢创新、会总结”工作方法，作业人员只要按照工作法逐项进行，调查分析影响效率的主要因素，对现有的部分装置及仪器进行优化改进，可切实提升蓄电池组核对性充放电试验效率。总体来说，该工作法实用性强，具有很强的专业指导性，对保证站用直流电源系统安全可靠运行具有重要意义。

张灵利

ZHANG LINGLI

电力工匠勇攀高峰。

张灵利，国网青海省电力公司送变电公司变电施工分公司一次安装高级工程师、高级技师。他扎根电力施工一线 32 年，牵头研究青海高原地区变电站（换流站）电气设备施工技术，获评全国技术能手、青海高原工匠、青海省首席技师、国网工匠等荣誉称号。

气象环境恶劣情况下GIS设备安装无尘化施工三步工作法

工作法简介

张灵利针对大风沙地区 GIS 设备安装现场防尘的问题，总结提炼出一套实用高效的 GIS 设备安装防尘工作法，主要包括“七级防尘”“三项检测”“一卡控制”三个步骤，能在气象环境持续恶劣的情况下充分保障 GIS 设备的正常安装，有效降低安装环境中的粉尘颗粒度，使得现场 GIS 设备安装工作中防尘更加标准规范。

工作法背景

为防止发生漏气、放电等故障，GIS 设备的安装过程中对环境的微尘度有严格的标准要求，防尘室温度应在 -10~40 摄氏度之间，空气相对湿度小于 70%，洁净度在百万级以上 [据长期观察运行的经验，在现场安装 GIS 时，施工区域的环境洁净度等级须达到 ISO14644 标准的 ISO9 级（粒径不小于 0.5 微米的浮游尘埃量不超过 35000000 个，粒径不小于 5 微米的浮游尘埃量不超过 250000 个）]。

GIS 设备安装七级防尘项目结合海南 ±800 千伏换流站工程进行研究，主要解决青海海南塔拉地区风沙较大，常规防尘措施难以保证 GIS 安装过程中的环境粉尘颗粒度要求的技术难题，本技法适用于大风沙地区的 GIS 设备安装。

工作法应用

1.七级防尘

GIS 安装环境防护采取七级防护，推行工厂化无尘安装，对整个施工区域形成全面防护，具体控制措施如下：

（1）第一级防尘（沿施工区域外围安装硬质隔离围栏）。GIS 厂房大门四周搭设全封闭防风墙，高度 3 米，防止扬尘及粉尘。

全封闭围栏安装

（2）第二级防尘（户外铺设防尘网，户内满铺地板革）。在 GIS 厂房外围的裸露地面上覆盖 5~10 米宽的防尘网，在 GIS 厂房内地面上满铺地板革。

户外覆盖防尘网

户内满铺地板革

（3）第三级防尘（采用环保雾炮机进行降尘作业）。采用环保雾炮机，定时对作业区周边进行水喷雾作业，该雾炮机水平射程 30 米，具备 360 度旋转及上下仰角功能，可形成 50~150 微米雾粒度的水雾，与空气中弥散的粉尘接触时，能快速将尘埃抑制降沉。

环保雾炮机除尘

（4）第四级防尘（设置设备清洁间，设备清洁干净后进入厂房）。在 GIS 厂房外侧设置一个设备清洁间（长 10 米 × 宽 6 米 × 高 6 米），GIS 设备到货后，对设备表面进行清洁作业，清洗干净后方可进入厂房。

设备清洁间外部

设备清洁间内部

（5）第五级防尘（过渡间更换防尘服、鞋套，风淋室除尘）。在 GIS 对接区域外部布置人员进出通道，放置风淋室和过渡间，作业人员在过渡间内更换对接专用防尘服，通过风淋室吹去身上附带的粉尘等其他微粒，保证环境空气清洁度始终符合标准要求。

需要进入罐体内部作业时，穿戴专用的全套点检服（包括服装、鞋帽），出罐后设专人重新检查罐内的清洁度。

过渡间更换防尘服、鞋套

风淋室除尘

（6）第六级防尘（对接采用防尘棚、点检采用点检棚）。GIS 安装现场单元对接时，设置专用对接防尘棚。冬季安装时在防尘棚内设置内部配备空调、加热器、测尘装置、干湿温度计；防尘棚内温度保持在 5 摄氏度以上的范围。防止设备内部结霜，次年气温回升时导致微水含量超标。

防尘棚使用

（7）第七级防尘（待连接部位的防尘保护）。在设备的安装过程中，所有待连接的法兰或盆子在未连接前必须用防尘罩进行防尘保护。

对接部位防尘罩

2.三项检测

湿度检测

现场采用三项检测对安装环境进行控制，并配备室内显示屏，实时显示温度、湿度、尘埃粒子数量。

（1）第一项检测：相对湿度不允许超过70%。对防尘棚内部的环境湿度进行测量，相对湿度应小于等于70%。如达不到要求，采用除湿器除湿，直到满足要求。

温度检测

（2）第二项检测：环境温度保持在5~28摄氏度的范围。对防尘棚内部的环境温度进行测量，温度保持在5~28摄氏度的范围内。由于施工现场极端气温低、昼夜温差大（最大日温差达29.7摄氏度），因此厂房内使用多台电暖器来调节温度。

（3）第三项检测：厂房内部大于等于0.5微米以上的尘埃粒子数量小于等于3.5×10^7个/立方米。采用高灵敏度的空气激光尘埃粒子计数器对防尘室内部的环境空气清洁度进行测量，厂房内部大于等于0.5微米以上的尘埃粒子数量小于等于3.5×10^7个/立方米。

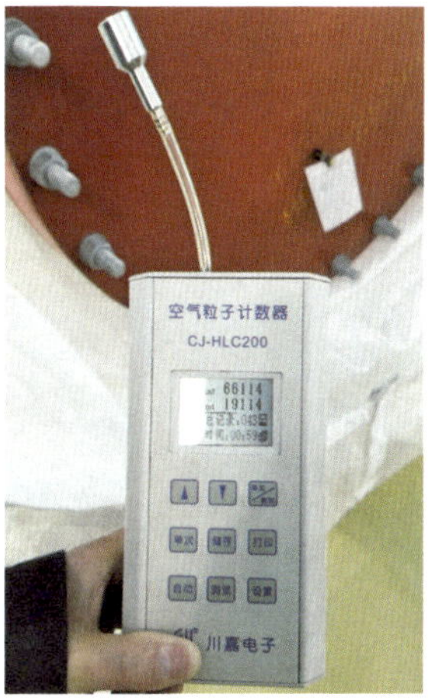

测尘仪检测

3.一卡控制

三项检测合格后，在作业记录卡上签字确认，方可开始工作。

专家点评

无尘化施工是 GIS 设备安装的关键环节，根据文中提到的办法，施工人员只要熟练掌握本工作法，在气象环境持续恶劣的情况下，能充分保障 GIS 设备的正常安装，相比传统的防尘措施，能有效做到降低安装环境中的粉尘颗粒度，保证 GIS 设备安装的质量。

电气一次设备接头发热预防五步工作法

工作法简介

张灵利针对电气一次设备接头发热的问题，优化改进常用施工方法，总结提炼出一套实用高效预防一次设备接头严重发热工作法，主要包括“符合性检查”“接触面检查”“螺栓力矩检查”“直流电阻测量”“螺母防松、接触面氧化检查”五个步骤，使得现场电气一次设备连接头工作中对发热预防更加准确快捷。

工作法背景

电气一次设备接头发热是变电一次安装作业中最常见的缺陷，变电站内接头众多，故障率高，如处理不及时容易引发事故，影响设备的安全和电网的可靠运行。因此，在现场电气一次设备安装工作中采用一套行之有效的防止设备接头发热方法是十分必要的。

工作法应用

1.符合性检查

（1）检查接头截面积、接头载流量、连接形式，确认符合规范及设计标准要求。

（2）检查接头材质、厚度、开孔数量、螺栓规格，确认符合规范及设计标准要求。

连接板检查

2.接触面检查

（1）精细处理打磨接触面，无水酒精清洁接触面，用刀口尺和塞尺测量平面度。

（2）均匀薄涂导电膏，控制涂抹剂量，用不锈钢尺刮平，再用百洁布擦拭干净，使接线板表面形成一薄层导电膏。

接触面检查

3.螺栓力矩检查

（1）按力矩要求紧固螺栓，应先对角预紧、再用规定力矩拧紧，保证接线板受力均衡，并用记号笔做标记。

（2）用规定力矩检查紧固，检查螺栓防松动措施是否良好。检验合格后，用另一种颜色的记号笔标记，两种标记线不可重合。

4.直流电阻测量

（1）测量直流电阻，接触电阻不应超过 20 微欧，对不满足要求的接触面进行返工处理。

（2）对超标的接头进行打磨、清洁处理，紧固后复测。

5.螺母防松、接触面氧化检查

（1）使用 8.8 级热镀锌螺栓，螺母平垫、弹垫规格符合要求，用力矩扳手按 80% 的要求力矩复验力矩，检查螺栓防松动措施是否良好。

（2）检查接触面间隙，观察是否有氧化现象。

（3）运行期间，使用红外测温检查接头温度，是否有发热情况。

专家点评

电气一次设备连接头发热是变电安装中最常见的缺陷，施工人员只要熟练掌握本工作法，便可减少及消除发热点而提高电能利用率，保障设备的使用寿命，减少设备故障率，避免造成二次返工。

吕伟钊

LV WEIZHAO

越充满艰难险阻，
越需要开拓创新。

吕伟钊，中共党员，国网宁夏电力有限公司超高压公司贺兰山运维中心运维一班班长，工程师、高级技师。他扎根变电运维生产一线10余年，实施快速型限流项目，创新解决宁夏220千伏电网短路电流超标问题，获评宁夏回族自治区技术能手、国网工匠等荣誉称号。

站用直流系统故障排除工作法

工作法简介

吕伟钊针对变电站站用直流系统异常、故障频发的问题，总结提炼出一套实用高效的直流系统故障排除工作法，主要包括“看现象”“量交流”“查直流”“测电池”“检接地”五个步骤，对直流系统故障判断及处置方法进行了系统性总结，使现场直流系统故障排除更加准确高效。

工作法背景

直流系统在变电站中为控制、信号、保护、自动装置、UPS（交流不间断电源）、断路器、隔离开关及事故照明等提供电源。如果直流电源消失，直接影响继电保护正确动作，给电网运行带来巨大危害。因此，在直流系统发生异常、故障时，采取一套行之有效的排除方法，可以极大地提高直流系统故障排除效率，保障直流系统安全稳定运行。

工作法应用

1.看现象：查看现象初步判断

查看直流系统运行方式、表计读数、指示灯状态、监控装置数据、异常信号等，通过现象初步判断可能的故障位置。

2.量交流：测量交流进线排除故障

逐步测量交流进线电压，测量各模块交流电压空气开关，检查模块工作是否正常，测量交流电压采集回路、防雷器回路，测量交流切换回路，测量信号回路（包括交流工作方式、空气开关跳闸等信号）。此方式可覆盖直流系统交流进线回路，对相应故障进行排查处理。

3.查直流：查找直流回路故障并排除

测量充电机传输电压，测量电压、电流采集回路，检查、测量降压装置工作是否正常，测量母线电压采集回路。此方式可覆盖所有直流回路，对相应故障进行排查处理。

测量直流回路电位

4.测电池：测量蓄电池数据查找故障

测量蓄电池电压、电流采集回路，测量信号熔断器回路，查看巡检装置蓄电池端电压。此方式对蓄电池相关回路进行全面排查，查找相关故障并处理。

5.检接地：检查绝缘性能及接地状态

根据需要切换运行方式，若存在接地现象且通过绝缘监测装置无法判断具体接地支路，可利用直流接地查找仪，按照蓄电池回路、馈线支路、直流母线的顺序进行接地点查找。

使用接地查找仪确定故障支路

专家点评

变电站直流系统设备分布广、回路多，易发生异常和故障。快速、有效地排除直流系统故障，对变电站安全运行起着至关重要的作用。根据文中提到的方法，运维人员只要熟练掌握本工作法，便可准确判断直流系统故障并进行排除。通过“看、量、查、测、检”五个步骤，全面检查故障现象，逐步排查交流进线、直流回路、蓄电池等设备，检查直流系统绝缘性能及是否接地，准确进行故障排除。总的来说，该工作法实用性强，对现场直流系统故障排除有很强的专业指导性，能有效提高直流系统运维水平。

何成

HE CHENG

创新源于在实践中不断解决问题，精益求精。

何成，中共党员，国网新疆电力有限公司电力科学研究院能源技术研究所材料技术室主管，正高级工程师。他扎根电网设备材料检测一线27年，牵头研发一系列强风环境下输电设备材料疲劳磨损试验检测设备，这些经试验检测后投入使用的设备材料，极大地增强了超、特高压输电线路极端环境抵御能力，获评全国五一劳动奖章、开发建设新疆奖章、国网工匠等荣誉称号。

输变电工程不锈钢制品耐蚀性判断两步工作法

工作法简介

何成针对输变电工程大量不锈钢材料制品的耐蚀性问题，在长期耐蚀性试验分析工作中，总结提炼出一套现场实用高效的判断工作法，主要包括“验成分”“测磁力”两个步骤，现场运维人员结合现有的仪器按照以上步骤，就能够高效便捷地判断工程中的不锈钢制品的耐腐蚀性能。

工作法背景

输变电工程有大量的不锈钢制品，例如绝缘子串元件球窝联接用锁紧及紧固件闭口销，变电站户外箱体等，这些不锈钢制品大量采用 304 不锈钢，安装前若不及时进行抽检，劣质的材料随着不断的锈蚀将直接影响电网主设备的安全。目前各运维单位均配有手持合金分析仪，可开展这些部件的不锈钢牌号的鉴定，但是即使化学成分满足 304 不锈钢材料，但依旧有不少产品投运不久就发生了锈蚀，进一步分析，304 不锈钢存在冷加工相变的问题，即由单一无磁性的奥氏体组织诱发成部分有磁性的马氏体组织，导致耐蚀性下降，而精确判断马氏体组织需要在实验室开展金相组织检测，不仅需要设备，而且需要个人较高的专业技能，现场运维人员根本不具备这个条件，如何在现场利用现有设备即可判断不锈钢制品的耐蚀性就显得尤为重要。

工作法应用

1.验成分：确认不锈钢牌号

利用手持合金分析仪对不锈钢制品开展不锈钢牌号复核。手持合金分析仪能够快速检测出不锈钢制品中的合金成分含量，根据材料中的合金成分含量，仪器一般可自动鉴定出不锈钢牌号，这是判断耐蚀性最基础的一步，如果产品不是不锈钢，或不锈钢合金成分不满足要求，则无须进行下一步。

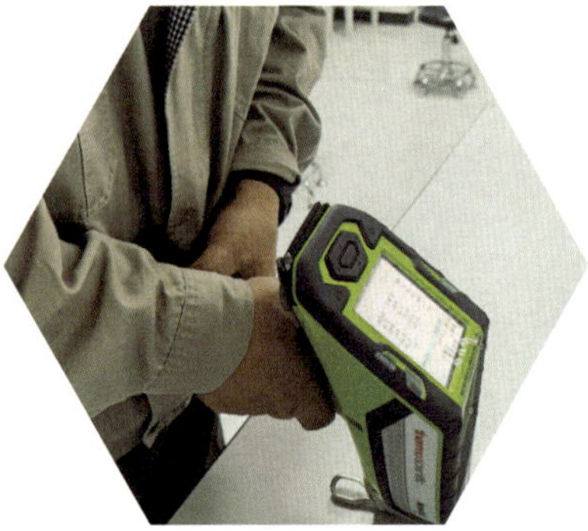

验成分（对不锈钢R销开展成分复核检测）

2.测磁力：检测奥氏体化程度

验磁力（通过磁力验证奥氏体化程度）

不锈钢耐蚀性除了其合金成分含量满足要求外，其微观组织奥氏体化程度也影响材料的耐腐蚀性能。利用小磁铁，对不锈钢制品表面进行吸附，无吸力说明材料为奥氏体组织，如果有吸力说明材料含非奥氏体组织。对于常用的 304 不锈钢来说，一些冷加工的部位会容易出现相变马氏体，应为重点检测的部位。合金成分符合相应的不锈钢牌号，且微观金相组织为全奥氏体，则耐蚀性较好。

专家点评

输变电工程会涉及大量的不锈钢制品，其耐蚀性尤为重要，而不锈钢牌号较多，其耐蚀性也差距较大，304 不锈钢是目前最常用的不锈钢材料，但现场该牌号的不锈钢依旧出现了锈蚀，所以现场快速判断该材料耐蚀性是否满足要求就显得尤为重要。根据文中提到的办法，检测人员只要熟练掌握本工作法，便可准确判断该不锈钢件的耐蚀性。该工作法实用性强，有效提高现场入网材料质检及技术监督工作效率。

输电线路材料早期断裂原因判断四步工作法

工作法简介

何成针对输电线路塔材、金具、导地线，以及紧固件等材料的早期断裂问题，总结提炼出一套实用高效的早期断裂原因判断工作法，主要包括“查同类”“收资料”“观断口”“做检测”等四个步骤，帮助现场运维人员快速判断线路材料早期断裂的原因，促使现场故障分析及隐患排查更加准确和高效。

工作法背景

输电线路材料，尤其钢铁件一般都要承受一定的载荷，若发生早期断裂，需要尽快找到断裂的原因，进而指导隐患排查或快速抢修恢复供电，避免同类问题再次发生。通过现场检查、同类样品收集，故障段的气象、地理环境获取，以及对断口的仔细观察，最后进一步的检测，现场运维人员可准确判断此次断裂故障属个例还是共性问题，进一步采取有力的防治措施，保障输电线路长期安全可靠运行。

工作法应用

1.查同类：检查同类型材料是否完好

输电线路在投运前或运行中，其塔材、金具等材料发生早期断裂，首先应检查该线路附近同类型材料是否完好，通过高倍望远镜，无人机等巡检手段，仔细检查同类型或同批次材料的外观变形、开裂等情况，并进行拍照记录，此外如果条件允许，可更换下来几个同类型材料，用于后期进一步检测。检查邻近同类型或同批次的材料状况，对判断是个例还是共性问题至关重要，进而直接影响隐患的排查整改。

查同类（利用无人机检查同类型材料是否完好）

2.收资料：故障区域环境资料收集

收集输电材料断裂所在区域的气象及地理环境等，包括风速，覆冰等气象环境，以及大高差、大跨越等地理环境等，地形地貌能否形成微气象环境，甚至包括周边是否有大气污染企业等。通过当地气象预报，在线监测及现场实测获得相关资料，例如在大风、覆冰等极端气象环境下，输电材料承载可能会超过设计允许载荷，局部污染环境造成的输电材料腐蚀等。

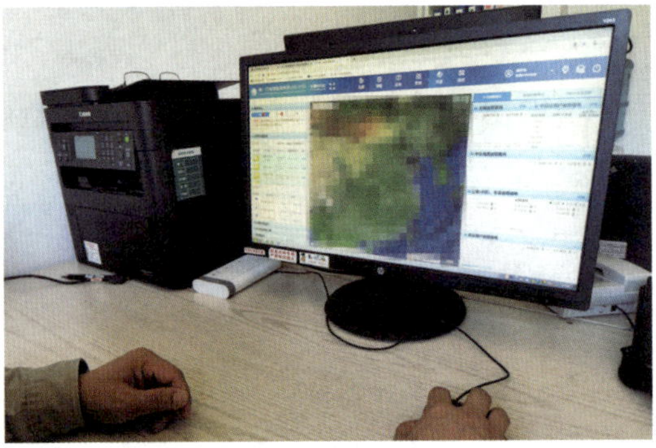
收资料（收集输电材料断裂区域的气象及地理等环境资料）

3.观断口：获取断裂原因大量的信息

现场保护好故障件发生断裂部位的断口，防止它受到污染或破坏，第一时间对断口进行清晰拍照，采用微距清楚拍摄原始断口的表面状态，包括表面变形，锈蚀，以及断裂纹路情况，表面平整说明是脆性断裂，若有贝壳状的纹路说明还存在疲劳，若断口有塑性变形，可能存在超载；断口表面的颜色观察尤其重要，材料边缘有深褐色锈迹说明早期有裂纹，若进一步用放大镜

观断口（对断口进行宏观检查并拍照记录，获取断裂原因大量的信息）

观察深褐色锈迹靠近部件边缘，若能观察到附有白色状物质，说明该材料在镀锌前已经开裂，锌已经进入到材料内部，目前超过 50% 的输电材料早期断裂均与材料在制造加工中有微裂纹有关。

4.做检测：对断裂件及同类型材料开展进一步专业理化检测

（1）首先采用体视显微镜、磁粉、渗透、超声波及 X 射线等无损检测的方法，对断裂件其他部位，以及同类型或同批次材料开展非破坏性检测。经无损检测，若发现同批次材料有裂纹，说明该批材料存在共性的问题，需要全部尽快更换，否则为个例问题。例如做无损检测时，钢铁件可选择磁粉检测，隔着镀锌层就能检测出镀锌层下面的裂纹。铝制材料可采用渗透或射线检测表面及内部缺陷情况。

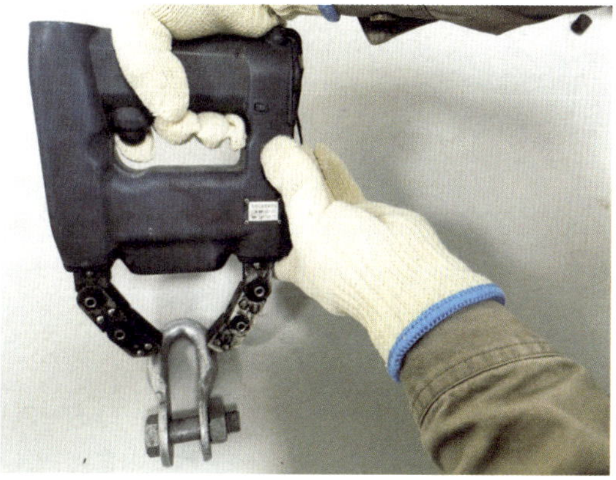

做检测（对断裂U型环的同批材料开展磁粉检测）

（2）对该批材料开展力学性能检测，比如拉力、硬度、冲击等试验，进而判断材料是否满足强度等力学性能要求；

（3）进一步开展化学成分，微观金相组织等试验分析，甚至开展扫描电镜及能谱分析等。通过查同类、收资料及查断口，现场基本可以判断早期断裂的大致原因，再通过专业检测可佐证前三步判断的大致原因，并进一步得出明确故障原因。

专家点评

输电线路大量的金具、导地线等材料，在施工、竣工验收或运行中，会出现早期的材料的开裂、断裂等故障情况。现场准确高效的断裂原因分析，对隐患排查、避免同类问题再次发生具有重要的意义，对现场施工或运维人员技术水平要求较高。根据文中提到的办法，检测人员只要熟练掌握本工作法，便可准确判断故障件是共性问题还是个例问题。另外，通过“查、收、观、做”四个步骤，便可由浅入深的逐步查清断裂原因。总体来说，该工作法实用性强，具有很强的专业指导性，有效提高工作效率。

盛万兴

SHENG WANXING

奋战于黑暗，

播撒着光明。

盛万兴，中共党员，中国电力科学研究院有限公司副总工程师、配电技术中心主任，中国电科院院士。他长期从事配用电、分布式发电与微电网、能源互联网等科研工作，在国内外提出了集理论方法、系统装备、系列标准为一体的城市电网故障防御技术体系，攻克了高渗透率分布式可再生能源发电集群并网消纳关键技术，研发了具有自主知识产权的复杂配电网仿真平台，为我国城乡电网建设发展和能源清洁转型作出了系统性、创造性贡献，获评中国电力科学技术杰出贡献奖，获评国网工匠，国家电网有限公司科技领军人才、劳动模范等荣誉称号。

配电网故障仿真推演工作法

工作法简介

盛万兴针对配电网多类型故障的仿真推演问题，在技术研究与工程应用中，提出了一套基于在线与离线一体化协同的故障仿真推演方法，主要包括“场景复现”“过程推演”“诊断辨识”“策略优选”四个步骤，对于配电网中的短路故障、高阻接地、弧光接地故障等具有突出效果，大幅提高了故障分析和处置的准确性与快速性水平。

工作法背景

目前，故障是配电网安全运行的“杀手”，是影响供电可靠性的最重要的因素，因此，进行仿真推演对故障的“早发现、准阻断、快恢复”具有重要意义，但是配电网故障面临数据信息源多、混杂、单相接地/断线故障频发、复现难和传统离线准确性不足等问题，严重制约了仿真推演在配电网故障分析领域进一步的深化引用。因此，在实际运行过程中，形成一套基于在线与离线一体化协同的故障仿真推演工作方法具有重要的意义。

工作法应用

1.场景复现：保证故障仿真的“逼真度”

通过在线多源数据以及数字孪生技术，在仿真平台中重建融合设备、网架结构、天气和运行工况等配电网的运行场景，基于配电网多类型故障预想场景集的特征适配，实现接地故障和短路等典型故障的复现。

配电网故障仿真推演工作场景

2.过程推演：掌握故障事前—事中—事后演变特性

基于有限状态机的配电网多状态仿真引擎，实现正常、优化、风险、故障和恢复等配电网不同运行状态之间仿真的离散切换，精准刻画配电网故障事前—事中—事后全过程动态响应特性，从而对配电网进行系统级故障状态演变过程的快速分析。

3.诊断辨识：解决故障“漏判”“错判”等问题

针对实际生产现场中单点/局部信息故障定位误差大和精度低等缺陷，通过基于故障仿真推演全量信息的多判据贝斯故障定位方法，解决了单一特征量进行故障诊断辨识盲区大、漏判/误判多的难题。

4.策略优选：提升差异化故障供电恢复的决策能力

通过批量化预想事故集的仿真推演，构建基于供电等级可靠性需求差异化的供电恢复策略库，基于在线与离线一体化仿真的配电网供电恢复多维度仿真推演技术，实现供电恢复方案快速搜索、自动优选与推演校验。

专家点评

仿真推演是实现配电网故障精准诊断与自愈、提升安全运行水平的最重要的技术手段，对于配电网调度、运行与检修人员的技术能力要求较高。根据文中提到的办法，只需要熟练掌握本工作法，便可实现多类型故障复现。通过故障全过程仿真推演，实现故障精准诊断、隔离故障以及优选供电恢复策略，降低停电范围与停电时间。总体来说，该工作法创新性强，具有很强的专业指导性，可大幅提高配电网安全可靠供电保障能力。

新型配电系统精准高效建模分析工作法

工作法简介

盛万兴针对含高比例分布式电源、高比例电力电子设备和高比例脉冲型功率负荷（“三高”）的新型配电系统仿真分析中模型准确性差的难题，在长期科研攻关中，总结提炼出一套有效且实用的新型配电系统精准建模方法，主要包括“信息物理融合建模框架”“时空耦合关联关系统一数学描述”“多时间尺度、多空间分辨率动态建模”三部分，使得新型配电系统规划计算与运行安全分析有据可循。

工作法背景

新型配电系统是信息物理高度融合的复杂动态大系统，呈现机理复杂、动态演化不确定、潮流双向流动和稳态暂态交织等特征，新型配电系统精准建模难，亟须依靠自主创新，实现我国配电网仿真建模理论方法的重大突破。因此，总结并提炼一套新型配电系统精准高效建模方法具有重大意义。

工作法应用

1.构建新型配电系统信息物理融合建模框架

新型配电系统信息通信系统与物理系统在拓扑结构和数据方面存在耦合关联，打通配电网物理系统、二次设备、通信网络、信息控制之间的关联通道，将配电网物理、通信、控制联立起来，实现了新型配电系统物理系统、二次设备、通信系统与信息控制之间的耦合关联关系的表征，形成了完整新型配电系统融合建模框架。

新型配电系统精准高效建模分析工作场景

2.形成物理对象与信息表达的时空耦合关联关系统一数学描述

针对新型配电系统存在信息流与能量流模型交互耦合的问题，采用统一网络方程描述刻画系统信息—物理耦合过程，在多场景业务事件驱动下，交互求解新型配电系统信息流方程和能量流方程，实现了多场景下信息物理系统跨空间的一体化融合分析。

3.新型配电系统多时间尺度、多空间分辨率动态建模

新型配电系统离散过程与连续过程混杂，考虑时间尺度跨越毫秒—秒—分钟、空间层级跨越元件—馈线—系统的多维度模型构建需求，构建新型配电系统多时间尺度、多分辨率模型；采用融合网络运行特性、状态迁移规则、静态与动态过程的有限状态机分析方法，实现考虑配电网数据采集、状态感知、逻辑控制、通信传输和网络安全等多场景下新型配电系统离散与连续双重驱动的精准建模。

专家点评

仿真分析是零代价研究新型配电系统规划计算与运行安全分析的重要技术手段。精准建模是仿真分析的核心，对于配电网规划和运行人员的技术能力要求较高。根据文中提到的方法，技术人员只要熟练掌握配电网精准建模方法，便为科技创新插上了腾飞的翅膀，解决了科技创新无章法可循的难题。总体来说，该工作法创新性强，对配电领域科技创新具有极强的应用价值与专业指导意义。

韩庆雯

HAN QINGWEN

“赋能充电网络，服务绿色出行”是我作为智慧车联网平台建设者的初心所在、使命所在和价值所在，未来我将继续和同事们一道，把车联网平台建设得更加智慧，为新型电力系统建设和百姓绿色出行提供高质量服务。

韩庆雯，中共党员，国网智慧车联网技术有限公司平台研发中心副总监，从事国网智慧车联网平台建设工作，先后主持开发了充电场站建设智能选址，充电用户综合画像，充电桩智能运维，高速路网充电站拥堵预测，绿电溯源，绿电交易，碳减排核算模型等一系列充电运营产品，应用成效突出，获评国网工匠、国家电网有限公司劳动模范等荣誉称号。

智慧车联网平台故障精准定位工作法

工作法简介

韩庆雯针对智慧车联网平台应用故障异常诊断，在长期的实践工作中，总结提炼出一套实用高效完备的诊断方法，实现对应用故障和异常生命周期不同阶段多维度诊断覆盖，主要包括“日志监控”“Metric 时序监控”“APM（应用性能监控）”“异常预警”“服务全链路追踪”五部分，显著提高了智慧车联网平台问题排查和处置效率，实现及时定位、快速发现、快速解决。

工作法背景

软件应用运行异常可能由多种因素引发，工作人员一般能够根据具体问题找到直接原因，这一步相对容易实现，但如果要准确定位异常的根本原因则很困难。因此，以服务全链路追踪为基础，将多种监控手段有效编排，能够极大地提升软件运行生命周期中的异常处置效率。

工作法应用

1.日志监控

日志监控是软件运行异常定位的基本手段。通过日志能够快速诊断当前服务在做什么操作，是否存在异常。通过日志监控，可以直接发现具体问题位置，为快速有效处置奠定基础。

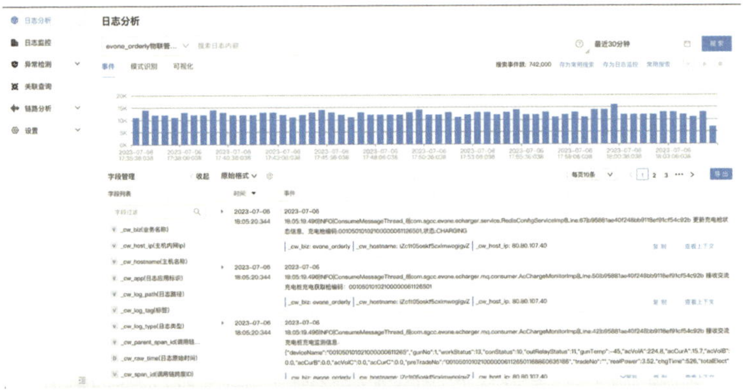

日志监控

2.Metric时序监控

利用 Metric 时序监控，值班人员、运维人员能够直接观测智慧车联网平台整体运行大盘，能够及时发现波动、异常等情况，确保第一时间进入处置流程，把平台安全防线尽可能提前。

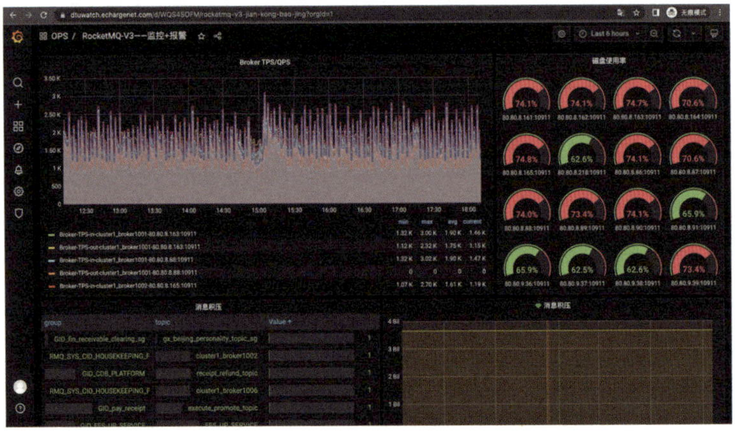

Metric时序监控

3.APM

车联网平台服务应用为分布式部署，利用 APM，监控颗粒度可进一步缩小至每项服务进程，实现最细粒度的线程监控能力，为精准定位问题做好充分准备。

APM应用性能监控

4.异常预警

异常预警是故障处置的第一步。发现了异常才能真正解决故障。通过对比监控指标的历史偏差，开展历史数据综合分析，能够有效感知当前服务状态与历史状态的差异，提前感知异常问题，实现对系统异常的有效预警，预防异常故障的发生。

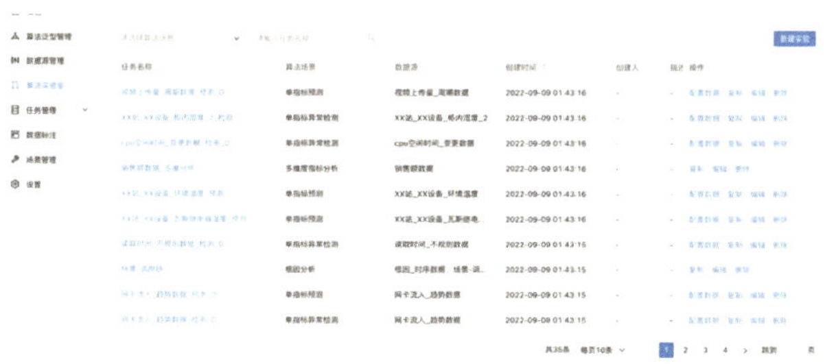

异常预警

5.服务全链路追踪

精准定位故障根本原因是有效处置故障的决定性因素。利用通用唯一识别码（UUID）发号器，将一次调用过程的全部流程串联，通过日志打印收集，能够复现调用过程中的完整调用链，这种方式能够有效定位软件运行异常的根本原因。

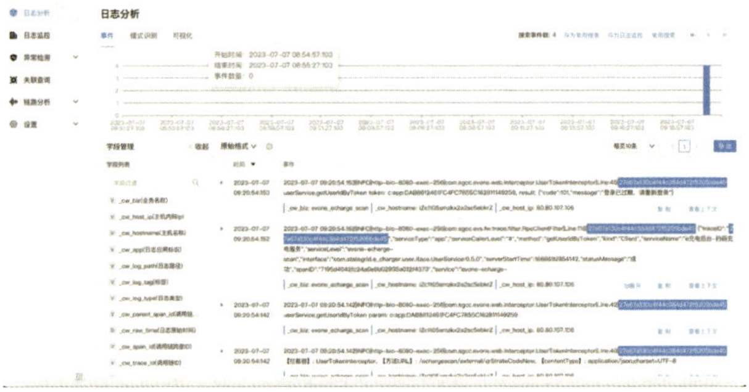

服务全链路追踪

专家点评

在数字化平台运行管理过程中，故障定位能力是非常重要一项能力，有了强大的故障定位及异常处置能力，就像是为平台配备了巡逻和防护队伍，为数字化平台稳定运行提供有力保障。平台故障定位法从多个维度对不同阶段故障和异常实现全生命周期监控，实现对数字化平台风险隐患的提前识别与及时处置，为平台安全稳定运行提供了非常有力、好用的保障工具。

程杰

CHENG JIE

日拱一卒，
功不唐捐。

程杰，中共党员，国家电网有限公司信息通信分公司网络安全中心副主任，长期从事网络信息安全态势感知与全网两级网络安全联防工作，获评国网工匠、中央企业青年岗位能手，国家电网公司青年岗位能手，公安部“护网 2019”先进个人，国家电网公司信息通信工作先进个人等荣誉称号，带领班组获得国家电网公司“工人先锋号”称号。

电网企业秒拨攻击检测防御五步工作法

工作法简介

程杰针对秒拨攻击这一新型网络攻击手段，创新提出秒拨攻击防御工作法，研发用户凭据有效性管控装备栈，将用户身份识别技术实战化应用，通过“查、部、调、看、引”五个步骤逐层次识别秒拨、抵御秒拨，填补了国内外秒拨攻击检测空白，使得电网企业网络安全防守方对于秒拨攻击的识别与反制更加准确快速。

工作法背景

网络安全本质是攻防两端能力的较量，随着攻击者防溯源和绕过防护意识的加强，攻击者进行网络攻击时常使用代理 IP 进行攻击，防止非法攻击时被追踪到身份信息，给网络安全防守方应急处置造成难题。因此，在网络安全实战中研发一套能有效抵御新型秒拨攻击的技术装备，可以极大地提高应急处置速度及溯源反制能力。

工作法应用

1.查拓扑，熟知网络架构与流量走向

网络拓扑图可以直观反映出网络中各个节点间的结构关系。熟知网

络拓扑是开展网络安全工作的基础。通过查看公司网络流量走向，在公司网络流量汇聚口接管全部流量，开展攻击监测与溯源工作。

2.部设备，网络流量关键区域看得见

部署用户凭据有效性管控装备栈，其分为 cookie 注入平台、中心控制平台两个子模块，调试至集群各节点机器互联互通，日志实时传输，策略配置有效，在设备监测页面能实时监测用户 cookie 标识，识别用户身份，检测异常流量。

3.调阈值，结合生产实际设规则

通过攻击时间、攻击源地址个数、攻击次数三个字段检测秒拨行为，各单位可结合生产实际，自定义调整阈值，提升识别精准度。

4.看告警，实时研判恶意行为

在访问日志模块，可展示外部用户访问日志的详细记录，当访问行为出现异常，系统实时产生告警，安全专家可一键辨别，并采取处置策略。在处置日志模块，可展示处置记录的统计数据，支持根据 host 或者 URI 做聚合查询。

5.引蜜罐，攻击威胁一键诱捕反制

对恶意行为自定义处置策略，如返回错误响应，拒绝用户访问；将异常流量引流至蜜罐，进行欺骗式防御，在攻防对抗中主动诱捕，对攻击行为及攻击者身份进行全面溯源。

专家点评

秒拨攻击是近年来兴起的一种新型网络攻击手段，对防守方安全专家技术研判、应急处置能力提出了新要求。根据文中提到的方法，检测人员只要熟练掌握本工作法，便可准确识别秒拨攻击，为防守方快速响应、溯源反制提供技术支撑。通过“查、部、调、看、引”五个步骤逐层次识别秒拨、抵御秒拨，化被动为主动，变滞后为前瞻。总体来说，该工作法技术创新性强，研发的技术装备已达到国内领先、国际一流水平，在网络安全实战中发挥关键作用。

赵加奎

ZHAO JIAKUI

用奋斗和创新践行工匠精神。

赵加奎，中共党员，博士，教授级高级工程师，硕士研究生导师，国家电网有限公司大数据中心业务中台运营支撑中心业务总监。他在电力营销信息化建设及网络安全防护、电力大数据分析、电力企业中台建设与运营等领域深耕近 20 年，牵头研发了多个大型信息系统及电力大数据分析产品，均得到了成功应用，产生了很好的经济和社会效益，同步累计发表 SCI 检索论文 7 篇、EI 检索论文 60 篇，出版译著 2 部，获专利授权 19 项（国际 1 项），发布企业标准 4 项，21 次受邀为国际学术会议审稿专家，受邀为国际数据工程顶级学术杂志《IEEE TKDE》审稿专家，指导硕士 7 人，获评国家电网有限公司优秀共产党员、国网工匠、国家电网有限公司劳动模范等荣誉称号。

基于大数据分析的售电量预测五步工作法

工作法简介

赵加奎针对售电量预测工作场景，总结提炼出一套行之有效的工作法，包括“售电量曲线分解”“分支曲线影响因素分析”“分支曲线预测”“售电量曲线合并”“重大节日影响调整”五个步骤，适用于各种场景下的售电量预测工作，能够大幅度提升预测工作效率。

工作法背景

售电量是公司重要的经营指标之一，也是反映社会经济发展的重要指标，尤其是公司开展代理购电业务以来，对售电量进行分口径、分地区、分行业精准预测具有重要意义。但是，售电量除受整体经济形势、天气、节假日和特殊社会事件等因素综合影响外，还受抄表发行规范性、反窃电成效等管理和人为因素影响，预测难度极高。因此，在售电量预测过程中采取一套行之有效的工作范式和工作方法，为预测工作进行指导，显得尤为重要。

工作法应用

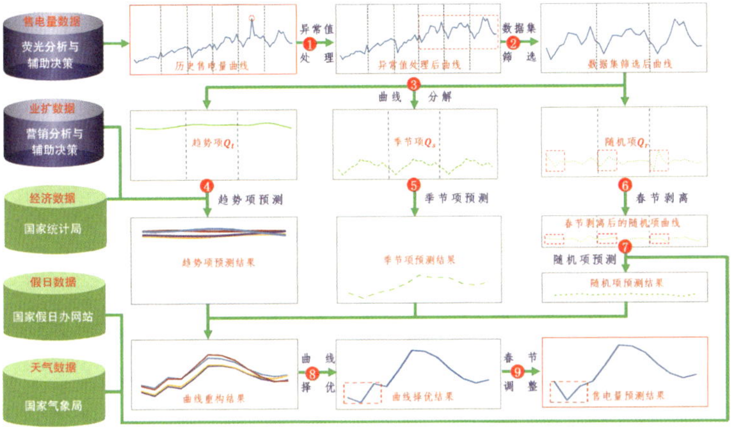

基于大数据分析的售电量预测五步工作法

1.售电量曲线分解

将历史售电量分解为趋势曲线、季节曲线和随机曲线，分解过程可采用 X13 等统计学曲线分解方法。

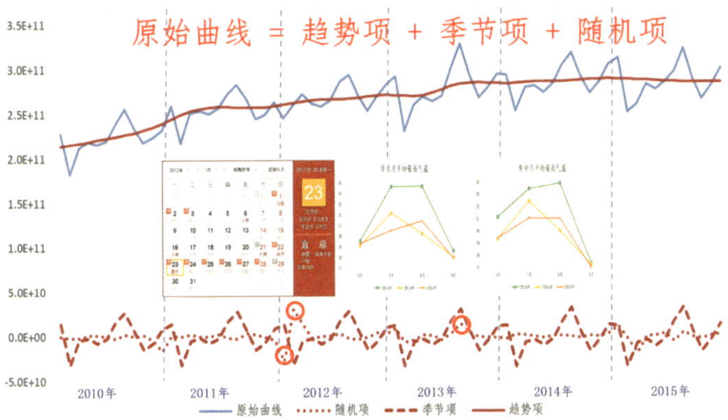

售电量曲线分解

2.分支曲线影响因素分析

识别售电量趋势曲线、季节曲线、随机曲线的主要影响因素；其中，趋势曲线重点考虑整体宏观经济形势相关影响因素，季节曲线重点考虑常规季节更替相关影响因素，随机曲线重点考虑极端异常天气、节假日（除春节以外）、特殊社会事件、抄表发行规范性和反窃电等影响因素；通过统计学分析，将高度相关的因素纳入分支曲线的影响因素。

3.分支曲线预测

以历史售电量趋势曲线、季节曲线和随机曲线为基础，同步考虑各分支曲线主要影响因素，通过大数据算法，对未来售电量趋势曲线、季节曲线和随机曲线进行预测。

4.售电量曲线合并

对预测的未来售电量趋势曲线、季节曲线和随机曲线进行合并，形成预测的未来售电量完整曲线。

5.重大节日影响调整

以预测的未来售电量完整曲线为基础，针对春节在每年中的不同时间，对一季度各月售电量进行调整，调整原则是春节时间变化不会影响一季度整体售电量，但会影响一季度售电量在三个月中的分布，基于统计学方法调整。

专家点评

售电量精准预测是一项极具挑战又极有意义的工作，尤其是代理购电业务的开展以及电力保供等对售电量预测提出了更高的要求。赵加奎提出的售电量预测工作法给出了售电量预测的典型工作方法，对售电量预测工作具有极强的指导意义，参与售电量预测的人员只需按照该工作方法，辅以基本的统计学和大数据分析算法，即可实现售电量精准预测，大幅度提升预测工作效率。

成凯

CHENG KAI

继续奋斗，
不丧失热泪盈眶的能力！

成凯，中共党员，工程师、技师，国网华中分部调控中心网络安全管理专责。他长期从事网络安全与数字化工作，在他的努力下，分部网络安全工作不断取得新突破。他勇于担当，创新能力强，自主研制不少创新成果在系统内单位广泛应用，大幅度提升了工作效率。并多次在国家级、省部级技能大赛上获奖，获评荆楚工匠、国网工匠等荣誉称号。

电网企业网络日常安全高效运营四大模块工作法

工作法简介

成凯针对电网企业网络安全运营工作效率不高的问题，基于国网华中分部网络安全工作，总结提炼出一套实用高效的网络日常安全运营工作方法。该工作法主要包括“安全威胁自动研判分析”“安全编排与自动化响应”“安全设备自动批量巡检”“安全风险治理自动闭环”四大模块，有效提高了电网企业整体网络安全保障能力。

工作法背景

网络安全运营是企业网络安全整体工作中最重要的组成部分，网络安全工作实质是人与人之间的对抗，在日常网络安全运营工作中普遍存在安全日志分析难、安全攻击处置量大、安全设备巡检效率低、安全风险闭环治理难的问题。因此，采取一套智慧高效的网络安全运营工作方法，可极大提高企业整体网络安全保障能力。

工作法应用

1.安全威胁自动研判分析

安全防护设备工作时往往会产生海量安全告警日志，这些日志中存在大量重复告警信息和误报信息，因此应根据需要做好告警日志归并，收敛海量日志后，再对剩余真实安全事件进行分析。可根据该思路，基于本单位实际情况，研发安全威胁分析工具，自动从态势感知设备中获取威胁告警，一键研判真实攻击，在减少人工工作量的同时有效提高了安全威胁分析效率。

网络威胁自动研判分析

2.安全编排与自动化响应

应对短时间大规模网络攻击时，往往存在安全设备联动困难、突发攻击事件处置效率低等问题，应以全流量平台为核心、其余安全设备为辅助开展安全自动化编排对接。通过部署全流量安全设备及安全威胁探针，镜像核心交换机流量，全面开展入侵检测及 Web 攻击防护，有效识别网络攻击流量；以全流量安全设备告警为主，其他安全设备（如 IPS、WAF 等）告警为辅，全量对接至安全自动化编排设备，再联动安全处置类设备进行一键封禁恶意攻击 IP，确保快速、全面、有效处置大规模网络攻击。

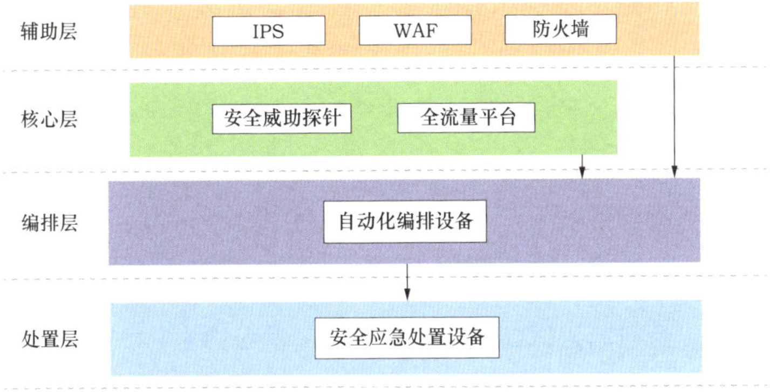

自动化响应原理示意

3.安全设备自动批量巡检

为更好支撑日常安全运维巡检，提升巡检工作效率，可针对本地主要安全设备巡检指标进行需求提取，落地研发安全设备自动化巡检工具，自动对安全设备的关键运行指标进行状态巡检，自动生成巡检报告，从而极大节省人工巡检工作量，达到自动高效安全巡检的目的。

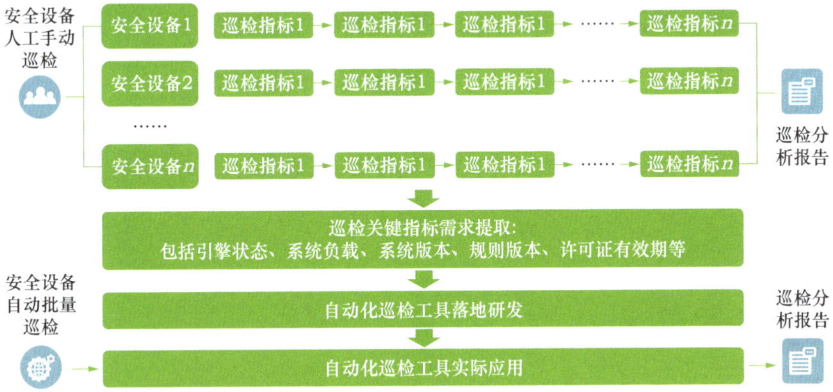

自动批量巡检流程示意

4.安全风险治理自动闭环

在安全风险治理方面，针对风险预警单处置流程原始、处置时效难以度量等问题，定制安全风险管理平台，结合传统漏洞扫描工具，对本地发现的风险漏洞或上级下发的风险预警单进行自动化处理，将风险预警单自动关联到受影响资产，自动邮件或短信通知到相关责任人，督促其及时完成安全修复，加固后通过风险管理平台进行验证，实现网络安全风险全生命周期闭环管理，及时消除各类网络安全风险隐患。

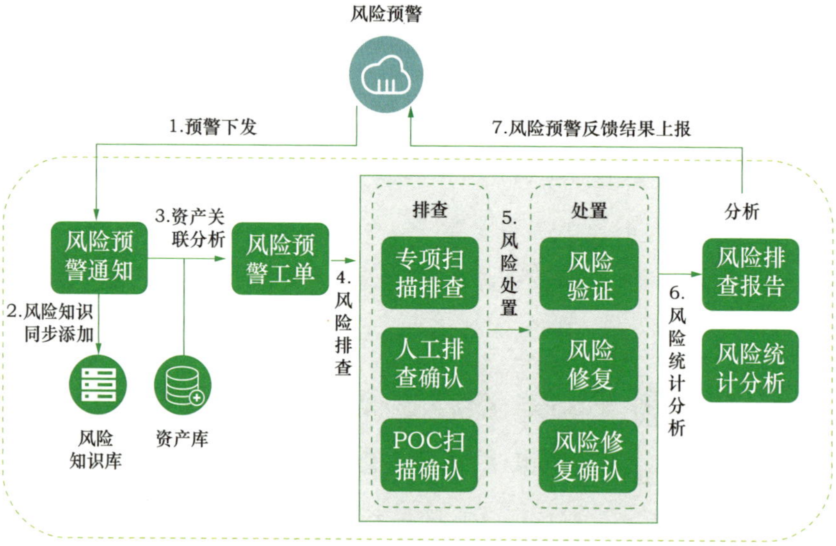

安全风险治理闭环管控

专家点评

电网企业网络安全运营工作量大、效率不高一直是网络安全工作中的痛点之一，根据本工作法，网络安全人员只需熟练掌握企业网络安全高效运营工作的整体逻辑，根据本地实际情况研发或使用相关安全工具，通过安全威胁自动研判分析、安全编排与自动化响应、安全设备自动批量巡检、安全风险治理自动闭环等重要环节，不断提高网络安全运营工作水平。总体来说，该工作法实用性高，专业指导性强，可有效提升电网企业网络安全运营效率。

电网企业网络安全问题快速处置五步工作法

工作法简介

成凯针对网络安全问题处置时效不高的问题，基于国网华中分部网络安全工作，总结提炼出一套实用高效的网络安全问题快速处置方法，主要包括“制定预案”“实战演练”“检测预警”“快速响应”“评估优化”五个步骤，以达到网络安全问题快速处置的目标，确保不断提高网络安全保障和运营水平。

五步工作法示意

工作法背景

网络安全问题处置是网络安全运营中最重要的组成部分，网络安全工作实质是人与人之间的对抗，发生网络安全问题后如果没有及时处理和解决，可能会迅速扩大恶化造成网络安全事件，从而影响生产经营或对企业形象造成负面影响。因此，采取一套行之有效的网络安全问题快速处置方法，可以极大提高企业整体网络安全保障能力。

工作法应用

1.制定预案

网络安全问题快速处置五步工作法讲解

完善有针对性的应急预案是网络安全问题快速处置的基础。预案制定过程中，管理方面应建立良好的事件处置流程和人员协作机制，并落实到处置工作的每个环节，确保网络安全问题处置工作整体高效协同开展；技术方面应预设覆盖较全面的安全问题场景，包括病毒大范围传播、数据恶意加密、网页内容篡改、DDOS 攻击、网络钓鱼邮件等，针对不同类型的安全问题，制定详细具体的处置实施步骤，确保能够在短时间内进行科学分析、快速定位和及时解决。

2.实战演练

在完成预案制定后，应定期开展网络安全实战演练工作，将处置预案贯穿实战演练的全过程。通过预设场景有脚本演练和不设场景全方位无脚本演练相结合，一方面可以检验整体网络安全问题处置工作机制是否完善，验证流程预案在应对相关场景时的适配性，另一方面也能让参演人员直面安全问题事件，增强人员对问题处置工作的熟悉程度，进一步提高团队协作能力和突发事件应急处置能力。

3.检测预警

通过适合的技术手段，及时检测网络攻击事件发生并预警，可以有效缩短问题从发现到完成处置的时间，从而减轻网络安全问题带来的危害和损失。

（1）情报信息。通过内外部情报收集、信息共享等方式，及时获取网络安全威胁信息，了解各种安全漏洞和安全事件的最新情况，以便更好地预警及做好应对预案。

（2）全面检测。在网络关键节点部署检测工具，确保完整实时检测网络流量、安全日志、异常数据等，同时配合自动化关联分析手段进行精准告警，以达到安全事件快速发现的目的。

（3）安全分析。配合威胁情报及精准检测能力，结合数据驱动检测手段对可疑安全事件进行分析，发现潜在威胁。

检测预警示意

4.快速响应

快速响应是处理网络安全问题成功的关键。应在组织内部建立一支专业化快速响应团队，同时建立高效的内外部沟通机制，定期更新事件进展与处置情况。在发现安全问题时，整个团队高效运转，根据制定好的流程及预案进行协同处置，从而达到快速处理网络安全问题的目的。

5.评估优化

在完成每一次实战演练或发生处置网络安全问题后，应对问题解决的过程和结果进行总结分析，及时调整和优化现有处置流程和预案，补充完善不在预期范围内的安全问题场景，不断滚动提升网络安全事件处置效率。

专家点评

网络安全问题快速处置是企业安全运营中非常重要的一个环节，对网络安全人员的管理水平和技术水平都有较高要求。根据本文中提到的办法，网络安全人员只要熟悉掌握网络安全问题快速处置工作的整体逻辑，根据本地实际情况参照开展，通过制定预案、实战演练、监测预警、快速响应、评估优化等步骤滚动实施，便可不断提高网络安全问题快速处置水平。总体来说，该工作法实用性高，专业指导性强，可有效提升电网企业网络安全问题处置工作效率。

张烨

ZHANG YE

主动赢得机遇，

探索赢得超越。

张烨，中共党员，国网河北省电力有限公司沧州供电分公司电力调度控制中心自动化运维班运行师，高级技师。长期从事调度自动化主站运维工作，在为期两年的地县一体化智能电网控制系统建设及实用化过程中，作为系统负责人带领地县调技术人员解决的大量的技术问题，创造了系统建设的 6 个“全国第一”，获评河北省五一劳动奖章、河北省最美科技工作者、河北省突出贡献技师、国网工匠、国家电网有限公司劳动模范、国家电网有限公司首席专家等荣誉称号。

综自改造变电站通道拼接调试接入工作法

工作法简介

针对变电站综自改造过程中新老远动机并列运行的情况，采取了通道拼接的方法，将新增加的设备及监控信息分配新的点号建立在原有厂站中，增加调试厂站，只新建通道，将新远动机的信息的通道赋给调试站，使之与新远动机相连，还未切改的信息仍保持原有厂站通道不变使之仍然与老远动机通信。

工作法背景

变电站综自改造更换远动机工作是造成智能电网调度控制系统实时数据中断的原因之一，严重影响自动化基础数据质量，需要提出一种新的工作方案，使调度主站端在原有图形和数据库不做任何修改的情况下仅通过通道的变换来实现新老远动机的并列运行。

工作法应用

针对变电站综自改造过程中新老远动机并列运行的情况，采取了通道拼接的方法，其技术内容如下图所示：

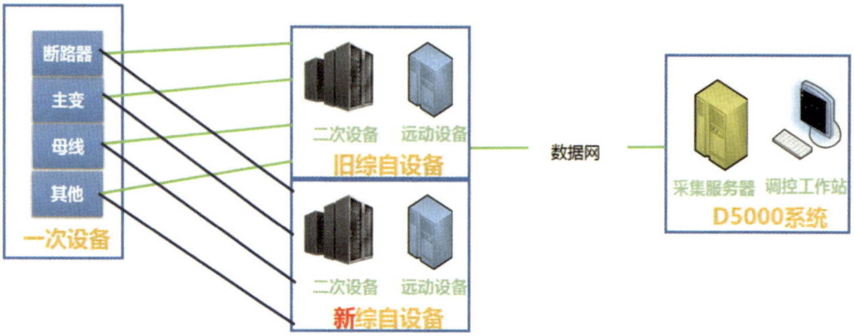

综自改造变电站通道拼接原理图

1.图模建立

保持原有厂站的通道、图形、数据库名称及点号不变，将新增加的设备及监控信息分配新的点号也同样建立在该厂站的设备表中，该厂站的通道与现运行的老远动机相连。

2.调试厂站建立

增加调试厂站，在调试厂站中不新建设备只新建通道，调试厂站的通道参数按照连接新远动机的通道参数进行配置。

3.通道拼接

将切改至新远动机的信息的通道赋给调试站的通道，使之与新远动机相连，还未切改的信息仍保持现有厂站通道不变使之仍然与老远动机通信。这样通过不同的通信厂站，使该站分别针对新老远动机都有值班通道进行数据的上传和命令的下发，实时数据和遥控操作不会受到任何影响。

4.厂站还原

该全部信息切改完毕将原有变电站的通道逐条连接至新远动机后删除调试厂站通道即可。

专家点评

在智能电网调度控制系统中，实时数据能否正确、完整上送对系统的稳定运行有着重大影响，同时也造成了自动化实时数据的缺失，影响监控员对电网的监控。文中提出的“通道拼接调试接入工作法”，使调度主站端在原有图形和数据库不做任何修改的情况下仅通过通道的变换来实现新老远动机的并列运行。该工作法的使用对于加强调度自动化系统管理水平，提高系统可用性，具有明显的现实意义。

智能电网调度控制系统信息自动核查工作法

工作法简介

张烨以《河北南部电网调度技术支持系统模型数据命名规范》和《D5000 系统厂站接入作业指导卡》为依据，通过开发自动核查工具的方法实现变电站图形、数据库配置以及数据传输质量的自动核查，实时导出核查结果，即时处理问题，极大地降低由于核查不及时造成的电网安全隐患。

工作法背景

目前无论是系统软硬件巡视，还是周期性的数据核查或是针对变电站投运前的数据库设置专项检查，全部依赖人工进行逐条核对，工作量大，工作时间长，准确性差，严重制约自动化运维工作质效。本工作法研究开发了一种基于 D5000 系统的数据信息自动核查分析工具，针对数据完整性、合理性和规范性要求结合电网运维的特殊性，实现系统数据库的自动、动态核查。实现地县自动化系统的一体化、标准化和智能化运维、同质化管理的工作模式。

工作法应用

1.单表核查

通过对 D5000 系统数据库中常用六大应用 44 张表的合理性、规范性、完整性进行逐表校验。选择需要查询的表名点击确定就能输出核查结果。

单表核查原理图

2.自定义核查

通过预定义程序，通过输入设备表名、域名及核查条件，可自动生成需核查的语句，便捷输出核查结果，核查范围不被限制在预定义的设备表单内。

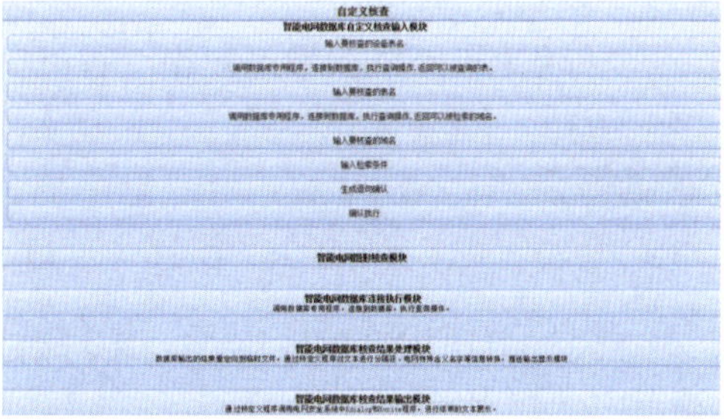

自定义核查原理图

3.全库自动核查

周期性对数据库中所有表数据进行合理性、合规性和完整性核查。同时增加单个间隔数据一致性核查。支持自动周期执行和手动导出，便于周期性对数据库进行核查。输出日志按照日期顺序留存，并且支持当错误条数超过 30 条后，指定工作站告警提示。

4.变电站接入标准化核查

以《智能电网调度控制系统厂站接入作业指导卡》为核查依据，针对厂站图形、数据库正确性、规范性进行核查。可实现针对采样定义、责任区、光字牌设置、设备图形引用和动态数据触发等工作内容的检查。可实现根据厂站属性（变电站、电厂、用户站）的不同需求选择不同的核查模板做到厂站核查全覆盖。

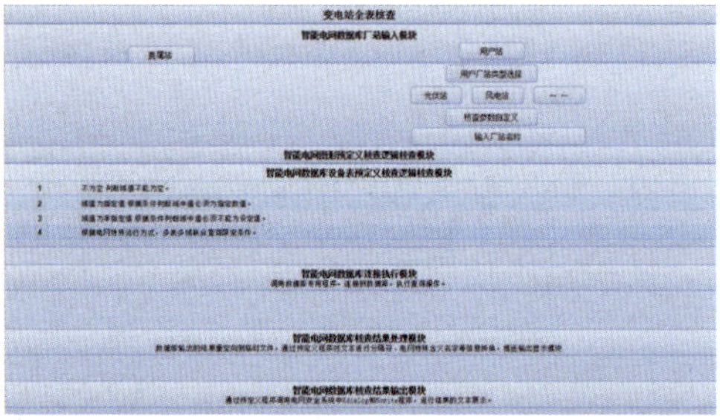

变电站全表核查原理图

5.系统运行状态核查

针对 D5000 系统软硬件运行状态进行核查，支持默认参数核查和自定义 CPU、内存、硬盘、对时等参数的核查，通过调用相应查询功能模块，输出核查结果，汇总至日志文件中。

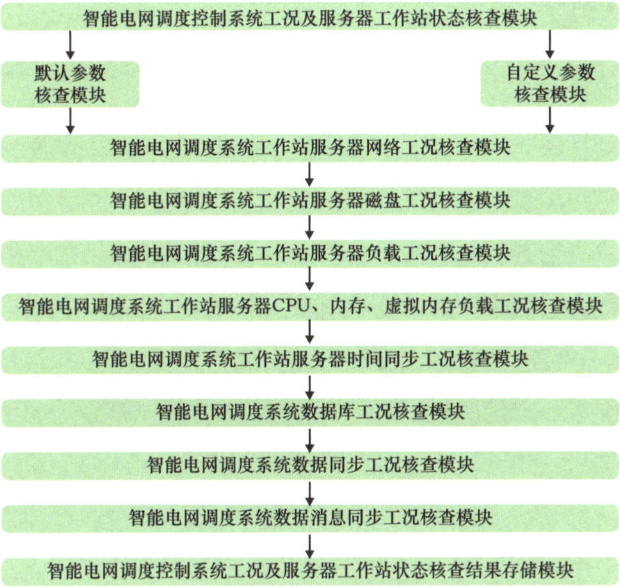

系统运行状态核查

专家点评

对于电网指挥和设备监视而言只有超大的数据采集规模才能满足电网发展的要求，因此近些年来系统接入的电网数据信息爆炸式增长，系统维护过程做到精准控制，准确维护是当前运维工作的重中之重。智能电网调度控制系统在电网指挥和设备监视中发挥的作用已不可替代，文中提出的自动核查工作法，提高了系统安全稳定运行能力，为电网安全提供了有力支撑。

王立生

WANG LISHENG

踔厉奋发的输电铁军人、
精业笃行的创新领头鹰。

王立生，中共党员，国网冀北电力有限公司张家口供电公司安全监察部主任助理兼输电安全监察及电力设施保护管理高级师，高级工程师、高级技师。他从事输电线路运维工作 32 年，完成 140 项技术革新，解决了工作中遇到的实际困难，消除了安全隐患，其中 30 项获国家专利，发表论文 61 篇。获评河北省劳动模范、河北省五一劳动奖章、河北省能工巧匠、河北省省级职工技术创新导师、国网工匠、国网冀北电力省公司级电力工匠等荣誉称号。

架空输电线路跳闸故障分析判断九步工作法

工作法简介

王立生针对输电线路跳闸后故障分析判断这一环节，在长期输电工作中对常用方法进行优化改进，总结提炼出一套实用高效的跳闸故障分析判断工作法，主要包括“查信息”“查天气”“查时间”“查季节”“查负荷”“查相别”“查测距”“查特殊区域”“查参数”九个步骤，可以极大地提高故障的查找效率以及故障点判断的准确率。

工作法背景

目前，故障准确分析判断是尽快发现故障点的最重要环节之一，因此如何进行故障分析判断，对尽快查明故障原因，消除故障缺陷将起到事半功倍的作用，对保证电网安全可靠运行是极为必要的。因此，在实际故障分析判断工作中采取一套行之有效的工作方法，可以极大地提高故障的查找效率以及故障点判断的准确率。

工作法应用

1.查信息：判断故障性质

架空输电线路故障掉闸后，自动重合闸装置重合成功，应为瞬时故障。架空输电线路故障掉闸后，自动重合闸装置重合不成功，试送不成功，一般应考虑永久性故障。

2.查天气：判断故障原因

天气状况是影响架空输电线路故障发生的重要因素之一，结合故障时的天气情况对故障原因进行分析判断也非常重要。雷电交加的天气，首先要考虑雷击故障。大风肆虐天气应考虑异物搭接、风偏距离不足等故障。

风偏造成输电线路两相放电图例

3.查时间：判断故障类型

白天发生的故障，多为交叉跨越距离不足和大型机械碰线等故障。傍晚、半夜、凌晨，一般是鸟类飞回栖息地、排泄、飞离栖息地的时间段，多发生鸟害故障。

夜间输电线路鸟类栖息地图例

4.查季节：判断故障因素

春夏秋冬四季发生的架空输电线路故障性质特征非常明显，所以在故障分析判断中也要特别考虑季节因素。春季易发生冰害和异物等故障。夏季容易出现雷害和交叉跨越距离不足等故障。秋季易发生鸟害和污闪等故障。冬季易发生冰害和风偏等故障。

输电线路冰害图例

输电线路异物跳闸图例

5.查负荷：判断故障种类

架空输电线路大负荷运行时，会造成弧垂下降，导线粘连等现象，易发生交叉跨越距离不足和连接金具烧断等故障。

6.查相别：判断故障成因

单相接地故障，多为污闪和雷害等故障。两相短路故障，多为异物搭接等故障。三相短路故障，多为倒杆塔等故障。

输电线路雷击跳闸图例

7.查测距：判断故障区域

根据调度部门给的故障测距数值，计算出故障点的对应点位置，一般根据故障测距数值计算出的故障点位置均有误差，所以故障点的重点查找范围应为故障对应点两侧各延伸 3~5 千米，同时还应结合以往线路跳闸的经验数据进行修正调整。

8.查特殊区域：判断故障位置

根据算出的故障对应点，看巡视重点区域内是否有影响架空输电线路安全运行的隐患，以便故障准确定位，缩短故障查找时间。

9.查参数：判断故障相位

调度部门给出的故障相位均以 A、B、C 标示，需将故障相位转换成左、中、右相或者是上、中、下相，线路中间有换位的，还需要将换位前后的相位情况清楚了解，这样才能方便故障查找。

架空输电线路发生故障时，要结合上述方法进行综合分析判断，才能得出准确的故障跳闸原因，确定合理的故障查找范围。

专家点评

故障分析判断是架空输电线路跳闸后最重要的一项工作，正确地分析判断，可以对故障准确定性，明确故障巡视重点，对尽快找到故障点，消除隐患，确保架空输电线路安全稳定运行起到至关重要的作用。根据文中提到的办法，技术人员只要熟练掌握本工作法，便可准确判断故障查找范围，对尽快查明故障原因，消除故障缺陷将起到事半功倍的作用。该工作法具有很强的实用性和专业指导性，可对故障进行定性、定位和定相，是尽快找到故障点的关键，有效提高工作效率。

混凝土杆接地引下线提升三步工作法

工作法简介

王立生针对接地引下线提升困难、用时过长的问题，在长期的接地电阻测量工作中，研发了一种混凝土杆专用提升方法，主要包括“设置四分裂抱箍吊点”“安装双分裂提线钩”“旋转丝杆”三个步骤，改进了已有的吊点形式，克服了接地引下线紧贴混凝土杆安装操作空间有限的难题，极大提高工作效率，保障供电可靠性。

工作法背景

输电线路接地装置包括接地体和接地引下线，作用是将雷击避雷线的电流引入大地，其中接地引下线是指连接杆塔本体和地埋接地网的裸露金属导体，通常采用热镀锌圆钢制成。在线路运维及检修过程中，需要打开接地引下线对混凝土杆接地电阻进行测量，但是由于线路在运行过程中经过地质变化、雨水渗透后，回填土发生下沉，会给接地引下线一个向下的拉力，当接地螺栓打开以后，接地引下线的高度便会下降，导致接地引下线的螺栓无法安装到原来的螺孔，安装用时过长，人员工作强度大。因此，需要一种提升方法，将接地引下线可以恢复到原来螺栓孔的安装位置，以便缩短接地电阻测量时间，提高工作效率。

工作法应用

1.设置四分裂抱箍吊点

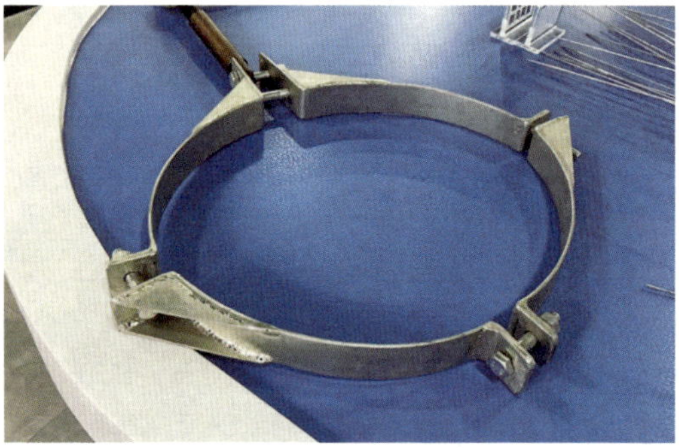

四分裂抱箍

吊点是实现接地引下线提升的外设受力点，其设置是否牢固以及安装的便捷性是保证作业安全和速度的关键因素。安装时，只需要打开四条抱箍连接螺栓中的一条即可，由于混凝土杆的圆度及直径的差异，安装后可以通过调节四条连接螺栓，减小抱箍与混凝土杆之间的空隙，从而增大与混凝土杆的摩擦力。取下时，松开任意一条连接螺栓即可将抱箍打开，从混凝土杆上取下。

2.安装双分裂提线钩

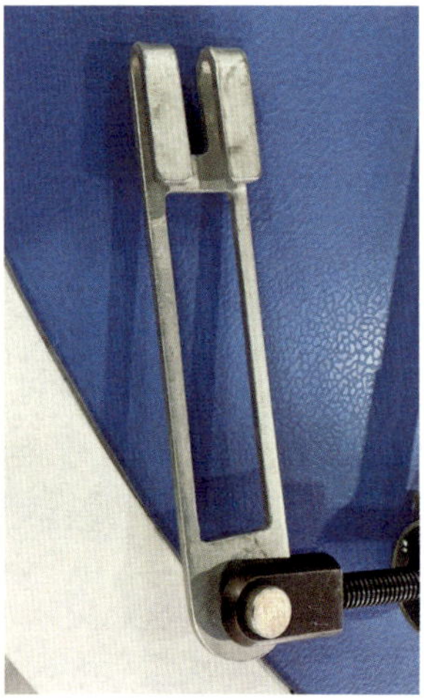

双分裂提线钩

经过现场对混凝土杆接地引下线的尺寸测量，发现接地引下线的圆钢直径均为 12 毫米，但是扁铁的尺寸会因厂家或批次的不同而有差异。双分裂提线钩只要控制好两个钩头间距离，就可适用所有的接地引下线，由于双分裂提线钩厚度不到 3 毫米，并且加强筋的位置接近钩头底部，螺栓孔不会被遮挡，螺栓安装可以顺利完成。

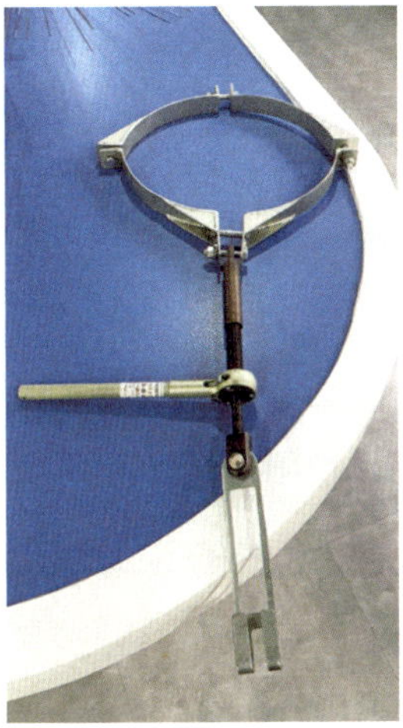
整体组装图

3.旋转丝杆

丝杆随扳手的旋转运动使其行程缩短，带动下方双分裂提线钩向上直线运动，从而将双分裂提线钩上的接地引下线提升到安装位置。

专家点评

混凝土杆接地引下线提升是测量接地电阻过程中耗时最长的一个环节，对测量人员有较高的体力要求。利用本工作方法，测量人员只需要熟练设置吊点、安装挂钩、丝杆收紧，就可以单人快速地完成接地引下线的提升工作，有效解决因土质下沉造成接地引下线提升复位困难的问题。通过混凝土杆本体设置吊点，利用丝杠提升的思路完美贴近一线生产工作，该方法适用于所有的混凝土杆线路。该工作方法将会打破传统人工徒手提升的方式，做到单人即可完成接地引下线提升工作。其次，避免了因接地引下线无法及时复位，导致线路遭受雷击的风险。通过分析，该方法实用性很强，极大提高工作效率，保障供电可靠性。

架空输电线路防鸟害四步工作法

工作法简介

王立生针对鸟类对架空输电线路的影响，在长期输电实践中，对原有防控方法进行优化改进，总结提炼出一套实用高效的架空输电线路防鸟害工作法，主要包括“研、控、防、疏”四个步骤，有效防范和减少架空输电线路因鸟类活动引起的故障，大幅提升线路健康水平。

工作法背景

架空输电线路是电网的重要组成部分，它能否正常运行，直接关系到电网的安全可靠和电力企业的经济效益。在近些年里，鸟类对输电线路的威胁也日益增加，几乎每年都有鸟害故障发生，且呈上升的趋势，因此，在实际工作中采取一套行之有效的工作方法，有效防范和减少线路因鸟类活动引起的故障，对保证电网安全可靠地运行是极为必要的。

工作法应用

1.研：研究鸟害的规律及新的防治方法，采取有的放矢的措施

为了弄清楚鸟类的活动规律、生活习性和各种防鸟设施的实际效果，王立生等人对鸟类的栖息地与觅食场所、防鸟设施安装现场等地点进行了实地观察，并在晚上进行了蹲守，拍摄了大量的影像资料，进

行探讨研究，分析查找鸟害的规律，对输电线路防鸟害区域进行了科学的划分，并制定了有效的对应措施，大大降低了鸟类对输电线路安全运行的影响。同时还对“防振锤防鸟刺”等新型防鸟设备进行研发试验，拓展防鸟方法，开辟新的防鸟途径。

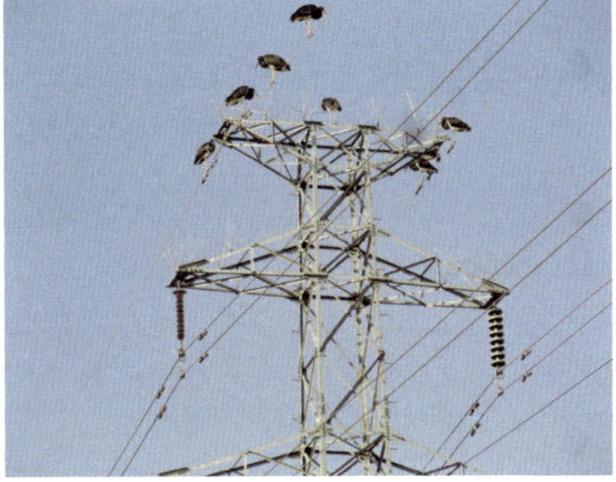

鸟类活动规律、生活习性

2.控：加强运维管理，强化鸟害区域监控力度，采取拆除鸟巢、登塔检查鸟粪分布和重新划分防鸟区域等手段，消除鸟害威胁

根据对线路鸟害故障的统计与分析及各种运行资料，制定出线路的鸟害区域图。这样就可以对此区域重点进行鸟害预防措施和鸟害巡视方面工作，同时在鸟害故障中，缩小巡视范围，快速查找出鸟害故障的发生点，及时排除故障。在鸟害故障高发的季节里，对鸟害区域图中的线路重点巡视，增加巡视次数，随时拆除鸟巢。

登杆塔巡查。有一部分鸟粪附着在绝缘子表面，地面巡视人员因巡视时的地理条件和光线等诸多因素的影响，很难发现此类问题，以致造成鸟害故障的发生。故在巡视中如果发现杆塔上或杆塔下的地面上有大量的鸟粪或有鸟类集中栖息在某基杆塔上，应及时组织人员登杆塔检查，以便及时发现问题，及时采取措施防止鸟粪污闪故障的发生。

3.防：采取安装防鸟刺和涂刷防鸟漆等防护措施，防止鸟类在杆塔上停留

为了防止鸟类在架空输电线路影响线路安全运行的部位停留栖息，凡是鸟类能停留栖息且影响线路安全运行的杆塔部位都安装了防鸟设施，防止鸟类在上述部位停留栖息。

在杆塔顶部涂刷红油漆、捆绑红布条、安装惊鸟彩旗、安装风铃、安装反光镜片和安装惊鸟牌等惊鸟措施。在绝缘子串的上端，鸟类站立位置的下方加装防鸟挡板，防止鸟粪下落。在鸟害区域线路绝缘子串的第一片绝缘子上加装复合防鸟罩，由于复合防鸟罩外径大，可以起到伞的作用，在一定程度上防止了鸟类的污染。

安装防鸟刺。防鸟刺安装在绝缘子串悬挂点正上方的横担处、导线（引流线）垂直上方的塔材上、架空地线支架上、杆顶及水平拉杆上，使鸟类不能在此范围内筑巢、落脚。

防鸟刺安装效果图

4.疏：转换理念，拆除停运线路上的防鸟装置，疏导鸟类转移栖息地

工作人员通过观察发现，一条线路的鸟害区段如安装了防鸟刺，鸟类就会就近栖息到其他没有安装防鸟刺的杆塔，造成防鸟区域不断扩大，直至整条线路全部装满防鸟刺。基于此，工作人员将停运的三蔚线上面的防鸟装置全部拆除，给鸟儿留出栖息的地方。

专家点评

防鸟害工作是架空输电线路运维中的一项重要工作。正确的防控措施，可以确保输电线路安全稳定运行，提高输电线路的可用系数。根据文中提到的办法，技术人员只要熟练掌握“研、控、防、疏”工作法，便可准确掌握鸟害故障的规律，有针对性采取相应措施，保障输电线路安全健康运行。总体来说，该工作法实用性强，具有很强的专业指导性，可大大提高防鸟害工作的有效性，大幅提升输电线路的健康水平。

王黎军

WANG LIJUN

服务客户，从我做起，
精准计量，精益求精

王黎军，中共党员，国网山西省电力公司运城供电公司计量中心五级职员，高级技师，副高级工程师。王黎军从事电能计量工作 30 年，组建王黎军职工创新工作室，牵头研发的《逆相序联动切换装置》《防雨型一体化临时用电计量箱》获山西省“五小六化”竞赛优秀成果一等奖，创新攻关处理变电站母线电量不平衡缺陷技术难题，先后研制了室外电流试验操作杆、计量现场试验操作组合箱，节省工作时长 50%。获评全国五一劳动奖章、三晋技术能手、国网工匠、国家电网有限公司劳动模范等荣誉称号。

应用绝缘拉闸杆进行互感器现场检定工作法

工作法简介

王黎军针对互感器现场检定时采取安全措施耗时过多和操作人员安全性需要保障等问题，在绝缘拉闸杆基础上进行创新，改造成可以进行检定设备线路接引的辅助器材，操作人员不使用安全带攀爬互感器手工接线，可以有效避免高空作业，提升检定工作效率 50% 以上，保障人身安全。

工作法背景

随着用电量的增加，在建和规划中的 110 千伏电压等级及以上的变电站数量增多。新建变电站所使用的互感器都逐渐变成综合性的组合设备，不能进行室内检定，要求工作人员在现场进行高效的实验。现阶段进行互感器的现场检定必须由操作人员爬上设备的一次端进行实验线路的连接，按照规程属于高空作业，因此操作人员在进行一次试验线路接引之前要进行一系列的安全准备工作，影响了工作效率。因此，在互感器现场检定时对绝缘拉闸杆进行改造创新，可以极大提高检定的工作效率，保障操作人员人身安全。

工作法应用

测试现场互感器，使用绝缘测试杆接一次线，每节绝缘杆 1 米，可以使用多节绝缘杆满足现场互感器测试高度要求，操作人员无须使用安全带攀爬互感器手工接线、收线，杜绝工作人员登高发生跌落危险。在互感器现场检定时，一次、二次要相对应测试。

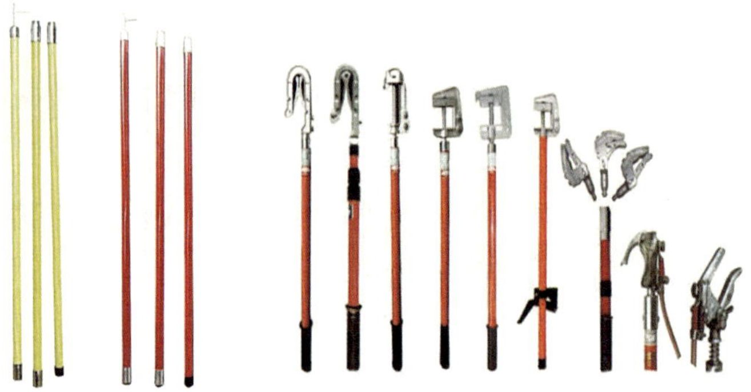

现有的工器具绝缘拉闸杆以及接地线

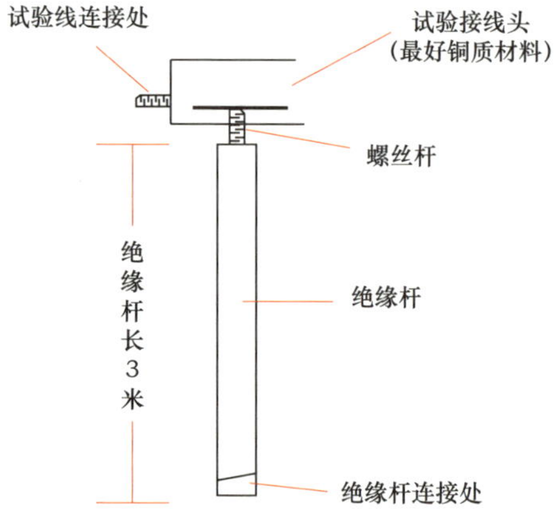

改造的绝缘试验线路接引杆的设计草图

根据设计草图可以看到我们改进的绝缘试验线路接引杆主要分为两个主要部件。

1.绝缘杆

采用耐压强度较大的玻璃钢材料制作，这样可以提高检定高电压等级互感器时的安全系数。杆体为 3 根各长 1 米可以相互连接的绝缘杆组成，总长达到 3 米，可适用于本地区所有变电站互感器的高度；拆卸之后也便于携带。

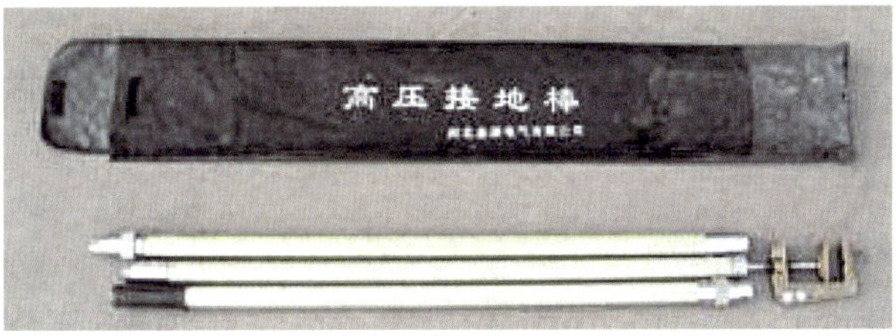

改造后的绝缘杆

2.线路接引装置

这个部分借鉴接地线的设计，整体采用铜质材料，与一次导线接触面相比更宽大、更便于通导。此外设计了试验线连接处，便于直接插接，避免了试验线缠绕在装置上可能会对试验线产生的磨损。与绝缘杆

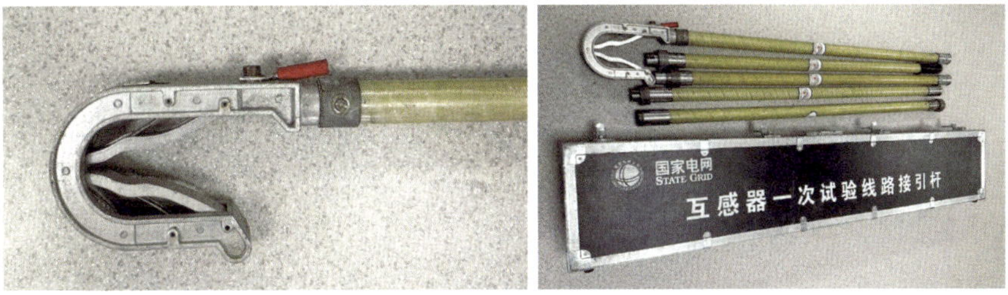

线路接引装置

连接处设计了螺纹杆，操作人员可以通过在地面扭动绝缘杆来紧固线路接引装置，让整个装置稳固地与一次导线接触，从而使试验检定数据更加准确可靠。

使用绝缘试验线路接引杆前后对比图

左图为未使用绝缘试验线路接引杆之前工作开展和进行时的照片。

右图为使用绝缘试验线路接引杆之后工作开展和进行时的照片。

使用绝缘试验线路接引杆后，避免操作人员进行高空作业，使现场检定每台互感器的时间节省40%~50%。操作人员的安全系数大幅度提高的目标值也已经达到。

专家点评

互感器现场检定是保证电力系统稳定运行和电能计量准确性的重要环节，对操作人员安全作业的要求较高。根据文中提到的办法，使用改进的绝缘试验线路接引杆，缩短操作人员互感器现场检定工作时间的同时，可以提高操作人员的安全性。总体来说，该工作法实用性强，具有很强的现场操作性，可有效提高工作效率。

快速处理变电站母线电量不平衡缺陷工作法

工作法简介

王黎军针对平台采集实时监控量大和电量不平衡处理流程不完整的问题，总结提炼出一套实用高效的快速处理变电站母线电量不平衡缺陷的工作法。通过对厂站采集平台升级、完善管理制度及制定现场作业手册等措施最终解决了变电站母线电量不平衡缺陷“难发现、难确认、难处理”的情况。

工作法背景

目前，厂站采集平台只可以对变电站所有表计的电量、需量、瞬时量等数据进行采集，没有实现母线电量自动计算，快速查询功能。如需了解变电站母线电量平衡情况必须将相关线路电量逐个计算并进行核对，才能准确了解电量平衡率；对于电量不平衡的处理也没有一套完整的处理流程，在到达现场之前也无法做出现场情况的大概分析和掌握，造成到达现场线路、电能表逐个检查，严重影响工作效率。因此，在处理母线不平衡工作中采取一套行之有效的方法，可以极大提高母线不平衡处理效率，减少电量损失。

工作法应用

该工作法首先在厂站采集平台编辑母线平衡公式，实现母线电量平衡自动计算；其次将母线平衡率按照数值分类；第三母线平衡率超过5%的重点检查线路的电量采集是否缺失；第四母线平衡率超过5%的重点检查线路互感器是否有更换变比等；第五检查母线平衡率超差的计量点电压、电流是否正常；第六现场核查计量点。

本工作法在技术上使用母线平衡公式，采用室内远程核查排除法、室外现场标准比对法。具体是将母线平衡率按照数值分类，重点检查计量点电量采集是否缺失，互感器是否更换变比，计量点的电压、电流是否正常，最后现场检查计量点。

1.提升采集运维技术水平

通过与采集系统厂家合作，使采集平台具备母线电量不平衡自动计算、快速查询等功能，增加了厂站采集系统内线损分析功能。

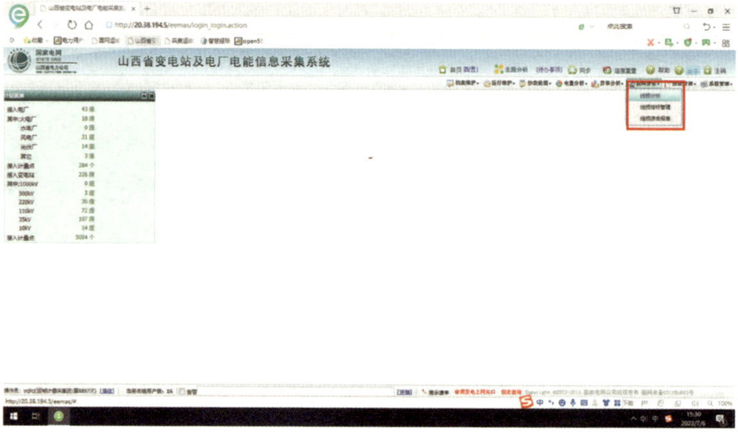

界面图1

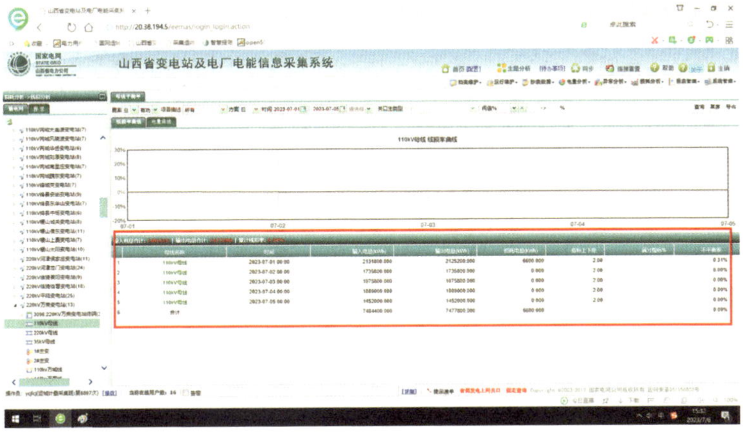

界面图2

如界面图 1、2 所示，可通过母线平衡选项直观地查看各个变电站各个电压等级母线电量平衡情况，如出现电量不平衡率超过允许值，即体现为红色报警。点击绿色的线损分析即可连接至相关变电站电压等级的母线电量分析。界面图 3、4 即为母线电量分析界面。

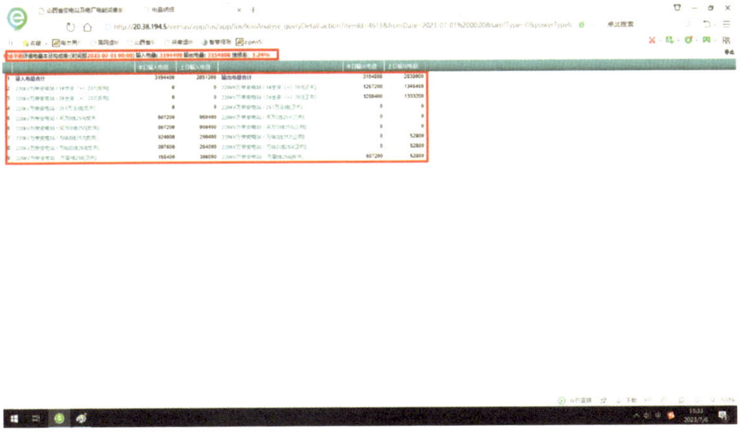

界面图3

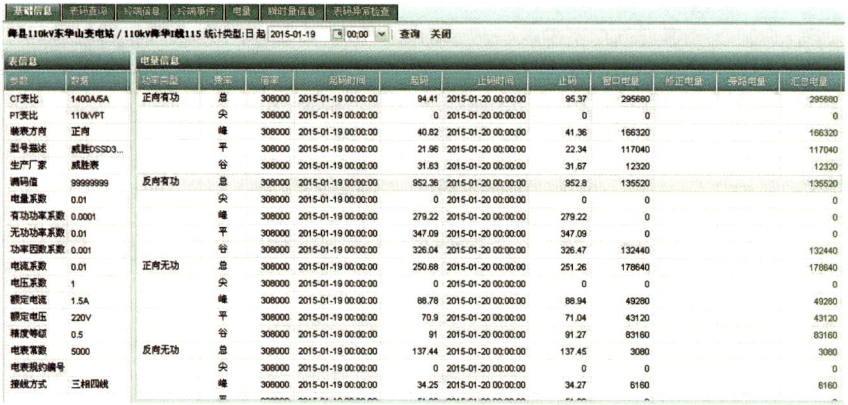

界面图4

所选变电站的母线电量分析通过计算公式后台运算，直观地显示出来，更便于分析出现缺陷的相关线路。

界面图 5~ 界面图 7 均为计算公式的编辑相关线路的添加界面，采集运维人员将每个电压等级的相关线路输入公式模板进行编辑。程序即可根据公式模板的运算结果显示该电压等级母线电量的具体情况。

界面图5

编辑公式
输入电量
输出电量
子运算对象
运算项
符号
系数
起效时间
失效时间
1 河津110KV石庙梁变电站/... 反向电量 加 1 2012-02-01 00:00 2100-02-01 00:00
2 河津110KV石庙梁变电站/... 反向电量 加 1 2012-02-01 00:00 2100-02-01 00:00
页 1 页共 1 页
显示 1-2条 / 共 2 条
自动公式
新增
修改
删除
关闭

界面图6

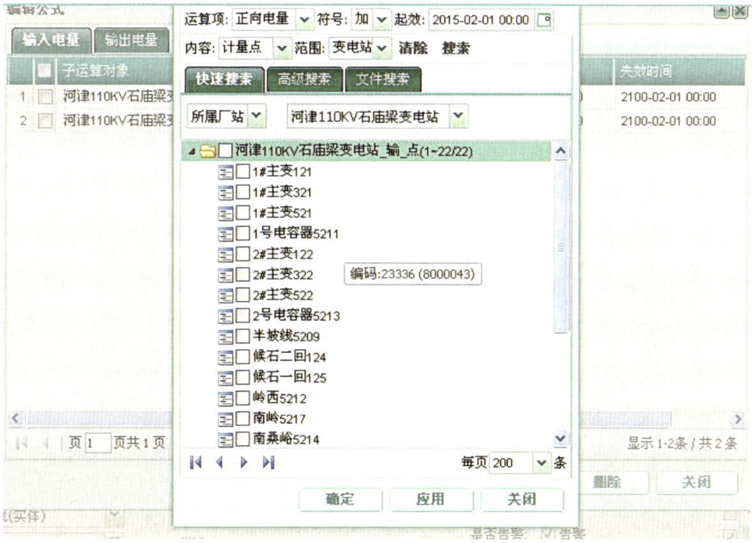
运算项: 正向电量 符号: 加 起效: 2015-02-01 00:00
内容: 计量点 范围: 变电站 清除 搜索
快速搜索
高级搜索
文件搜索
所属厂站 河津110KV石庙梁变电站
河津110KV石庙梁变电站_输_点(1~22/22)
1#主变121
1#主变321
1#主变521
1号电容器5211
2#主变122
2#主变322
编码:23336 (8000043)
2#主变522
2号电容器5213
半坡线5209
候石二回124
候石一回125
岭西5212
南岭5217
南桑峪5214
每页 200 条
确定
应用
关闭

界面图7

2.总结变电站导致母线电量不平衡的各种典型原因

制定针对变电站母线电量不平衡典型性情况的具体处理流程，提出具体的现场作业规范，缩短变电站母线电量不平衡的发现时间和处理完成时间。《处理变电站母线电量不平衡的基本方法》根据多个变电站出现的不同类型的情况进行总结，可以作为处理变电站母线电量不平衡的基本方法。

专家点评

快速处理变电站母线电量不平衡缺陷是确保电量计算准确可靠，有效控制低压线损的重要指标，对工作人员技术水平要求较高。根据文中提到的办法，工作人员只要熟练掌握，便可快速判断故障，高效解决问题，减少电量损失。总体来说，该工作法实用性强，具有很强的专业指导性，可以实时监测终端负荷，便于母线电量平衡的管理。

赵斌

ZHAO BIN

创新致远，

实干争先。

赵斌，中共党员。上海久隆电力（集团）有限公司高级工程师、高级技师、国网上海市电力公司高级专家。他坚守在电缆接头工作一线30余年，积极参与重点工程建设，潜心钻研电缆技艺，创新传承接头工艺，牵头制定“隧道内超高压电缆蛇形敷设工作法”“超高压电缆附件安装环境控制工作法”，获评全国五一劳动奖章、中央企业技术能手、国家电网有限公司劳动模范、上海工匠、上海市劳动模范、国网工匠等荣誉称号。

隧道内超高压电缆蛇形敷设工作法

工作法简介

赵斌针对隧道内超高压电缆蛇形敷设制作的工作场景，综合章鱼展脚运输底盘、推拉式提升机械臂、电缆上架及蛇形敷设一键化操作、激光定标及侧翻预警等设计亮点，研发隧道内电缆敷设自动化辅助设备，有效避免因人工操作不当损坏电缆，推动隧道内电缆蛇形压制工作更加便捷高效，更加安全可靠。

工作法背景

隧道内超高压电缆敷设施工中，电缆上支架一直是最耗费人力的施工环节。就 500 千伏电缆而言，上架需要十几位施工人员同时反复托举电缆，不仅作业强度大、风险高，而且因支架高度存在施工难度变化。电缆上支架作业全凭借人力抬升，存在巨大人工成本和作业风险。当电缆支架处于上层位置高度时，施工难度和作业风险还将大大增加。在蛇形压制过程中，每个蛇形的幅值测量和压制，均由人工完成。但不同的测量基准和重复的人力压制，会使电缆蛇形存在较大制作误差，很难达到量化管理施工，很可能影响整体敷设质量。

工作法应用

1.施工准备

设备底脚采用章鱼合页脚的结构设计。通过工井时，底脚闭合缩紧，确保设备吊装可顺利通过 650 毫米宽的工井口；进入隧道后，底脚着地会自行展开，降低设备重心及增大与地面的压强面积，确保作业稳定性；底脚装有转向轮，方便隧道内施工移动。

设备移动至作业点位后，用快速锚杆固定。设定作业距离及电缆支架高度，通过激光定标在隧道内壁上显示蛇形幅值位置。

2.电缆上支架

隧道内电缆敷设自动化辅助设备动力部分采用机器人大功率伺服动力结构，具备 1.4 吨峰值提升力，水平定位峰值推力为 620 千克，单台吊装设备最大吊装高度可达 2560 毫米。以往需要十几位工作人员才能完成的工作，现在只需要两人就可轻松起吊电缆至预定高度。

超高压电缆蛇形敷设现场图

3.电缆蛇形压制

设备采用 7 寸触摸屏控制与运行状态监控显示，通过人机交互界面升降控制按钮即可定量化蛇形下压深度，也可以通过中控参数设定来实现一键化压蛇形操作并保证压蛇形定量精确、工程一致性高。配合蛇形压制护具使用，使电缆蛇形曲度更连贯，同时也避免压制产生的护层损伤。

4.侧翻预防报警

系统主轴上加入水平轴传感器，当传感器打开后，即可进行工程机械手侧翻预警。当即将快侧翻时，传感器检测到受到设备与地球引力的侧倾力，即会发出“滴滴滴”声音提示报警，确保现场使用安全。

5.新能源供电系统

除了系统外部电源接口，设备还采用大功率电池，直接为系统提供 220 伏的大功率能量输出。电池满电状态下，理论最大可以为系统提供 6 小时动力电源支持。

超高压电缆蛇形敷设成果图

隧道内电缆敷设自动化辅助设备成功应用于上海虹杨 500 千伏输变电工程、西安东北部 330 千伏架空线入地、500 千伏静安站第三回路扩建工程等多项重大项目，有效提升了施工效率、降低工人的劳动强度。结合该设备的施工方法，极大提升了电缆蛇形的敷设质量。就 500 千伏虹杨隧道的 700 多个电缆蛇形，敷设合格率达到 99.96%。运用隧道内电缆敷设自动化辅助设备工作法，全年可节约成本开支约 600 万元，并有效避免因人工操作不当损坏电缆而影响电网所产生的间接损失。保守估计间接经济效益

1000 万元以上。该成果获国家发明专利 2 项和实用新型专利 3 项，获得第三十届上海市优秀发明选拔赛优秀发明三等奖。

专家点评

超高压电缆蛇形敷设制作和固定是保护电缆正常运行的必要步骤，而在实际施工过程中存在隧道内空间狭窄、电缆重量大、人工抬升费时费力且高度不均匀等问题。该工作法利用创新研发的新型设备，除了能有效满足常规线缆的吊装外，更可方便地应用于线缆蛇形制作。吊装中可灵活移动，即使在隧道内的狭窄作业面，该装置的使用也不受限制。该工作法可大大减轻劳动强度，加快施工进度，极大提升了电缆蛇形的敷设质量，并有效避免因人工操作不当损坏电缆。

超高压电缆附件安装环境控制工作法

工作法简介

赵斌在长期超高压电缆附件安装工作中创新超高压电缆附件安装环境控制法，并集成环境温湿度及洁净度自适应调控、工井或隧道内环境有害气体及烟雾实时监控及报警等模块，研发应用智能控制监测平台，满足各种不同工况需求，实现快速搭建、搬运方便。

工作法背景

电缆附件安装施工环境一般分为工井、隧道（包括盾构隧道，顶管隧道及明挖隧道）、直埋以及终端等，以上环境主要存在问题是湿度较大，粉尘严重。以往施工，通常用简易工棚来满足电缆附件安装作业处于相对封闭；然后在工棚内放置小型除湿机，对棚内湿度进行控制。但简易工棚不能适用于现场复杂的施工环境，且无法做到密闭，很难达到隧道电缆附件安装的环境要求，特别是对洁净度的要求。

为了实现附件安装区域的环境控制，必须从 2 个关键要素着手：一是搭建接头棚，将整个附件安装区域形成一个密闭的空间。二是使用环境控制设备对附件安装区域内部环境进行调控。为此，项目需要开发一种可以应用于各施工场景的柔性封闭结构，既提供一个密闭空间又防火。由于施工环境空间有限，该结构工棚必须具备易于运输、方便搭建、拆卸简单的特点。

工作法应用

1.封闭施工现场环境

柔性洁净舱是由智能气泵、结构型气柱以及一次性自洁式防静电膜组成，根据不同的施工环境（工井、隧道、终端等），通过 3D 环境成像扫描以及有限元受力分析系统，15 分钟内便自动搭建成型。洁净舱集成了通风系统、照明系统以及环境参数传感芯片，通过快速接口与模块化空气处理设备、外接电源及在线监测平台连接。自主研发的洁净舱材料具备防水、防静电、绝缘隔热、高防火等级、物化性质稳定和烟尘固相防腐等特点。

超高压电缆附件安装环境控制现场

2.净舱内空气处理

模块化组装空气处理设备集成正压新风、制冷、除湿和净化等功能模块，可根据现场环境和功能需要自主选配组装。该设备实时动态检测洁净舱内环境的含尘量、湿度和温度等参数，根据这些数据自适应算法，通过暖通空调、除湿、过滤技术，调整除尘、温控和降湿的处理强度与频率，将经过处理的新空气替换洁净舱原有的空气，循环往复，直至洁净舱内空气参数达到标准要求。

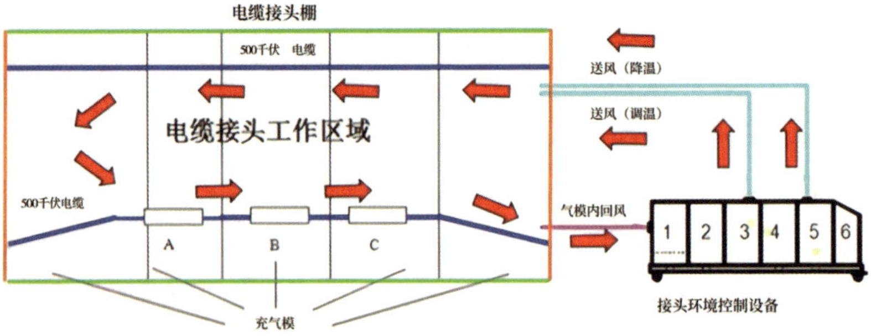

净舱内空气处理示意

3.实时监测施工影像、温湿度、洁净度、有毒有害气体浓度并存储

在线数据监测平台通过洁净舱内置芯片实时监测舱内环境参数和施工影像。通过无线网络将采集到的温湿度数据、洁净度数据以及 CH_4、CO、H_2S 和 O_2 浓度，实时显示在主监控系统屏幕上。平台可对洁净舱内环境参数进行设置和存储，将控制命令通过通信系统传输给模块化空气处理机组，一旦检测到数据超程，则进行声光报警，提醒现场施工人员立即处理。

4.项目取得的成效

超高压电缆附件安装环境控制法成功应用在 500 千伏静安（世博）输变电工程、500 千伏红杨站、500 千伏静安站第三回路扩建工程等重大施工项目，有效提升了 500 千伏超高压电缆附件施工质量，为工程投运后电缆安全稳定运行提供保障。

专家点评

在超高压电力电缆施工过程中，电缆附件安装环境控制是一个技术重点。在附件安装过程中如果有水分和小杂质附在电缆绝缘表面，对长期运行的电缆来说，容易引起水树和局部放电，从而引发电缆故障。因此，超高压电缆附件安装的环境控制，主要是针对环境温度、湿度和洁净度进行改善。根据文中提到的办法，用柔性充气膜作为封闭环境的材料，模块化组装空气处理设备，实时处理棚内空气并做到实时监控安装环境空气质量参数。此方法搭建的超高压电缆附件安装环境，环境适应性强、方便快捷、安全可靠，可有效提高施工质量。

李澄

LI CHENG

创新就是工作，

工作就是创新。

李澄，中共党员，江苏方天电力技术有限公司产品技术研发中心技术总监，正高级工程师。他从事智能电网产品研发工作三十余年，带领团队研发了57种智能电网产品，涵盖变电、配电、用电多个环节，获评江苏省有突出贡献中青年专家、江苏省文明职工、国家电网有限公司优秀共产党员、国网工匠、国家电网有限公司专业领军人才等荣誉称号。

配用电测控类设备平台化开发工作法

工作法简介

李澄为应对配用电测控类设备快速研发需求，总结提炼出配用电测控类设备平台化开发工作法，包括“总体设计规划”“平台硬件架构设计”“平台软件框架设计”三大部分，可提升软硬件复用性，提高开发效率，帮助研发团队进行有效技术积累，形成快速研发能力。

工作法背景

目前配用电测控类设备种类多，更新速度快，对研发团队技术储备及快速研发能力提出更高要求。因此，采用平台化开发方案，在需求模块化的基础上，设计一种测控类设备统一平台，可提升软硬件复用性，提高研发效率。

工作法应用

1.总体设计规划

设计测控设备统一平台，硬件层面通过硬件组件化适配多种设备，达到硬件重用；软件层面，合理规划分层设计，每层都由通用或专用软件包构成，达到最大程度的软件重用。为此，提出了测控设备平台化开发思路，平台由三部分组成：

（1）硬件平台。组件化设计，对功能需求进行抽象与模型化，组成符合需求的基础硬件、操作系统、文件系统、网络栈、外设驱动等，构建硬件平台，组件设计上尽可能做到接口通用及可替换。

（2）通用软件包。通过对底层硬件及操作系统接口的抽象，可适配广泛的硬件及操作系统。通用软件包需配合软件框架使用，根据需要选择适合的开源软件包。成套且功能完整的通用软件包能够显著降低开发难度，增加软件的可移植性，减少开发时间。

（3）应用软件框架。该部分独立于硬件平台，针对某类功能而开发，使开发人员不必考虑系统性全局设计，专注于具体的功能软件开发。

2.平台硬件架构设计

按目前配用电测控类设备需求，硬件平台可分为：

（1）实时控制类硬件平台。此类平台实时性要求高，小于 500~1000 毫秒内，通常选用实时操作系统（RTOS）+ 数字信号处理器（DSP），内部通信使用高速通信总线等实现，为了满足高性能要求，硬件组件的通用性相对较弱，软件结构也较为讲究，兼容性相对差些。

（2）通信管理类硬件平台。此平台主要作用是通信数据的接收，处理和转发，对实时性不做要求，可被看作通信数据接收类来统一处理。这类平台使用嵌入式 ARM+Linux 系统，内部通信使用 485、can 等较低速，但标准化的通信总线，便于硬件组件的替换。

（3）传感器类硬件平台。该类平台使用微型单片机（MCU）+ 实时操作系统 FreeRTOS，驱动按照私有习惯的方式实现，网络栈使用 lwip。由于传感器电路和结构形式变化多样，并且相对简单，不考虑硬件组件方式的通用性，仅在主 CPU、软件系统上做到通用。

3.平台软件框架设计

按目前的需求，设立软件框架：

（1）控制软件框架。针对数据处理、逻辑运算、控制等需求，开发相应控制功能模块，根据实际需求，配置组合实现用户实际需求，减少开发工作量和软件版本，提高需求实现的速度。

（2）通信管理软件框架。建立基础的通信管理类功能框架，实现通用的建模、数据共享、转发功能，使开发人员专注于通信功能本身。

专家点评

近年来，配用电技术更替速度加快，相关设备需求和标准不断变化，推动了新型设备产生与升级，这对研发人员技术积累以及团队快速研发能力提出了更高的要求。根据本文提出的测控类设备平台化开发工作法，设计测控类设备统一平台，提升软硬件复用性，使团队积累技术快速应用，提高研发效率，助力团队快速研发。

配电终端4G通信故障排查五步工作法

工作法简介

李澄针对智能配用电终端安装、运维、调试中常常出现 4G 不通的问题，在长期智能配用电终端研发工作中，总结提炼出了一套实用高效的配电终端 4G 通信故障排查工作法，主要包括“查状态”“查接线”“查信号”“查配置”“查加密”五个步骤，有助于一线安装、运维、调试人员逐快速排查 4G 通信故障。

工作法背景

4G 无线传输技术不需要通信线缆，可直接实现设备与主站系统通信，成为配电终端主要通信方式之一。在终端现场安装、调试、运维中经常出现 4G 通信不通的问题，需要工程人员快速查找故障原因，恢复通信。因此，在配电终端 4G 通信故障排查工作中，采取一套行之有效的方法，定位通信异常原因，可极大提高故障排查效率。

工作法应用

本工作法主要用于排查配电终端 4G 通信故障，流程如下图所示，按下列步骤进行：

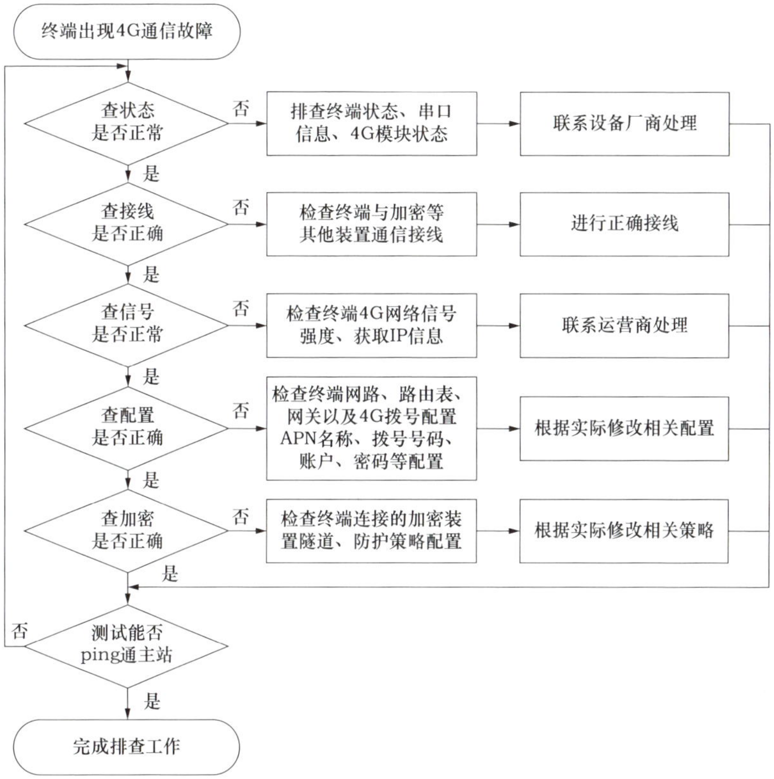

五步工作法流程

1.查状态：排除终端本体故障

检查终端状态信息及串口信息，排查是否存在异常及告警，排查是否存在终端本体故障、4G 模块故障，如存在上述问题，应与厂商联系处理。

2.查接线：排除接线问题

检查终端与加密等其他装置通信接线是否正确，排除接线错误导致的网络不通。

3.查信号：排除信号问题

通过工具软件，检查终端4G网络信号强度及是否能够获取IP，注意位置信号强度不佳，会出现不稳定、时断时连情况；如信号强度为0，则可能为本地无信号或者SIM卡已销号，如信号强度正常但无法获取IP，则可能SIM卡存在欠费等情况。如存在上述问题，应与运营商联系处理。

4.查配置：排除配置问题

核对是否是配置信息错误，导致无法正常拨号、连接不通。如存在上述问题，应根据实际修改相关配置。

5.查加密：排除策略问题

排查终端连接的加密装置隧道、防护策略配置，排查是否为策略未正确配置导致的网络不通。如存在上述问题，应根据实际修改相关策略。

专家点评

配电终端4G通信故障是终端现场安装、运维、调试过程中常见故障之一，如何快速缩小排故方向，定位故障原因是现场工程人员难点问题。根据文中提到的办法，工程人员按步骤排查，逐步缩小排查范围，定位故障原因，解决配电终端4G通信故障。

陈昊

CHEN HAO

不积跬步，
无以至千里。

陈昊，中共党员，国网江苏省电力有限公司南京供电公司500千伏变电运检中心变电二次运检师、高级技师，研究员级高级工程师。自2005年参加工作以来，陈昊从一名继电保护工，成长为国家电网有限公司保护装置运维专业的首席专家，荣获第六届全国职工优秀技术创新成果交流一等奖，获评江苏省有突出贡献中青年专家、江苏工匠、江苏省五一劳动奖章、江苏省十佳文明职工、江苏省青年五四奖章、江苏省知识产权领军人才等荣誉称号，享受国务院政府特殊津贴。他依托陈昊技师创新工作室搭建变电运检技术与人才培养平台。该平台完成各级科创项目30项，1名成员获国家电网有限公司技术能手，3名成员获江苏省技术能手。全部成员拥有授权发明专利。

二次回路接线施工工艺改进六步工作法

工作法简介

陈昊针对二次回路接线过程复杂、易出错的问题，在长期二次运检工作中，总结提炼出一套实用有效的二次回路接线施工工艺改进工作法，主要包括“核图纸”“备材料”“埋电缆”“制电缆头”“理芯线”“接线”六大步骤，对二次回路敷设、接线施工过程进行规范化、条理化整改，提升现场电气施工质量和工艺水平。

工作法背景

二次回路接线是变电站电气施工过程中的一道关键施工工序，影响着整个施工进程及后期的运维检修，接线过程繁杂、环节众多，很容易出现漏接线、误接线等问题。因此，采取一套规范有序的二次回路接线施工方法，可以大幅提高施工质量和工艺水平。

工作法应用

1.核图纸

确保施工图纸的准确无误是二次回路接线的前提，熟悉二次接线图、原理图和二次接线相关规程规范，认真核对电缆清册及接线图纸的正确性及一致性，发现问题及时反馈设计单位进行修改，以免电缆敷设、接线过程中发生设计变更，影响施工进度。

2.备材料

依据电缆清册准备各种型号的接地线、热缩管、线号管、扎带、电缆牌、线帽等二次接线所需的消耗性材料；准备电缆牌打印机、打号机及二次接线用工具。

3.埋电缆

提前根据电缆根数、型号、设备接线空间大小等因素策划二次接线工艺。检查电缆外观无破损现象后，利用绝缘胶带等材料标注区分电缆的编号、起止位置信息。将电缆敷设入电缆沟，敷设时注意排列整齐、避免交叉，电缆转弯和分支处有序叠放，走向整齐清楚。电缆分层、逐根穿入屏柜、端子箱，并预留充足的长度。所有电缆敷设完毕后，全面核对电缆的数量、编号，以防敷错或遗漏。核对无误后，固定电缆，要求绑扎牢固，防止接线后使端子排承受机械应力。

4.制电缆头

在剥除电缆外层保护套时，留 1 厘米长的屏蔽层与接地线进行连接。铠装屏蔽电缆，屏蔽层接地线接入二次地，铠装层接地线接入一次地。电缆头制作时缠绕的自粘带要求缠绕密实、牢固。电缆头制作时采用统一颜色和长度的热缩管，热缩管的直径与电缆外径相适应。采用电缆牌打印机将电缆型号、编号、起止位置等信息打印清楚，用扎带将电缆牌挂设牢固、整齐。

5.理芯线

将每根电缆的芯线单独分开、拉直。对照端子接线图将电缆每根芯线两端对应的线号一一列出，用打号机打印线号管，线号管的规格应和芯线的规格配套。将一根芯线接地找出公共线，用公共线将其他芯线一一校核出来，按顺序套上对应的线号管。将电缆芯线绑扎，绑扎间距应均匀，扎线头应朝内，走向合理，整齐美观。

6.接线

电缆的芯线接入端子排时按照自下而上的顺序，当芯线引至接入端子的对应位置时，将芯线向端子排侧折弯 90 度，以保证芯线水平。在靠近端子排附近向外折成“S”弯，在端子排接入位置剪断芯线、接入端子，“S”弯要求弧度自然、大小一致。用剥线钳剥除芯线护套，长度和接入端子排所需长度一致，不应过长或过短；剥线钳的规格要和芯线截面一致，不得损伤芯线；芯线护套切口应平整。

专家点评

二次回路接线是变电站电气施工的重要工序，要求施工人员必须有较高的技术水平。根据文中所提的方法，施工人员只要熟练掌握六步工作法，便可以准确、规范、美观的完成二次接线。另外，通过“核图纸”可以提高接线图的准确度，防止因设计导致工程延期。总体来说，该工作法专业指导性强，规范实用，可大大减少遗漏错接问题，有效提高施工质量。

范雪峰

FAN XUEFENG

生命不息，创新不止。

范雪峰，国网浙江省电力有限公司宁波供电公司信息通信分公司（数据中心）通信业务班通信运行检修技师。他扎根电力通信一线 34 年，苦心钻研远程交换技术十余载，发明纤芯交换机器人，填补了国内技术空白，获评浙江工匠、国网工匠、浙电工匠及国网浙江省电力有限公司职工技术创新能手等荣誉称号。

智能光配远程纤芯对接工作法

工作法简介

范雪峰创新改进传统光缆纤芯交换模式，采用机械手代替人手、自动化控制与光通信技术相融合，形成智能光配远程纤芯对接工作法，在通信行业内攻克了大容量光纤远程交换的技术难题，改变了现有的光纤芯人工现场跳接工作模式，有效提高生产效率，缩短抢修时间。

工作法背景

传统的光缆纤芯交换模式，完全采用人工现场手动交换作业，效率低下。在光缆故障中断时，人工至现场进行纤芯跳接，往往需要 4~6 人分别到达不同的站点，进行故障定位和光路倒换，费时费力且容易出错。人工交换模式不仅严重制约了光通信业务的中断恢复速度甚至严重制约了智能光通信网络的发展。如何将光纤芯交换由现场人工革新为远程自动，提升业务中断恢复速度、发展智能光网络，成为光纤通信领域亟须解决的难题。研究新型光纤交换技术、探索高效光缆运维模式、建设智能光缆网络是通信发展的重要方向之一。

工作法应用

1.机械手代替人手

智能光配远程纤芯对接工作法采用了一种光纤纤芯对接设备，包括对接板光纤纤芯对接连接器和机械手。光纤纤芯对接连接器包括若干相互平行的线路连接器和若干相互平行的绳路连接器。线路连接器包括第一滑动杆、第一线路纤芯连接器和第二线路纤芯连接器，且第一线路纤芯连接器的输入端和输出端通过连接光纤相连，第二线路纤芯连接器的输入端和输出端通过连接光纤相连。绳路连接器包括第二滑动杆、第一绳路纤芯连接器和第二绳路纤芯连接器，第一绳路纤芯连接器与所述第二绳路纤芯连接器通过连接光纤相连。

在具体操作时，只需将外部线路光纤纤芯的一端接入所述第一线路纤芯连接器的输入端，并经过连接光纤，从第一线路纤芯连接器的输出端输出，然后利用机械手控制绳路连接器的中的第一绳路纤芯连接器和第二绳路纤芯连接器，将其分别移动至不同线路光纤所接入的第一线路纤芯连接器的输出端，使绳路连接器中的第一绳路纤芯连接器和第二绳路纤芯连接器分别与不同线路光纤所接入的第一线路纤芯连接器的输出端对接，从而通过不同线路光纤所接入的第一线路纤芯连接器以及与其对接的绳路连接器，在不同线路间形成光学通路，实现所述光纤网络中不同线路光纤的自动对接。

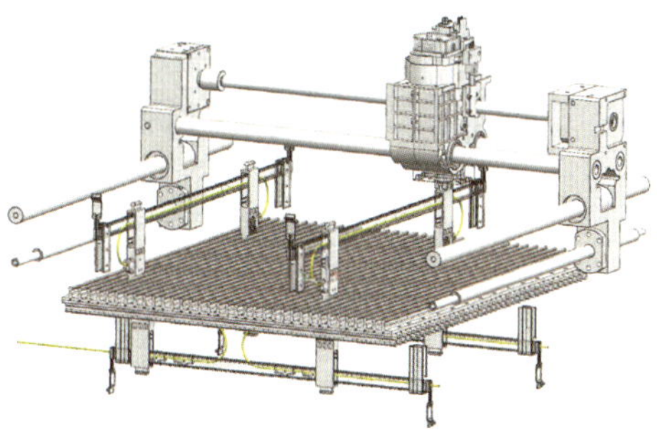

机械手臂

2.光纤远程实时测试

以各站点设备组网、进程并发的测试方法，实现光纤性能数据采集实时化。OTDR 或光源光功率计等测试模块接入交换设备预留端口，可通过实时调用与待测光纤对接。结合远程交换功能，可将所需监测的全路径光纤互联，构成测试通道，实时采集全路径纤芯性能数据，监测空闲光纤的衰耗、温度、应变等各项性能指标。

3.分离式光纤连接器

具体实施过程中，连接光纤的纤芯经过拖链，从纤芯连接器的一侧穿入贯通的空腔，从链接法兰的第一圆柱体部对应的阶梯孔部分插入并链接法兰，然后从链接法兰的第二圆柱体部对应的阶梯孔部分穿出。其中，第二圆柱体部用于固定连接光纤的纤芯。在实现对接的过程中，纤芯连接器向下移动，将链接法兰的第二圆柱体部插入对接孔，使绳路纤芯连接器中的光纤纤芯与线路纤芯连接器中的光纤纤芯相互对接。

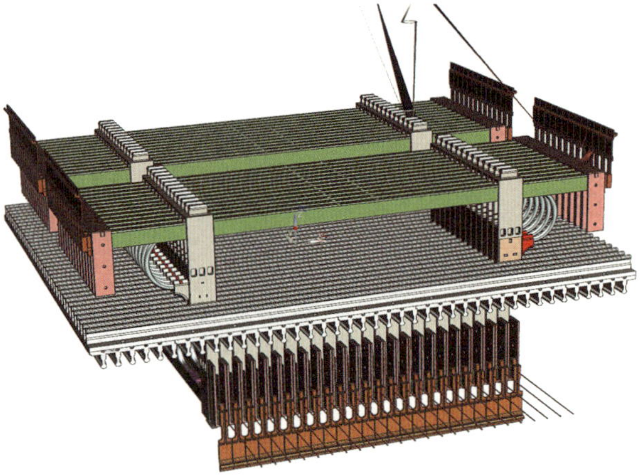

纵横式对接矩阵

专家点评

智能光配远程纤芯对接工作法整体设计理念新颖、性能稳定、安全可靠，对光纤芯技术做出了系统性的创新，所研发的远程交换设备为国内首创，成果整体水平已处于国内领先、国际先进，其中大区域的组网业务应用已处于国际领先行列。

铅酸蓄电池真实负载远程充放电工作法

工作法简介

范雪峰针对铅酸蓄电池传统测量法作业烦琐、费时费力、放电过程不环保等问题，研究一种借助真实负载的蓄电池远程充放电技术及配套设备，具体包括核载控制、蓄电池监测、控制、通信等模块，能够有效代替传统人工作业，极大减少人力成本及时间成本，有效延长蓄电池寿命。

工作法背景

铅酸蓄电池广泛应用于电力、通信、能源等行业，常见的应用场景包括电力通信电源系统、信息机房不间断电源系统、变电站 220 伏直流系统等。作为备用电源，蓄电池的性能直接关乎安全运行的稳定性。常见的蓄电池性能测试和容量测量法包括离线式测量法、在线式测量法、核对性容量试验法。传统的测量法存在现场作业烦琐、费时费力、放电过程不环保等问题。针对上述问题，本工作法研究了一种借助真实负载的蓄电池远程充放电技术及配套设备，代替传统人工作业，极大地减少人力成本和时间成本，同时通过科学的充放电策略有效地延长了蓄电池寿命，为铅酸蓄电池系统智慧管理提供了一种实用、通用的方法和思路。

蓄电池远程充放电技术配套设备

工作法应用

本设备针对不同的电源类型采用不同的接线和实现方式。

1.协议控制电压模式

协议控制电压模式是针对通信电源直流母排电压可协议控制，且调节范围在 43~56 伏区间的情况。

（1）由核载控制模块协议控制电源直流母排输出电压至 43 伏。负载由电池放电供给，并开始核载计时。

（2）放电到设定时间（初始设置的 1、2、4 小时核载时间），退出放电。

（3）根据交流输入电源状态（交流失电）、单电池状态（电压低于警戒值）等多重状态响应，可主动退出核载。

（4）由核载控制模块协议控制电源整流模块采用限流工作模式（一般为 0.1C 充电率），对电池组均充运行。

（5）电池组电压达到 56.7 伏（充电容量达放电容量的 1.2 倍）后，电源直流母排输出下调到 54 伏，核载工作完成。

2.自带整流模块模式

自带整流模块模式针对无法满足协议控制电压模式的电源情况（目前市面绝大部分厂家及规格型号的通信电源均无法满足）。

（1）本设备自带电源整流模块，且模块输出具备电压可调功能。

（2）模块并联在电源输出母排上，常闭节点继电器串联在电源交流输入端。

（3）核载试验前，先检测自带电源整流模块带载能力（基于单个容量的 80% 考虑，输出电流须达到 25 安），检测无误后电压调整至 43 伏，作为核载试验保护电压。

（4）控制常闭节点继电器，中断通信电源模块交流输入，负载由电池放电供给，并开始核载计时。

（5）放电到设定时间（初始设置的 1、2、4 小时核载时间），退出放电。

（6）根据交流输入电源状态（交流失电）、单电池状态（电压低于警戒值）等多重状态响应，可主动退出核载。

（7）由核载控制模块协议控制自带电源整流模块采用限流工作模式（一般为 0.1C 充电率），对电池

蓄电池充放电试验

组均充运行。

（8）电池组电压达到 56.7 伏（充电容量达到放电容量的 1.2 倍）后，恢复通信电源模块交流输入，下调核载设备整流模块电压到 43 伏。通信电源系统恢复 54 伏供电运行模式，核载完成。

2021 年 5 月开始，本设备在宁波地区部分 220 千伏站点试点应用。通过分析实验室及试运行站点的多种充放电数据，初步形成一套提升蓄电池寿命的充放电策略，为后期蓄电池维护工作提供科学依据。还可推广至一次直流电源系统等，特别是针对信息机房、自动化机房、办公机房 UPS 电源系统蓄电池的充放电，效果显著。目前，本设备除在宁波本地大规模应用，还推广至西藏国网那曲供电公司试点应用。

专家点评

铅酸蓄电池充放电方法主要包括离线式测量法、在线式测量法、核对性容量试验法和短时放电容量预估法。范雪峰研究了一套基于短时放电容量预估法的远程充放电系统。该系统具有安装简便、节能环保、通用性强等优点，可大幅节省蓄电池维护人工投入，提高变电站电源管理的智能化水平，对提升电力、通信、能源等行业的安全性、可靠性具有现实意义。

蔡江河

CAI JIANGHE

有体能才有技能，

有创新才有信心。

蔡江河，中共党员，国网福建省电力有限公司三明供电公司输电运检中心四级职员、输电带电作业班班长，高级工程师、高级技师，全国带电作业标准化技术委员会专家组成员。他扎根高压线路带电检修一线 27 年，勤学苦练、勇于创新、传承匠心，时刻为三明地区输电线路“把脉治病”，保障电网可靠运行，牵头研发的“更换单片绝缘子通用翼型卡具”等 15 个科技项目，共获得国家知识产权局实用新型专利授权 15 项、发明专利 5 项，另取得地市级以上科技创新奖 30 余项，获评全国青年岗位能手、国网工匠、国家电网有限公司优秀班组长、国网福建省电力有限公司劳动模范等荣誉称号。

全电压等级无人机网格化巡检三步工作法

工作法简介

蔡江河针对无人机巡检同区域内多专业设备共存的现象，总结提炼出全电压等级无人机网格化巡检方法，主要包括“网格划分”“航线规划”“网格巡检”三个步骤，满足在同一时间对巡检网格区域内的多专业、多电压等级的设备进行巡检，实现跨专业资源共享、跨班组业务协作。

工作法背景

目前，无人机巡检主要是以分专业、责任班组等方式进行。这些方式存在一个区域内多专业设备共存的现象，各责任班组需要重复到现场进行无人机巡检作业，十分浪费人力、交通等资源，特别是一些偏远地区，巡检效率低下。因此，对网格区域内采取一套行之有效的“全电压等级”网格巡检方法，可以极大提高无人机巡检效率。

工作法应用

1.网格划分：规划最佳巡检区域

通过无人机搭载激光雷达、高像素相机等设备，采集网格区域内输变配设备位置信息，利用建模软件生成三维立体、真实可视的巡检网格数字模型。依托数字模型进行网格划分，优先选定设备体量大、密集程度高的区域为巡检大网格，以提高网格化巡检的覆盖面，再根据无人机通信范围、续航等条件划分设备小网格，以提高现场作业机动性。通过该方式实现网格区域内 0.4~500 千伏全电压等级的输配变各专业设备全覆盖，形成省、市、县纵向一体且“外横内纵”的无人机巡检网格。

沙县镇头村0.4~500千伏网格

2.航线规划：生成自主巡检航线

依托省公司机巡管控平台，在数字模型的基础上，对其进行无人机自主巡检航线的规划，根据不同任务类型规划各类自主巡检航线，建立自主巡检航线库，并上传至机巡作业平台，现场作业人员可随时随地调用，提高作业灵活度。

3.网格巡检：采集设备状态信息

一是通过“无人机＋机场”全自主巡检系统在变电站的部署，将周边1千米范围内的输变配设备设置为一个巡检网格，通过作业人员远程操控，无人机即可自动起飞、巡检、降落、数据上传等，实现“一个机场多专业共享，一次飞行多任务共用”，具有启动速度快、流程简单等优点。二是通过作业人员携带无人机设备前往巡检网格点，采用“一人多机”等巡检模式，在同一时间对巡检网格区域内的多专业、多电压等级设备进行巡检，一键完成网格区域内设备的巡检作业，作业可靠性高。现场巡检作业结束后依托省公司机巡管控平台，可完成跨专业巡检成果自动分类归档、数据自动编辑命名、缺陷自动筛查、缺陷工单派发等作业闭环，全面提高无人机巡检效率。

专家点评

全电压等级无人机网格化巡检以提质增效为主线，以“网格化”为着力点，全面打破专业壁垒，充分发挥属地优势，实现从传统单一线路段无人机巡检模式转变为以网络控制点为核心输配变协同、市县一体的无人机“网格化”巡检模式。有力推动输配变巡检模式的迭代优化和发展革新，全面提高巡检质效。

220千伏干字型耐张塔中相转移电位作业工作法

工作法简介

蔡江河针对220千伏干字型耐张塔中相转移电位作业过程中出现的问题，创新提出220千伏干字型耐张塔中相转移电位作业工作法，设计出一种满足现场实际的绝缘双节可调角度硬梯，较好地改进了带电作业方式，拓宽了220千伏输电线路带电作业的应用范围。

工作法背景

国网三明供电公司所辖220千伏列新线等线路，其耐张塔多采用干字型设计，绝缘子采用双串玻璃或瓷质绝缘子，结构长度在240厘米左右。为保障电网的安全运行，输电带电班每年均需要在该类型杆塔上多次开展等电位带电检修作业。因绝缘子串长度过短，组合间隙不能满足“跨二短三”进入电场的要求，同时受杆塔结构限制，无法安装普通水平硬梯进行电位转移。

以往，国网三明供电公司主要通过绝缘挂梯或软梯法进入电场，由于杆塔高度高，又受杆塔所处环境限制，无法采用软梯法作业；而采用绝缘挂梯法作业时，等电位电工由塔身荡入悬挂点下方，旋转及晃动幅度大，对等电位电工心理、体力及技术要求极高，整套作业方法、作业效率及安全系数很低。

因此，如果能够研制出一种绝缘双节可调角度硬梯，通过绝缘双节梯满足等电位作业人员进出电场过程中组合间隙的要求，就能有效解决这些问题。

工作法应用

本项目研制的绝缘双节可调硬梯，主要由梯子与导线连接挂钩、上部绝缘蜈蚣梯、下部绝缘平梯和梯子之间连接棘轮及卡扣组成，实施步骤如下。

第一步，地电位 1 号电工登塔至塔身适当位置，挂好滑车，地面电工将绝缘双节可调硬梯调整为直线状态，通过绝缘传递绳起吊至适当高度。

第二步，地电位 2 号电工登塔至绝缘梯下端头塔材处，就位后操纵梯子与地面电工配合将梯子挂钩挂至导线上或导线侧连接金具处。

第三步，地电位 2 号电工通过绝缘绳远程调控梯子中间连接棘轮及卡扣的状态，将双节梯子调整至最佳角度，固定梯子下端头于塔材上，并对梯子进行冲击性试验。

第四步，等电位电工通过绝缘双节可调硬梯进出电场，安全高效地开展等电位带电检修作业。

工器具整体示例

工器具现场摆放示例

工器具现场起吊及安装

梯子调整至最佳角度

等电位人员沿水平硬梯滑出

等电位人员沿蜈蚣梯攀爬

等电位人员进入电场进行线路检修作业

专家点评

等电位作业人员在进出电场过程中时刻受到杆塔结构、导线走向、现场环境等因素影响，导致组合间隙无法满足进电场要求。本文中提到的作业方法是通过绝缘双节可调角度硬梯转移电位，梯子不受悬挂高度的限制，对导线的应力和弧垂影响极小。研究的 220 千伏干字型耐张塔中相转移电位作业方法安全可靠，配套的绝缘双节可调角度硬梯实用性强，总体成果达到了国内先进水平。

贺彪

HE BIAO

力求工作完美，

寻求工作快乐。

贺彪，中共党员，国网湖南省电力有限公司长沙供电公司不停电管控中心高级技师。他扎根带电作业一线16年，参与输配电带电作业7000余次，增加供电量超1.35亿千瓦时。获评湖南省五一劳动奖章、湖南省技术能手、全国电力行业技术能手、湖湘电力工匠、长沙市百优工匠等荣誉称号。

配网带电作业中绝缘斗臂车机械故障快速查找处理工作法

工作法简介

贺彪针对绝缘斗臂车作业现场常见的机械系统故障，总结提炼出配电作业中绝缘斗臂车一般性机械故障快速处理法，通过对照“查功能”“做动作”“检臂架”“测动力”四个步骤进行处理，可以缩短作业人员工时，使绝缘斗臂车快速恢复正常工作状态。

工作法背景

配网带电作业现场，现场作业人员特别是新参加配网带电作业工作人员，对就地处理绝缘斗臂车一般机械故障的经验和应对措施不足，影响了作业效率。因此，提出绝缘斗臂车存在的一般机械故障处理方法，在现场对照处理，可以缩短作业人员工时、提高工效。

工作法应用

为保证绝缘斗臂车安全高效使用，提高带电作业的安全性及开展效率，当绝缘斗臂车在生产现场发生一般机械故障后，需要及时分析，判断故障发生的部位及原因，并采取适当的措施予以排除，提高工作效率。该工作法实用性强，具有专业指导性。

1.查功能

检查 PTO 取力器是否连接，若 PTO 未连接或连接不牢，应重新连接或固定。检查液压油油位是否正常，液压油未到达液压泵也会导致此故障发生。确认工作臂是否收回到工作臂托架上，工作臂是否全部缩回。检查支腿是否有卡涩现象，必要时进行润滑。快速查出基础功能是否存在故障。

检查支腿是否卡涩

2.做动作

正确支撑支腿，所有支腿感应器必须起作用，并保持线路畅通，操作支腿使其可靠接地。接通上部操作电源开关，将控制手柄扳到上部控制位置。检查上部控制先导压力，调至所需压力。工作臂位置越限，触发闭锁，解除闭锁装置，操作工作臂从越限位置返回。动作停止开关接通，解除动作停止开关。自动切断功能起作用，动力被切断，将上部操作电源开关置于“关”的位置 3 秒以上，再重新置于“开”的位置。电瓶电量不足，用电瓶检查开关确认是否充电不足，若电量不足无法工作时，用备用电源开关收回。这种方式能够有效排除车辆是否存在电气线路故障。

调整上部控制先导压力

3.检臂架

接通工作臂自动收回开关，工作臂不动作。这是由于工作臂的回转位置在收回位置附近或升降角度在15度以内，无法进行自动收回操作。这时用操作手柄收回，或将工作臂移到工作臂自动收回指示灯点亮的位置后再进行自动收回操作。在进行升降、伸缩操作时，工作斗倾斜。此时，确认平衡切换阀的切换操纵杆是否完全被推压复位。经过检查说明车辆液压系统是否正常。

检臂架

4.测动力

确保截止阀完全打开，调整发动机转速，正确调节阀芯到中位。操作工作臂时，发动机停止，工作臂无法操作。这是因为在作业前检查开关接通情况下，进行常规的工作臂操作，如果超过作业前检查时的动作范围，发动机会停止。此时，通过驾驶室内钥匙开关再次起动发动机，即可进行常规的工作臂操作。

测动力

专家点评

绝缘斗臂车在配网带电作业中广泛应用，现场作业人员对车辆的一般机械性能熟悉程度关系到作业安全和生产效率，文中提到的一般使用机械故障普遍存在。现场作业人员均可通过现场对照查功能、做动作、检臂架、测动力四个步骤进行处理，快速恢复车辆正常使用状态。总体来说，该方法实用性较强，对照故障进行处理，可以节省时间，有效提高工作效率。

杨峰

YANG FENG

用心做事，老事新做。

杨峰，中共党员，国网河南省电力有限公司南阳供电公司高级工程师、高级技师，市公司优秀二级专家。他扎根配电运维检修生产一线30年，积极投身配电带电作业工作，累计为河南省及相关省份培养不停电作业员工300余人。使河南省每个县公司从常规停电检修转向不停电作业检修的跨越式发展，获评河南省五一劳动奖章、河南省技术能手、国网工匠、南阳市劳动模范等荣誉称号。

应用旁路作业技术实现配电带电作业复杂项目化繁为简工作法

工作法简介

杨峰针对配电带电作业复杂项目作业难度大、耗时长等问题，针对配网不停电作业的工作场景，通过将两次旁路作业检修架空线路简化改为两侧各三次二类作业断接引作业项目等方式，总结提出配电带电作业复杂项目化繁为简工作法，有助于完成两次复杂四类综合不停电作业项目，减少作业人员劳动强度，将配电带电作业复杂作业项目给人身安全带来风险降到最低。

工作法背景

自国家电网有限公司“配网不停电作业”概念的提出，为提高用户供电质量，不停电作业已然成为发展趋势。然而现场作业环境复杂多变，各地的市、县公司作业人员技术水平参差不齐，复杂项目的作业难度及安全性大大制约了带电作业复杂项目的推广。因此，针对带电作业复杂项目进行工作方法的改进，能够极大提高带电作业效率，进一步推广带电作业复杂项目的开展，从而提高用户供电可靠性。

工作法应用

以常规旁路作业检修架空线路为例。

1.改进前

常规旁路作业检修架空线路，属第四类综合不停电作业，带电作业时间为 8 小时，停电作业时间为 10 小时，作业人员数量为 26 人。

2.改进后

第一步：由停电施工班提前敷设好替代架空导线的高压电缆，固定好两端电缆头并安装好隔离开关等附件；组装完成并经现场试验合格后，将工作移交至配电带电作业班。

第二步：配电带电作业班接到任务，现场先检测旁路电缆绝缘电阻，绝缘电阻符合要求后，首先接通一侧电缆引线并合上隔离开关。在未接引一侧核对两侧电缆与架空导线相序，确认相序一致。检查确认隔离开关在断开位置后，依次接柱上隔离开关引线（不带负荷）。确认两侧接引完成并相序正确后，合上隔离开关并检测确认分流正常。

第三步：配电带电作业班在旁路电缆接引的相邻架空导线处利用硬质绝缘紧线器断架空导线（不带负荷），做好导线防脱落措施。

第四步：由停电施工人员在断开线路停电区域验电、挂接地线并组立电杆安装拉线。

第五步：配电带电作业班在硬质绝缘紧线器断架空导线处利用快速接续管连接架空导线，恢复线路带电（不带负荷）。

项目改进作业：作业人员数量对比

单位：人

人员分工	常规作业人数	改进后作业人数
工作负责人	2	1
专责监护人	2	1
斗内电工	8	2
地面电工	4	1
配合人员	10	5

项目改进作业：作业安全对比

作业项目	旁路作业检修架空路	带电接电缆引流线	带电断主导线	带电接主导线
作业类别	第四类	第二类	第二类	第二类
作业方式	综合不停电作业法	绝缘手套作业法	绝缘手套作业法	绝缘手套作业法
不停电作业时间（小时）	8	1	1	1
减少停电时间（小时）	10	3	3	3
配合人员数量（人）	10	—	5	—

项目改进作业：车辆、工具使用数量对比

工器具名称	旁路作业检修架空路	改进后带电接引流线
绝缘斗臂车（辆）	4	1
个人绝缘防护用具（套）	8	2
导线遮蔽罩（根）	36	6
绝缘毯（块）	60	9
配合人员数量（人）	10	5

专家点评

配电带电作业复杂作业项目难度大、风险高、对作业人员技术水平要求较高。运用配电带电作业复杂项目化繁为简工作法，带电作业人员可轻松完成两次复杂四类作业项目，大大减少作业人员劳动强度，提高作业的安全性。总体来说，该工作法实用性强，具有很强的专业指导性，可大大减少作业人员、装备数量及工作强度，有效提高工作效率，有利于带电作业复杂项目的推广普及。

钱春年

QIAN CHUNNIAN

筑牢电网建设，

贡献科技力量。

钱春年，中共党员，国网吉林电力送变电公司变电分公司项目总工，高级工程师，国网吉林电力高级专家。他扎根变电站施工一线 15 载，参与了大大小小 27 项国家重点工程的建设任务，解决了 HGIS 组合式电子式互感器数字采集卡抗特快速暂态过电压等强电磁干扰这一世界性难题，获评吉林省五一劳动奖章、国网工匠、长春市五一劳动奖章、长春工匠等荣誉称号。

GIS组合电器准确安装四维工作法

工作法简介

针对 GIS 组合电器现场安装过程中的防尘、降尘的问题，钱春年长期在施工现场，总结提炼出一套实用高效的 GIS 组合电器安装四维工作法，主要包括“移动防尘”“土建降尘”“机械除尘”“智慧管控”四项措施，使 GIS 组合电器现场安装更加准确。

工作法背景

目前，GIS 组合电器安装质量是保证电气设备安全稳定运行的关键环节。在 GIS 组合电器安装过程中，对空气中尘土颗粒数量、空气中水分含量、安装过程中的精度把控都有很高要求。因此，GIS 组合电器在现场安装工作中采取一套行之有效的措施，可以提高安装质量，避免发生因安装环境不达标引发的质量事件，保障 GIS 组合电器设备安全、可靠运行。

工作法应用

1.移动防尘

布置可移动拼接式防尘车间，兼顾变电站室内外安装，突破场地形式、设备基础、设备结构的限制，对 GIS 组合电器安装场地形成局部密封；通过有效的环境控制措施满足 GIS 组合电器安装环境要求；通过科学、合理的车间结构设计满足移动快装的施工要求。

可移动拼接式防尘车间

2.土建降尘

施工区域涉及土方开挖的工作全部完成，基础周边应铺设好碎石，施工场地外围防尘挡墙布置完毕后，在围挡区域内，除设备基础、道路之外的地方均铺设防尘网做到无露土施工。

土建降尘

3.机械除尘

防尘车间内设置有干燥空气发生器、除湿机、空调等，侧面与风淋室连接。所有人员进出防尘车间须更换专用服装、鞋帽，通过与防尘棚连接的风淋室进出。防尘棚侧面设有工具架，所有工具均擦拭干净后摆放整齐，以便工作人员随时取用。

机械除尘

4.智慧管控

通过变电站智慧管控系统，实时监测车间内温度、湿度、空气洁净度。实现 GIS 组合电器设备安装环境数据实时监测，现场实时管控，不再受天气变化影响，从根本上解决 GIS 组合电器安装“靠天吃饭”的难题。

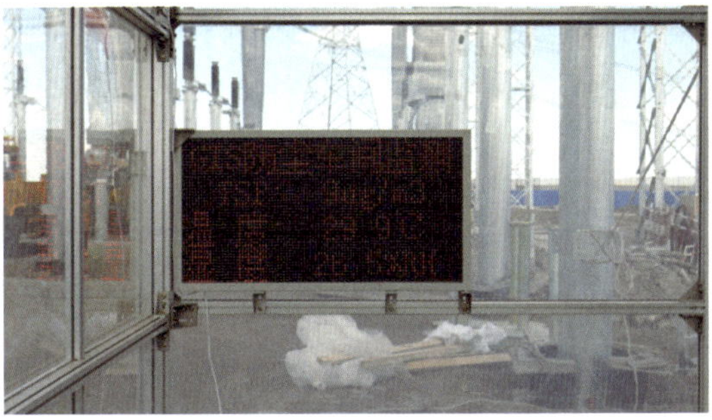

智慧管控

本工作法通用性较强，适用 GIS 室内外组合电器安装。工作法四项措施中移动防尘、土建降尘、机械除尘、智慧管控，目前普遍应用于 GIS 组合电器安装施工现场，GIS 组合电器准确安装四维工作法优势根据如下。

一是根据不同电气设备、不同现场环境、不同电压等级、不同施工现场、采取统一防尘措施，具体措施采取移动式防尘车间、移动式防尘室和户内防尘室；确保现场安装工作在环境温度 -10℃ ~40℃之间、无风沙雨雪、空气相对湿度小于 80%、洁净度百万级以上的条件下进行。

二是根据 GIS 室内外布置要求，室外 GIS 组合电器安装前采取土建降尘或防尘挡墙抑制现场尘土、室内 GIS 组合电器安装前房间内装修以及门窗孔洞封堵完成并安装气体监测报警装置，满足安装环境温度、湿度、洁净度等要求。

三是根据防尘车间形式，为保证安装环境无尘化作业，采取机械除尘，在人员进出口设置风淋室、配置新风装置、大功率工业空调、除湿机、干燥空气发生器。

四是根据施工现场管控要求，通过物联网技术，可将环境监控系统的监测数据与新风传送系统的传输数据实时上传至上级监控系统平台，实现安装环境的智能监控与人员行为管理。

依据以上 GIS 组合电器准确安装四维工作法，熟练掌握四项措施即可开展 GIS 组合电器工作。

专家点评

GIS 组合电器现场安装防尘、降尘、除尘是一个难题，对安装人员技术水平要求较高。根据文中提到的办法，安装人员只要熟练掌握四项措施便可开展工作。总体来说，该工作法实用性强，具有很强的专业指导性，可以有效提高 GIS 组合电器安装效率。

朱庆林

ZHU QINGLIN

吃苦耐劳扎根龙江电网，
开拓创新守护施工安全。

朱庆林，中共党员，国网黑龙江省送变电工程有限公司工程技术部副主任、正高级工程师。他扎根超高压输变电工程施工技术一线 24 年，致力于研究高寒地区超高压输变电工程施工技术，主持并完成国家电网有限公司基建新技术成果应用科研项目 2 项，联合团队完成国家电网有限公司科技项目 1 项，先后取得国家授权发明专利 3 项、实用新型专利 18 项，研究成果获得省公司及以上奖励 33 项，获得国网工匠、东北电力技术能手、龙江电力工匠等荣誉称号。

多年冻土区钻孔灌注桩施工工作法

工作法简介

朱庆林针对多年冻土的特点，总结施工经验，提出适用于多年冻土区的输电线路钻孔灌注桩施工工作法，包括施工准备、埋设护筒、钻孔、混凝土灌注、承台施工及防冻胀处理、热棒技术等施工措施，缩短桩周多年冻土的回冻时间，保证输电线路基础的安全。

工作法背景

多年冻土是连续两个冬季及期间的夏季，土温持续低于0℃的岩土体。大小兴安岭地区的多年冻土大部分处于沼泽地区，含水率高，属于沉降敏感性结构。施工活动本身对多年冻土易产生较大的扰动，易诱发威胁工程安全的冻胀、冻融等灾害。采用桩基础可以进行机械施工，不需进行导致较大程度地基热扰动的开放式开挖过程。桩基础存在地表与加热结构之间的通风空间，桩基础对于融化敏感、富冰土地基是有效的结构类型。

工作法应用

1.施工准备

依据机械作业和下道工序的施工需要，严格确定钻孔场地平台尺寸，为保护多年冻土、减少对原地表开挖引起的热扰动，场地以填代挖，填料以角砾土、圆砾土为主，并进行夯实、整平。冬季作业时，钻机底座下发动机散热部分铺设聚氨酯保温板作为隔热层，以减少对地基土的热侵入。

2.埋设护筒

护筒除保护孔口使钻孔作业正常进行外，还要采取有效措施降低冻土对桩基础抗拔力。将护筒埋入冻土上限以下 0.5m 的深度，护筒的外表涂以渣油，成桩后不拆除护筒，以减少外表面的亲水程度，减小冻土对桩基础的上拔力。

3.钻孔

使用旋挖钻干式成孔，保证孔位置正确和钻孔的垂直度，避免使用泥浆护壁。

钢筋笼吊装

4.混凝土灌注

（1）原材料选择。多年冻土区桥梁桩基础混凝土灌注后，混凝土在负温冻土环境条件下水化，上限范围内的基桩还要经受频繁的冻融循环，桩身混凝土宜采用低温早强耐久混凝土。施工时，低温早强耐久混凝土须掺入防冻剂、早强剂等，保证其浇筑后能在规定的时间内达到抗冻临界强度，使混凝土不遭受冻害，并在允许的负温条件下继续水化，最终达到设计强度。在地下水对混凝土具有侵蚀性的地段，桩身混凝土施工还须掺入耐侵蚀外加剂，使混凝土具有抗侵蚀性能。

（2）混凝土入模温度控制。灌注桩身混凝土时，既要保证混凝土灌注后，能在规定的时间内达到抗冻临界强度，使混凝土免遭冻害，又要使混凝土灌注时带入的热量最小，不至于严重破坏桩周冻土结构，尽量缩短桩基施工后桩周地基土的回冻时间。施工时，严格控制混凝土的入模温度，将桩身混凝土入模温度控制在 5℃ ~10℃。

灌注

5.承台施工及防冻胀处理

为减少施工热量对冻土的影响，尽快形成新的热平衡状态，多年冻土区钻孔灌注桩桩身混凝土浇筑后，须经过一个阶段的热交换过程后方可进行承台以上部分施工。对低桩承台及高桩承台施工分别采取换填法和筑岛法进行施工，以消除冻土产生的法向冻胀力。

6.热棒技术

热棒技术是用于土木工程中的无须外加动力源的冷冻技术，它实际上是一种无芯重力热管，在多年冻土区基础工程中的应用，解决了基础冻胀、融沉等热力过程中的许多工程问题。

专家点评

多年冻土对输电线路基础危害性巨大，输电线路基础与冻土相互作用过程中易产生强烈的切向冻胀力，对基础产生冻拔作用，多年冻土扰动后易发生冻融，严重影响输电线路基础的稳定性。多年冻土区桩基施工中要解决的主要问题是减少对桩周多年冻土的热扰动，缩短桩周多年冻土的回冻时间。回冻时间的长短对桩的设计与施工具有重要意义，它是确定回冻方式（自然或人工）、桩基类型、沉桩方式、桩距及施工季节的重要根据，也直接决定着桩基实际承载力的形成时间。多年冻土的温度场易受施工扰动而被破坏，采取积极可靠的措施减少对冻土的扰动，保证了输电线路基础的安全。

多年冻土区装配式基础施工工作法

工作法简介

朱庆林针对多年冻土的特点，总结施工经验，提出适用于多年冻土区的输电线路杆塔装配式基础施工工作法，包括“加工制造”“运输”“基础开挖”“基础吊装”“基础防水隔离”“回填”等施工措施，以求尽量减少对多年冻土层的扰动破坏，减少现场人工作业量和作业工序，提高输电线路杆塔基础机械化作业程度与工程建设效率。

工作法背景

多年冻土是土体温度低于0℃且含冰的特殊岩土体，在工程作用下，多年冻土发生较大的变化，引起多年冻土上限下移、地下冰融化、多年冻土温度升高等现象，从而引起冻土工程性质变化，影响工程建筑物的稳定性。施工活动本身对多年冻土易产生较大的扰动，易诱发威胁工程安全的冻胀、冻融等灾害。大小兴安岭地区的多年冻土大部分处于沼泽地区，含水率高，冻融活动剧烈，对于输电线路基础危害性十分巨大。

工作法应用

1.加工制造

工厂化加工基础构件，保证了混凝土构件质量，同时避免了现场浇筑混凝土带来的环境污染，实现绿色施工目标。

2.运输

冰雪路面运输在上下坡路时，要铺设粗砂防滑，必要时在汽车轮胎上加装防滑链。

3.基础开挖

合理安排施工季节和时间，尽量选择冬季负温条件下进行，并采取遮挡法等措施尽量避免环境温度对多年冻土的破坏。

线路基础坐落在多年冻土层上，无须挖透多年冻土层。

基坑开挖采用机械开挖方式，挖掘机械开挖至基底标高以上 10 厘米后，人工清理剩余土方，人工配备风镐开挖底梁槽坑，以保证基础底板原状土稳定和开挖精度。基坑基本坑深达到后，在坑中心位置再挖底梁埋设槽。要留有根开找正的裕度，必须严格保证深度。应对基坑进行找正，整平材料采用碎石加粗砂混合填充处理。

挖出的冻土应全部置于塑料编织布上，以防止回填时冰雪混入其中。

4.基础吊装

装配式基础吊装采用吊车进行吊装，并根据起吊重量选择工器具。基础构件吊装采用专利产品——安装调制器，能够节省安装时间、提高工作效率、降低工人劳动强度。

装配式基础底板吊装

装配式基础立柱吊装

5.基础防水隔离

为防止春季冻融的水渗透到多年冻土层，采用弹性体改性沥青防水卷材将基础底梁、底板及立柱的地下部分与外部隔离，既防腐又防止回填土融化产生的水进入基础底部，同时在基础和回填土之间造成隔热层，防止基础底部永冻土融化产生冻融现象。

弹性体改性沥青防水卷材安装

6.回填

装配式基础回填土夯实，在条件允许的情况下，尽量采用机械打夯的方式。打夯要按一定方向进行，一夯压半夯，夯夯相接，行行相连，每遍纵横交叉，分层夯实。

专家点评

多年冻土对输电线路基础危害性巨大，在多年冻土区工程采取标准化的装配式杆塔基础施工技术，实现输电线路杆塔基础工厂化加工，减少施工过程对多年冻土层产生的破坏，减少现场人工作业量和作业工序，提高输电线路杆塔基础机械化作业程度与工程建设效率，创新输电线路工程建设模式。

宋军光

SONG JUNGUANG

敢为人先，做第一个吃螃蟹的人。

宋军光，中共党员、高级技师，国网甘肃省电力公司配网中心带电作业组组长（五级职员）。1999 年 9 月进入配网带电作业队伍，从事配网不停电作业 23 年。2011 年和 2016 年连续 2 次获得国网甘肃省电力公司配网不停电作业技能竞赛个人全能一等奖。获评全国电力行业技术能手、甘肃省五一劳动奖章、甘肃省陇原工匠、甘肃省技术能手、国网工匠、陇电工匠、兰州最美退役军人等多项荣誉称号。

配网不停电作业带负荷迁移耐张转角杆“小旁路”工作法

工作法简介

宋军光针对在城中村、棚户区、有安全隐患的小范围临时配电线路迁改等工作场景，总结利用配网不停电作业带负荷迁移耐张转角杆“小旁路”工作法（绝缘引流线、消弧开关等小型设备）进行作业，能够有效解决迁改项目技术难点，减少人员展放、敷设电缆等时间，大大减轻工作人员劳动强度，提高工作效率。

工作法背景

配电线路转角杆主要用在线路转弯处，通常为耐张杆，转角线路以跳（引）线连接对负荷侧供电。要在客户侧不停电的情况下更换转角

配网不停电作业采用绝缘手套作业“大旁路”工作法现场照片

杆，可以使用“大旁路”系统供电方法和“小旁路”系统供电方法，隔离出停电检修区。可以把转角杆看成两个不同方向的耐张（末端）杆，分别将导线迁移至新杆，大致要经历转移负荷、迁移导线、更换电杆、恢复线路这些环节。

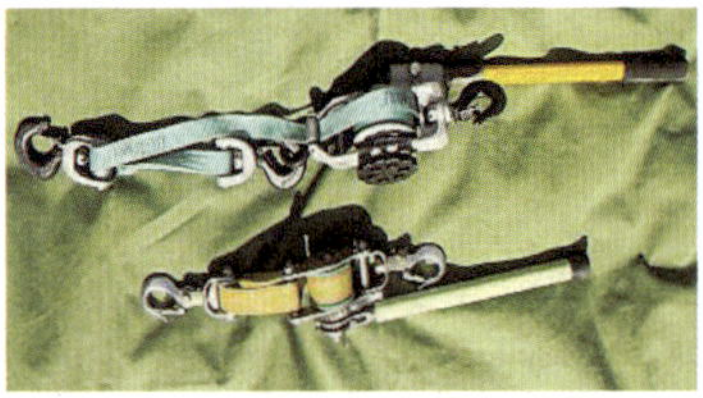

（a）绝缘紧线器

（b）旁路绝缘引流线

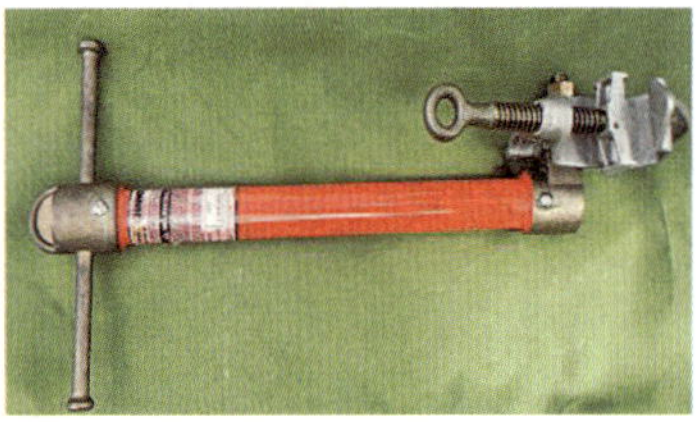

（c）绝缘引流线临时固定用绝缘杆

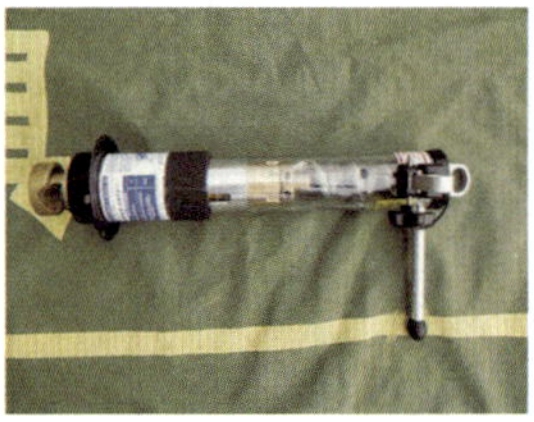

（d）配合旁路绝缘引流线使用的消弧开关

“小旁路”工作法所需设备

工作法应用

将转角杆负荷侧线路所带负荷，通过旁路绝缘引流线和消弧开关转供电，使老线路具备转移条件。导线转移时可使用接续或更换的方法，可使用绝缘紧线器、绝缘滑车组、绝缘定滑轮等工具进行转移，连通转角两端导线后，确认分流正常，可断开原线路。需要注意的是，下层导线转移后，导线长度是合适的；上层导线转移后，导线长度是需要接续的。

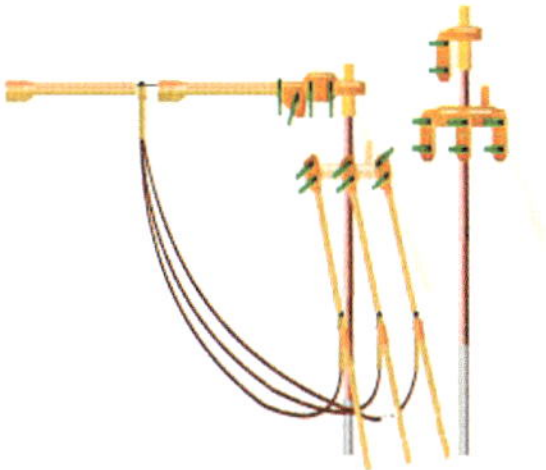

带负荷迁移耐张转角杆现场及转角杆示意

作业现场通过对比“大旁路”工作法和“小旁路”工作法发现，“大旁路”工作法要使用电缆展放车，人员要敷设旁路柔性电缆、安装临时绝缘横担、操作旁路负荷开关、电缆和开关现场要做相关检查及实验，工作结束后人员要回收电缆等设备，作业人数需要10~15人，作业用时较长。“小旁路”工作法现场使用的设备体积及数量较少，操作方便快捷，作业人数需要6~9人，作业用时较短，效率更高了，值得推广应用。

专家点评

配网不停电作业带负荷迁移耐张转角杆“小旁路”工作法，在小范围临时配电线路迁改等工作中具有十分重要的应用价值。展现出了配网不停电复杂项目在工作方法、装置装备、人员理念等方面的诸多优势，不仅为现场作业项目开展提供了很多宝贵的实践经验与难点解决方案，更激发了配网不停电作业人员的创新探索能力。

雷晓萍

LEI XIAOPING

勤耕不辍，精业笃行。

雷晓萍，国网青海省电力公司信息通信公司信息通信运检中心高级工程师、高级技师。她扎根电力数字化建设及系统运行维护生产一线24年，立足岗位实际、解决一线人员实际工作难题，获评2022年度国网工匠荣誉称号。

电网统一视频监控设备数据治理工作法

工作法简介

雷晓萍针对视频监控设备数据质量的管控现状，总结提炼出一套利于开展生产场所视频监控设备数据治理的工作方法，主要包括制定视频监控设备接入规范、优化数据治理工作模式、提升数字化技术支撑手段三方面工作内容，可有效提升生产场所视频数据治理工作效率、现场管控及应急处置辅助决策可视化水平。

工作法背景

电网统一视频监控平台为国家电网有限公司统推、二级部署业务系统。该系统接入输电线路、变电站、营业厅、基建现场、检修作业现场等各类生产场所的视频监控设备，为输变电、营销、调度、安监等各专业提供视频调阅服务。提升视频监控设备数据质量对支撑各业务部门掌握生产现场实际情况、开展营销客户服务质量监督及输变电设备运行状态监控等工作具有重要意义。之前，受限于生产场所地理位置、视频监控设备使用年限及巡视手段等因素影响，难以实现对视频监控设备数据质量的有效管控，无法保障在突发事件下现场情况看得见、看得清、看得全。因此，梳理一套用于高效开展视频监控设备数据治理的工作方法，可以大幅提升输变电、营销、调度、安监等各专业的生产现场管控及应急处置辅助决策可视化水平。

工作法应用

1.制定视频监控设备接入规范

制定《电网统一视频监控平台接入规范》，规范视频监控设备接入及运行变更过程中涉及的视频监控信号规范命名、用户口令复杂度及端口开放策略配置、安全漏洞处置等方面工作流程、技术要求及责任分工，实现视频监控设备接入流程规范化、标准化，从源头把控视频数据质量。

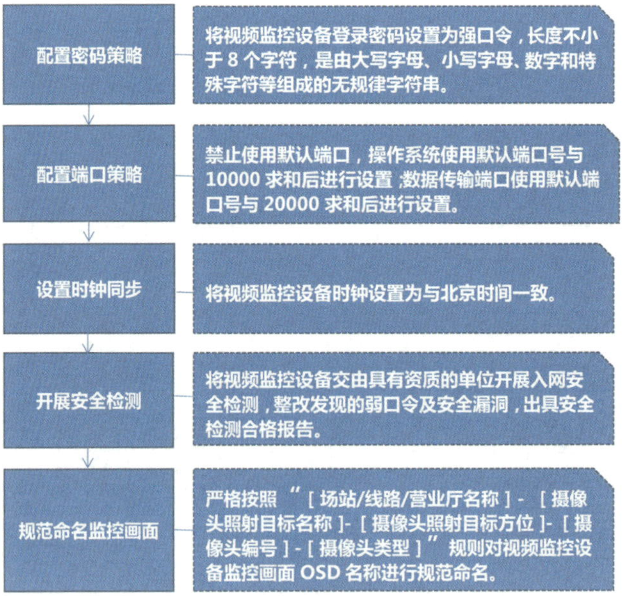

视频监控设备配置规范图

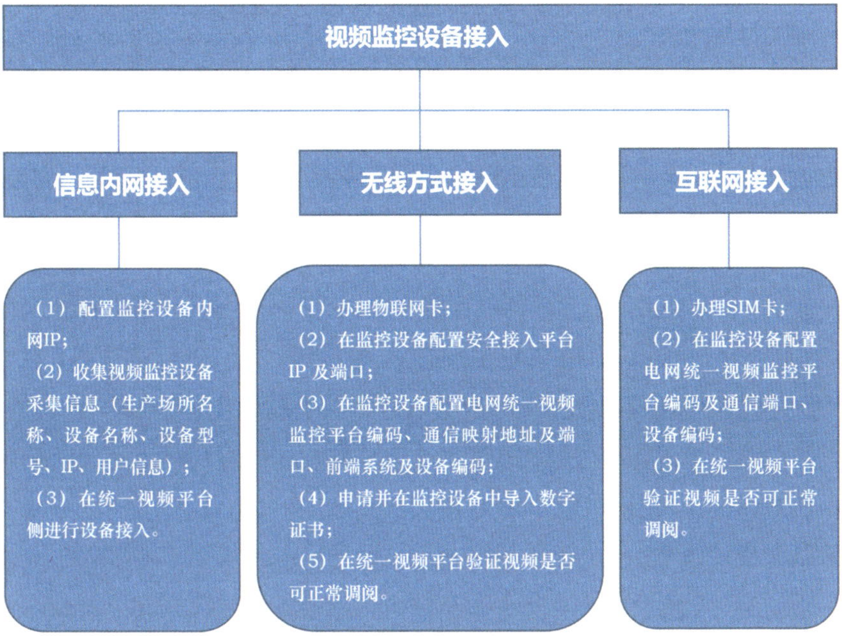

视频设备接入流程及关键性要素图

2.优化数据治理工作模式

一是明确数据治理目标，实现数据治理有的放矢。明确“换流站、35千伏以上变电站、重点‘三跨’地段等重要场所视频监控信号全面接入，并加强运维管理，保持视频信号完好可用，确保视频在线率达99%以上”的数据治理目标。

二是创建评价指标体系，激发数据治理工作积极性。构建“统一视频数据质量综合排名”评价指标，合理划分变电站、营业厅视频在线情况、可用情况、覆盖情况、规范命名情况等维度指标占比，得出“统一视频数据质量综合排名”，每月由业务主管部门进行通报，激发各基层单位视频数据治理工作积极性。

统一视频数据质量综合排名评价表

单位：%

综合排名	单位	变电站视频在线率（25）	变电站视频覆盖率（20）	变电站视频正常率（10）	变电站规范命名率（10）	营业厅视频在线率（15）	营业厅视频覆盖率（10）	营业厅视频正常率（5）	营业厅规范命名率（5）	视频质量综合指数

3.提升数字化技术支撑手段

一是推进统一视频故障诊断组件深化应用。每月常态化开展全量视频监控设备诊断并形成视频质量问题清单，督促设备运维人员开展整改工作。

二是实时监控视频监控设备网络运行状态。针对目前电网统一视频监控平台缺乏视频离线状态实时监控及告警功能的现状，研发视频监控设备网络运行状态实时监控工具，实现对纳入统一视频管理的生产场所视频监控设备及相关交换机、路由器等网络设备运行状态实时监控，监控频率为 5 分钟 / 次。发现异常时推送文字及声音告警，便于调度值班人员及时获知视频离线情况并通知设备运维人员整改，有效提升重要生产场所视频在线率。

专家点评

生产场所视频监控设备数据质量，是高效开展基于电网统一视频监控平台服务能力的生产现场安全作业管控、应急处置辅助决策等业务应用的基础，对视频监控设备的运行状态实时监控能力及数据质量整改工作效率要求较高。根据文中提到的工作法，可从制定技术标准、优化数据治理工作模式、建设数字化技术支撑手段等三个方面着手提升视频监控设备数据质量。总体来说，该工作法实用性强，可有效提升生产场所视频数据治理工作效率，具有推广价值。

周秀

ZHOU XIU

勤勉铸匠心，

专注砥匠行。

周秀，中共党员，国网宁夏电力有限公司电力科学研究院高级工程师。从业 12 年来，他专注变电设备高压试验及故障诊断，解决换流变压器本体放电、异常产气，主变压器套管断裂等重大设备故障 60 余项；聚焦生产一线难题积极创新，取得特 / 超高压变压器局部放电检测诊断装置等 30 余项创新成果，获评国网工匠、宁夏电气职业技能竞赛优秀教练、宁夏电力工匠等荣誉称号。

变压器短路后状态评估六步工作法

工作法简介

周秀针对变压器短路后状态评估的问题，总结提炼出一套实用有效的工作方法，主要包括“查外观”“查录波”“查色谱”“做试验”“做校核”“查解体”六个步骤，便于在变压器短路冲击后进行状态评估，并大幅提高设备状态评估准确率，保障电网安全可靠运行。

他还对常用的变压器油色谱检测、绝缘电阻测试、直流电阻测试、短路阻抗测试、电压比测试、介质损耗测试、频率响法测试、耐压及局部放电等试验，以及短路校核、解体检查等方法进行了系统总结，使得变压器遭受短路电流冲击后的状态评估工作更加系统准确。

工作法背景

随着近年来电网规模不断扩大，网架结构愈加复杂，系统短路电流处于较高水平，变压器抗短路能力不足的风险不断增加。变压器一旦发生近区短路，极大的短路电流产生的电动力可能造成绕组变形、绝缘受损、关键组部件损坏等严重后果，甚至引发变压器烧毁等电力事故，造成巨大经济损失和不良社会影响。然而变压器遭受短路冲击后，部分参与事故处置的电气试验人员存在经验不足、状态评估方法不精等情况，可能导致设备状态评估困难甚至错误，带来不良后果。因此，在变压器短路冲击后的状态评估工作中采取一套行之有效的方法，可以极大提高设备状态评估准确率，进而保证电网运行可靠性。

工作法应用

1.查外观

变压器遭受短路冲击后，通常伴随着跳闸事件，可对变压器本体进行检查，观察压力释放阀周围是否有明显油迹、瓦斯继电器浮球是否动作、是否存在其他组部件损伤等现象。通过对变压器外观进行检查，初步评估设备损坏情况。

2.查录波

可对故障前后的录波图进行调阅检查，比对各侧及各相电流变化，分析电压变化及故障期间电气量的变化情况，为后续进一步分析抗短路能力提供数据依据。

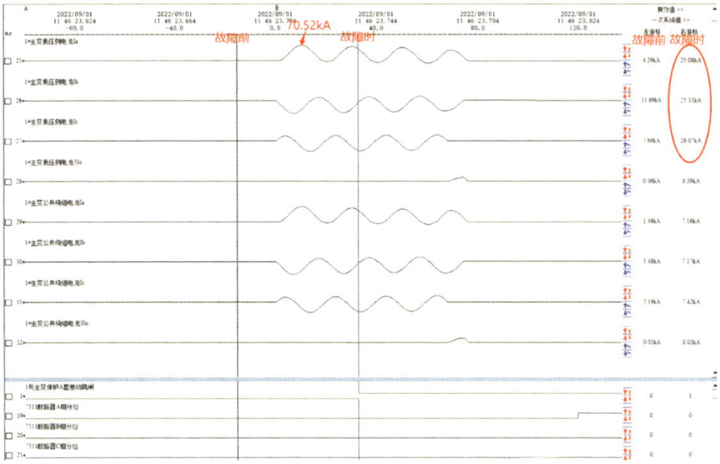

检查分析故障录波图

3.查色谱

油色谱检测可以有效发现变压器内部故障。调取油色谱在线监测数据，分析近期特征气体变化趋势。开展离线油色谱检测，每 6 小时对比一次故障及正常变压器特征气体含量差异，重点对乙炔、氢气等气体含量进行分析，按照三比值法初步判断变压器内部故障类型。

	甲烷（μl/L）	乙烯（μl/L）	乙炔（μl/L）	氢气（μl/L）	乙烷（μl/L）	总烃（μl/L）	二氧化碳（μl/L）	一氧化碳（μl/L）	备注
在线监测数据	26.16	0.1	0	9.83	5.74	32	7659.63	1883.12	/
	26.07	0.19	0	9.77	5.91	32.17	7429.89	1952.45	/
	氢气（μL/L）	一氧化碳（μL/L）	二氧化碳（μL/L）	甲烷（μL/L）	乙烯（μL/L）	乙烷（μL/L）	乙炔（μL/L）	总烃（μL/L）	备注
离线检测数据	5.75	1359.23	7200.2	19.08	1.13	4.03	0	24.24	/
	9.28	1308.66	6030.27	21.27	1.02	4.06	0	26.35	12:30
	8.91	1333.9	6261.85	21.75	1.11	4.03	0	26.89	16:30

比对分析油色谱数据

4.做试验

依据试验规程，对故障变压器各相及备用变压器开展绝缘电阻、绕组介质损耗、绕组直流电阻、绕组电压比、短路阻抗测量及绕组频率响应分析检查性试验，完成相间、初始值对比分析。依据试验结果分析变压器短路后内部是否存在匝间、层间、段间短路或断线故障，绕组是否发生一定程度的变形或移位。依据常规电气试验结果，评估是否需要开展耐压及局

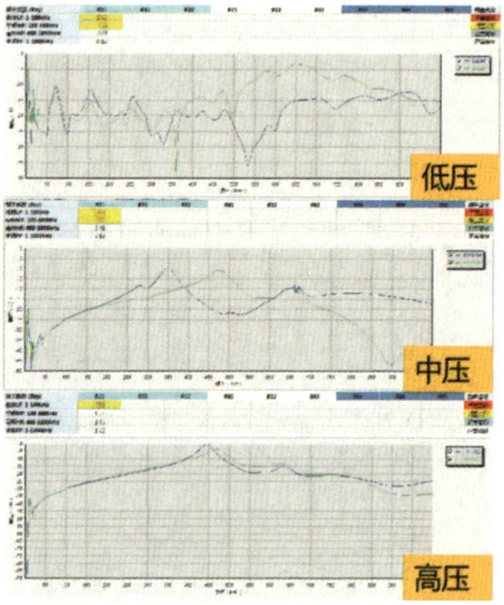

开展变压器短路后诊断性试验

部放电试验，判断设备绝缘是否受损。

5.做校核

依据流经变压器各侧套管的最大系统短路电流，校核变压器最大稳态电流倍数；同时对主柱绕组（高压线圈、中压线圈、低压线圈）包括每个心柱夹紧力在内的 15 种力，旁柱绕组（励磁线圈、调压线圈）包括绕组的平均环形拉应力在内的 14 种力，以及主柱绕组、旁柱绕组的漏磁分布进行校核；评估变压器抗短路能力是否合格。

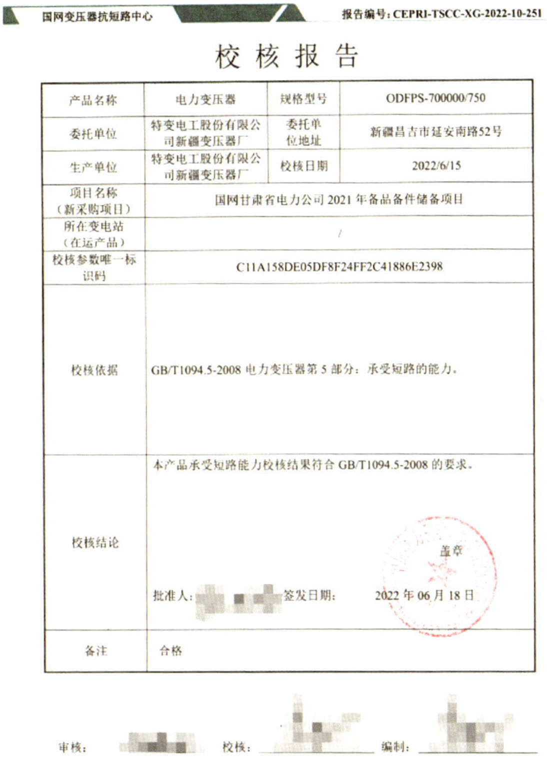

国网变压器抗短路中心　　报告编号：CEPRI-TSCC-XG-2022-10-251

校 核 报 告

产品名称	电力变压器	规格型号	ODFPS-700000/750
委托单位	特变电工股份有限公司新疆变压器厂	委托单位地址	新疆昌吉市延安南路52号
生产单位	特变电工股份有限公司新疆变压器厂	校核日期	2022/6/15
项目名称（新采购项目）	国网甘肃省电力公司 2021 年备品备件储备项目		
所在变电站（在运产品）	/		
校核参数唯一标识码	C11A158DE05DF8F24FF2C41886E2398		
校核依据	GB/T1094.5-2008 电力变压器第 5 部分：承受短路的能力。		
校核结论	本产品承受短路能力校核结果符合 GB/T1094.5-2008 的要求。 盖章 批准人：[redacted] 签发日期：2022 年 06 月 18 日		
备注	合格		

审核：[redacted]　校核：[redacted]　编制：[redacted]

校核变压器抗短路能力

6.查解体

变压器返厂解体检查，逐步观察变压器绕组、铁心夹件、绝缘件等是否存在异常痕迹。依据检查情况制定变压器修复措施及其他变压器运维策略。

解体检查变压器绕组铁心状况

专家点评

变压器短路故障是导致变压器损坏的常见故障，然而各类电气试验人员普遍存在变压器短路后试验方法及判断标准不清楚的情况。根据本文中提到的方法，事故处置人员只要熟练掌握本工作法，即可准确判断变压器绕组状态，准确评估变压器短路后状态。总体来说，该工作方法实用性强，专业指导性强，可大大提升人员业务能力，有效提高工作效率。

GIS设备缺陷联合检测三步工作法

工作法简介

针对气体绝缘组合设备 GIS 设备缺陷检测问题，周秀总结提炼出一套实用有效的检测工作方法，主要包括“听超声波”“看特高频”“拍 X 射线”三个步骤，能够准确实现 GIS 设备缺陷检测与状态评估，使 GIS 设备内部缺陷检测工作更加准确有效。

工作法背景

GIS 是电力系统中输送电能的重要设备，具有很高的供电可靠性，已广泛应用于 220 千伏以下变电设备中。但在实际运行中，GIS 局部放电问题却一直比较突出。局部放电主要由设备内部的自由金属微粒、电极表面的毛刺突起、螺丝松动或接触不良造成的悬浮电位、绝缘件缺陷及安装过程中的遗留物等因素引起。这些因素不断劣化 GIS 内部绝缘介质及绝缘部件的性能，腐蚀导电部件，导致 GIS 绝缘事故的发生。长期的局部放电会导致设备绝缘劣化扩大，甚至引起组合电器绝缘击穿或沿面闪络，严重影响电网运行的安全与稳定。局部放电的检测方法很多，如特高频法、超声波法、射线检测等，但单一方法检测效果比较有限，因此利用多种方法互补性的联合检测法，可以极大提高设备缺陷检测和状态评估准确率，保证电网运行可靠性。

工作法应用

1.听超声波

局部放电源发出的超声波信号，抗干扰能力强，不受外界噪声影响。故通过超声传感器便可捕获信号，从而实现局部放电源的定位。但是超声波信号在固体盆式绝缘子内部传播时衰减较大，在绝缘子内部及表面放电灵敏度不够，无法完成全部检测任务。可以通过同一信号到达不同传感器的时间差、振幅变化，根据超声波传播速度，求出放电源距多个传感器的距离；同时结合相位及飞行图谱，对缺陷类型进行初步判断。

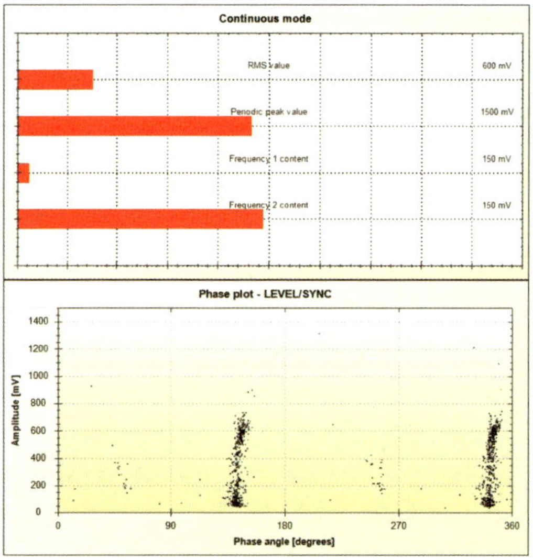

GIS设备超声波局部放电检测图谱

2.看特高频

超高频检测方法利用传感器接收放电源信号，通过同一信号到达不同传感器的时间差、振幅变化，根据电磁波传播速度，求出放电源距多个传感器的距离。可将多个传感器分别布置于设备异常气室附近特高频信号能够逸散的位置，便于接受来自设备内部的异常信号，利用时差定位法，对缺陷位置进行初步判断。

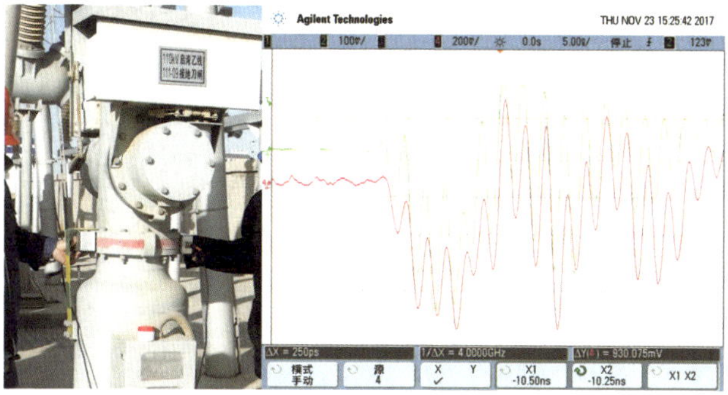

GIS设备特高频局部放电检测

3.拍X射线

X 射线检测可对 GIS 设备进行多方位透视成像，配合专用的图像处理与判读技术，实现其内部结构的可视化与质量状态快速诊断，便于发现分合闸不到位、绝缘件裂纹、螺丝松动、出头烧毁、异物碎屑等问题，显著提高 GIS 设备故障定位与判别的准确性。

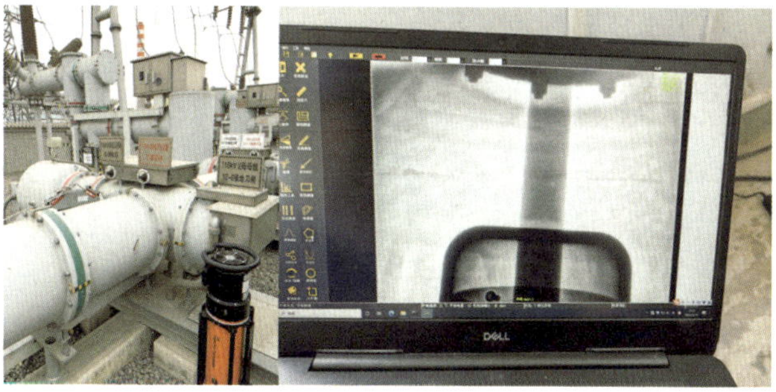

GIS设备X射线检测

瞧振动

采用振动测量仪进行测量，寻找振动最严重的点位，记录振幅及频谱等。如存在间歇性情况，应在严重时段开展测试，同时发现检测结果大于其他气室，分析原因。

品气体分解产物

采用六氟化硫分解产物测试仪对疑似气室开展气体分解物检测，但要充分考虑到吸附剂的吸附影响、气室大小造成的扩散及故障异常大小等因素。

专家点评

GIS 设备具有绝缘性能高、占地面积小、检修周期长等优点，但若发生事故，危害程度远大于敞开式变电站。因此综合运用带电检测手段，对 GIS 设备异常现象精准研判十分重要。根据本文中提到的方法，事故处置人员，只要熟练掌握三步工作法，即可准确判断 GIS 设备缺陷检测与状态评估。总体来说，该工作方法实用性强，专业指导性强，可大大提升人员业务能力，有效提高工作效率。

李小鹏

LI XIAOPENG

创新奉献，勇做先锋，
精益求精，解决难题。

李小鹏，中共党员，国网四川省电力公司电力科学研究院系统技术中心副主任，高级工程师。他长期从事特高压直流工程控制保护领域的理论研究和实践，参与多条特高压直流工程系统调试，攻克特高压直流误闭锁等技术难题，获评四川工匠、国网工匠、国家电网有限公司青年岗位能手等荣誉称号。

特高压换流变压器充电励磁涌流对电网影响评估四步工作法

工作法简介

李小鹏针对特高压换流变压器充电产生的励磁涌流对保护装置和近区电网新能源场站的影响，总结出了一套行之有效的工作方法，主要包括“收集参数”“搭建模型”“仿真计算”“影响评估”等四个步骤，通过准确的电磁暂态建模仿真，精细化评估励磁电流对电网产生的影响，支撑调度运行决策。

工作法背景

励磁涌流是变压器空载合闸时的一种电磁暂态现象，与变压器铁心饱和特性有关，其对设备和电网都会造成影响。较大的励磁涌流可能引起保护装置的误动作，使变压器无法成功合闸，励磁涌流包含大量谐波成分，可能引发电压畸变、谐振过压等风险，影响周边电网特别是新能源场站正常运行。准确的电磁暂态建模仿真为评估励磁涌流影响提供了有效手段，可为调整保护定值、制定近区电网新能源场站电力电子敏感设备运行策略等提供有效决策支撑。

工作法应用

1.收集参数

准确的参数是建模仿真的基础，需要得到直流近区电网和换流变压器两方面的参数。其中电网方面需要近区网架的拓扑、线路参数潮流及电网边界等值参数，换流变压器方面需要基本参数和铁心饱和特性。此外还需要充电主变压器的保护定值单，以及周边近区新能源场站静止无功发生器（SVG）等电力电子设备控制策略与谐波保护定值。

2.搭建模型

利用 PSCAD-EMTDC 电磁暂态仿真软件，搭建包含直流近区电网和换流变压器的电磁暂态仿真模型，变压器模型计及铁心饱和特性。

3.仿真计算

按照换流变最恶劣合闸角度，并考虑变压器铁心不同剩磁水平下对变压器进行冲击合闸仿真，一般考虑 0%、20%、40% 三种不同剩磁水平下的励磁涌流。得到涌流最大峰值、有效值、衰减特性，关注新能源并网点的谐波畸变率及其衰减情况。

4.影响评估

一是评估励磁涌流对充电主变压器后备过流保护的影响，根据励磁涌流有效值及其衰减特性与保护定值单进行比较，判断是否可能引起保护误动。二是评估谐波对周边厂站的影响，核验相关站点母线谐波畸变率是否超过新能源站点谐波耐受水平。

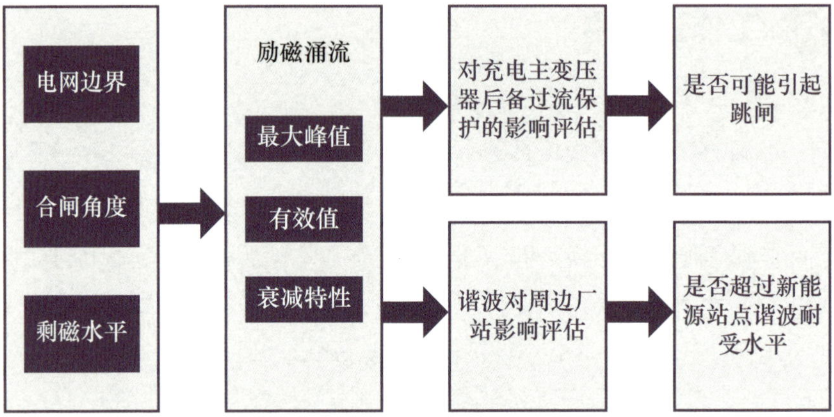

换流变压器充电励磁涌流对电网影响评估流程

专家点评

换流变压器充电时会产生励磁涌流，开展换流变压器充电时励磁涌流的仿真计算，并评估其对保护装置和近区电网新能源场站的影响，是预控电网运行风险的重要措施。文中所提的四步工作法，可以模拟最恶劣情况下空充换流变压器时产生的励磁涌流大小，并有效评估励磁涌流对换流变压器过流保护的影响及励磁涌流注入近区电网后对周边新能源场站的影响。该工作法步骤清晰，专业指导性强，可有效预控换流变压器励磁涌流过大对周边电网产生的运行风险。

特高压换流站GIS开关回阻监测与校核四步工作法

工作法简介

李小鹏针对特高压换流站多次出现 GIS 交流开关场三相电流不平衡的现象，提出一种基于开关场全景模型的 GIS 开关回阻监测与校核的工作法，主要包括“建模型”“算电流”“作比对”“下结论”四个步骤，实现 GIS 开关回阻状态的监测与判断，为设备运维检修策略的制定提供支撑。

工作法背景

开关类设备连接部位的接触是否良好对设备安全运行有重要影响，接触不良轻则引起设备温升增大、出现三相电流不平衡等问题，严重时可导致触头或连接部位熔毁，进而引起故障。近年来，国内换流站多次出现 GIS 交流开关场三相电流不平衡现象，有的是由于线路电流的三相不平衡引起的，有的是由开关类设备触头缺陷引起的，有的则是由于开关场自身固有参数引起的。当运行人员发现开关场三相电流不平衡时，往往难以判断其产生原因，给运维工作带来困扰。

工作法应用

开关场出现三相电流不平衡现象时，按照“建模型”“算电流”“作比对”“下结论”四个步骤开展 GIS 开关回阻校核工作。

1.建模型

收集 GIS 图纸资料，掌握开关场主接线拓扑、各段导体长度、几何结构尺寸等参数，建立开关场三相电路计算模型。

2.算电流

获取某一时刻变电站开关场各开关分合闸状态、母线电压、各间隔有功功率和无功功率，算出变电站开关场每个开关各相电流的有效值。

3.作比对

对比电流计算值与实测值，比较每个开关各相电流的幅值大小、三相之间的大小关系。正常情况下，每个开关电流的计算值与实测值幅值水平大致相当。而当某一开关某相回阻出现显著增大时，由于本开关阻抗增大，一般具有以下特点：①回阻异常的开关电流减小，同串其他开关中有电流增大；②邻近串开关电流有一定程度变化；③回阻异常的开关所在串电流变化最为显著，与之相邻串距离越远的电流变化越小。

4.下结论

根据开关电流计算值与实测值之间的比对结果，给出“开关场运行状态正常”或“GIS 种某连接段存在回阻异常增大可能”的判断结论，为运维检修方案提供决策支持。

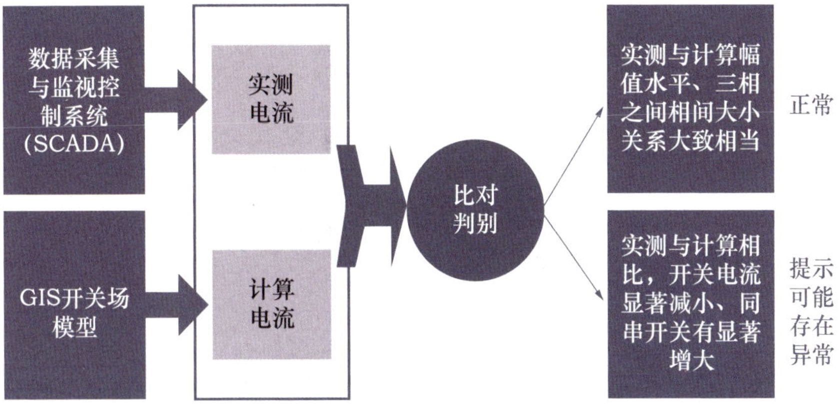

GIS三相不平衡电流校核比对流程

专家点评

特高压换流站一般采用 GIS，其内部导体处于封闭状态，当开关回阻出现异常时，难以直接观测。本文的方法通过分析开关场三相电流的不平衡度来反映开关回阻的变化。根据文中方法，运维检修人员通过四步工作法即可得到站内开关电流的精确分布，通过计算电流与实测电流的比对，即可排除由设备或系统自身因素引起开关三相电流不平衡带来的干扰，进而实现 GIS 开关回阻状态的监测与判断。该方法不依赖设备停电，无须增加硬件设备，具有较强的专业指导性，可有效监测开关回阻状态，为设备运维检修策略的制定提供支撑。

邓旭东

DENG XUDONG

秉承工匠之心，
传递创新之火。

邓旭东，中共党员，国网重庆超高压公司电气试验高级专家，高级工程师、高级技师，重庆市首席技能大师工作室领衔人，“国网A级检修基地”工厂化型式试验工作负责人。他专注电力设备高压电气试验专业28年，为40多个变电站的电力设备“把脉问诊”，在“六氟化硫设备检修废弃物环保处理”关键技术上实现了零的突破，获评巴渝工匠、国网工匠、重庆市市级首席技能大师、重庆市首批全市技术能手、重庆市英才·高技能领军人才、重庆市劳动模范、重庆市杰出人才突出贡献奖、重庆市年度创新之星、重庆五一劳动奖章等荣誉称号。

220千伏电容式电压互感器不拆一次引线试验四步工作法

工作法简介

邓旭东针对电容设备试验需拆接一次引线所带来的安全隐患和效率低等问题，在长期定检工作中总结出“先判定”“拆尾端”“做试验”“作对比”四步工作法，在确保试验数据准确无误的前提下，减少大量引线拆接工作，避免高空拆接一次引线所带来的安全隐患，有效提升试验工作效率。

工作法背景

进行220千伏电容式电压互感器定检试验时，为了确保试验过程中数据测量的准确性不被影响，一般采用拆除被试设备所连接的一次引线进行试验，即拆头试验。由于220千伏设备电压等级较高，引线直径较大、数量繁多，且引线距离地面较高（一般在5米以上），加上接头附件等比较沉重，要拆除被试设备所连接一次引线，往往需花费大量人力成本和时间成本，且经常拆接引线易造成设备及人员安全隐患。

工作法应用

220千伏电容式电压互感器定检试验包括绝缘试验和介质损耗试

验。高压屏蔽四步工作法可用于两种试验项目，下面以介损试验为例。

1.先判定

在对电容式电压互感器开展试验时，需要对互感器金属件外露表面做好检查工作，保证瓷套完好性，同时还需要检查密封和焊接处，防止渗油现象发生。检查完毕后围好围栏防止其他工作人员误穿行而伤人。

2.拆尾端

在试验负责人安排下对电容式电压互感器尾端，即 N 端和 X 端进行拆除，连接到升压线高压屏蔽端，用于屏蔽流经下节电压互感器电流。

拆除电压互感器X端

3.做试验

由于 220 千伏电容式电压互感器分为上下两节，所以试验过程分为两步。

将拆除的电压互感器X端连接高压屏蔽线即可升压对上节进行试验

（1）首先对上节分压电容器进行介损试验。下图中 C_{21} 和 C_{22} 在同一节瓷套中，C_1 单独在一节瓷套中。

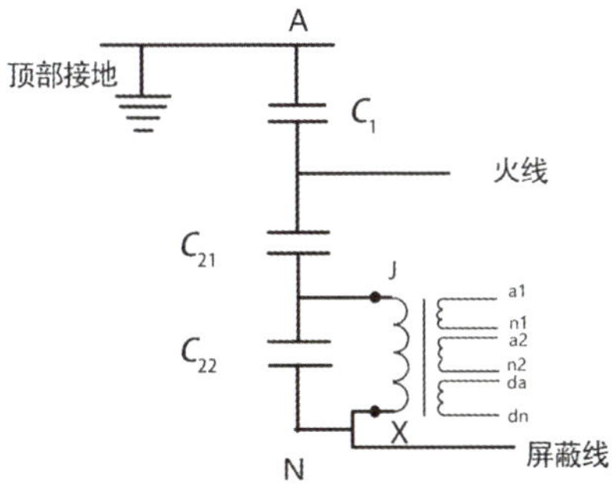

反接屏蔽法（不拆引线）

当停电试验时不拆除引线，A 点处于接地状态（安全措施要求），对上节分压电容器 C_1 可采用单端接地加屏蔽接线方式进行测量。其中火线加至上节分压电容器非接地端，下节分压电容器尾端 N、X 端接至高压火线屏蔽线上，仪器操作时选用“反接法”进行测量。测量时要注意，屏蔽线带有高电压。

（2）自激法试验下节电容式电压互感器，如下图所示。

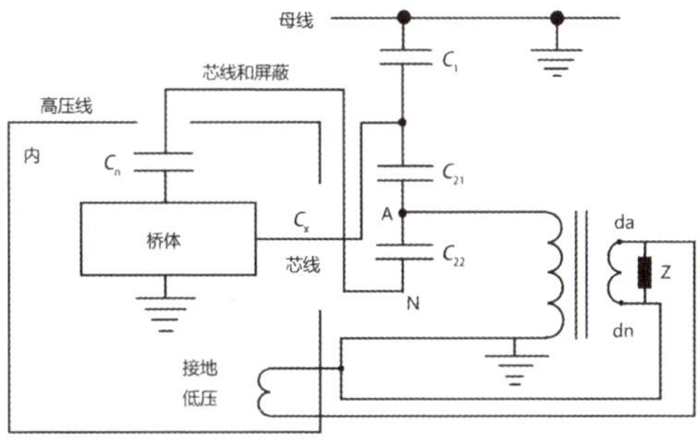

自激法测量原理

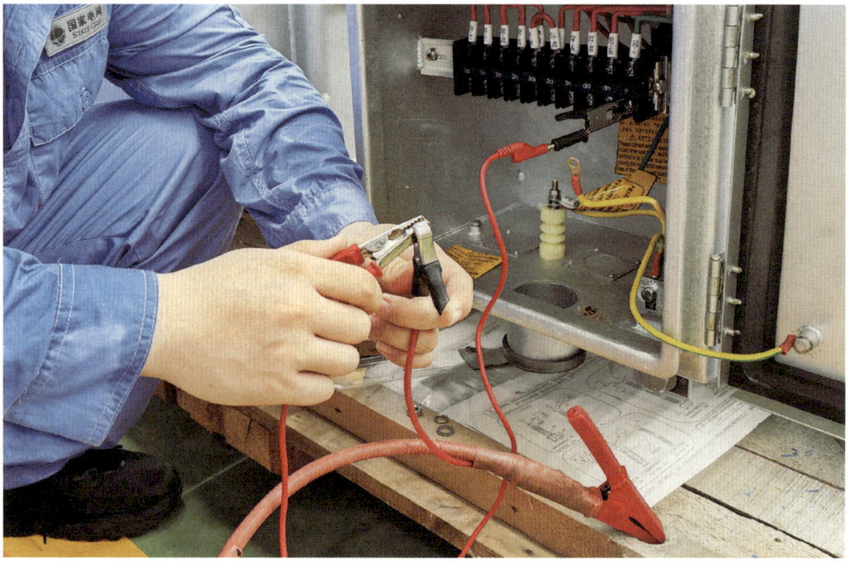

恢复电压互感器X端，连接二次用自激法对下节进行试验

选用“自激法”进行测试，应从辅助绕组 da-dn 加压，其原因是测量 C_{22} 时，C_{22} 电容与中间变压器、补偿电抗器 L 的电感会形成谐振回路，可能出现过电压，测试时一定接上阻尼电阻 Z，即要从 da-dn 上加压。测量 C_{21} 时，由于 C_{22} 和标准电容串联，而 $C_n<C_{22}$，电压主要在标准电容上，所以 N 端子上将有高电压。由于出厂时 N 端子耐受电压为 5 千伏，所以一般试验以 2.5 千伏左右为宜。在测量 C_{22} 时，由于 C_{22} 较大且测量回路可能会发生工频谐振，为防止产生过负荷，需注意低压测励磁电流不能太大。

4.作对比

对电容式电压互感器而言，应以出厂试验或交接试验（未接引线）时的 C_1、C_{21}、C_{22} 作为计算参考初始值，这样每次测得的电容量和介损值再与初始值、邻相同批次设备测试值数据进行比较，从显著性差异、纵横比两个方面着手分析，才能准确地判断电容式电压互感器绝缘状况是否良好。

专家点评

220 千伏电容式电压互感器定检试验包括介质损耗试验和绝缘电阻试验，该四步工作法妥善解决两个试验项目的拆接头问题，保证试验数据准确性。该方法还适用于耦合电容器等一次设备定检试验，一次引线处于地电位，避免感应电伤人等问题，降低安全风险。试验过程中无须拆接高压引线，可有效提高试验效率，节约生产成本。

220千伏氧化锌避雷器不拆一次引线试验工作法

工作法简介

邓旭东针对220千伏氧化锌避雷器泄漏电流测量需要拆除高压引线的问题，创新提出了不拆一次引线试验工作法。该工作法通过在避雷器下节串接大电阻和微安表的做法，无须拆接高压引线即可对避雷器的泄漏电流进行准确测量，有效降低了安全风险，减少了作业人员数量，提高了试验效率，节约了生产成本。

工作法背景

避雷器泄漏电流的测量是避雷器例行试验必不可少的项目之一，常规的试验方法可以分为四个部分：准备工作、试验接线、操作测试、恢复现场。由于拆接高压引线需要检修人员登上高臂车，在5米及以上的高空进行作业，存在很大的安全风险。同时，拆接高压引线需要耗费很长时间，给试验工作带来了极大的不便。220千伏避雷器泄漏电流试验的平均工作时间为3小时，准备时间和恢复现场也需耗费大量时间，尤其是上下高臂车拆接高压引线时间超过2小时。

工作法应用

氧化锌避雷器阀片电阻具有非线性伏安特性：阀片电阻的阻值大小随着施加在电阻两端的电压的大小而改变，其伏安特性是一条曲线。两端电压很小时，阀片电阻呈大电阻状态，电压很大时，阀片电阻呈小电阻状态。

避雷器泄漏电流试验测量1毫安电流下的电压值（U_{1mA}），即阀片电阻的临界电压值。当施加的电压小于U_{1mA}时，电阻很大，流过的电流很小，仅为微安级，接近开路状态；当施加的电压大于U_{1mA}时，电阻很小，流过的电流很大，电压越大，电阻下降地越快，最后接近短路状态。

对上节测试时串接大电阻

（1）测量上节避雷器。在下节避雷器上串联大电阻和微安表后，下节避雷器的电阻大于上节避雷器的电阻，上节避雷器的临界电压先达到，电流主要是流过上节避雷器，流过下节避雷器的电流只有几微安。当两个微安表的差值为 1 毫安时，表示通过上节避雷器的电流为 1 毫安，此时的电压即为上节避雷器的 U_{1mA}。

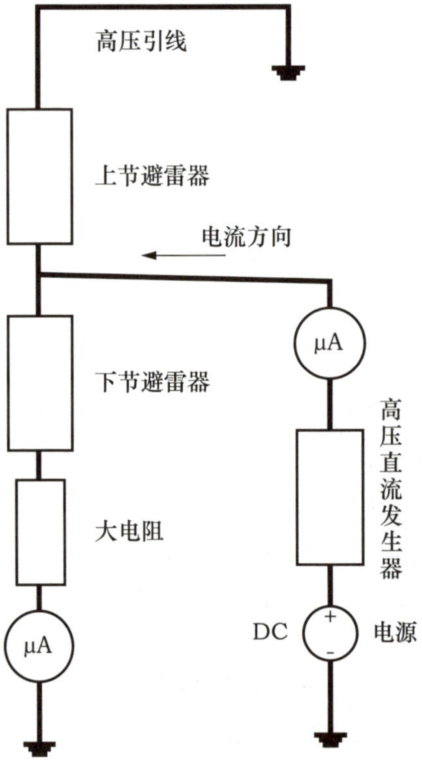

上节避雷器U_{1mA}试验原理

（2）测量下节避雷器。将辅助装置的大电阻短路，当连接下节避雷器的微安表的读数为 1 毫安时，即为下节避雷器 U_{1mA}。

测量下节避雷器时短接大电阻

专家点评

220 千伏氧化锌避雷器泄漏电流测量辅助方法是利用了避雷器阀片电阻的非线性伏安特性，通过串接大电阻和微安表，无需拆接高压引线即可对避雷器的泄漏电流进行准确的测量。采用了辅助测量装置后，试验数据与传统拆接高压引线方法数据相同，试验的准确性得到了保证。试验过程中无须拆接高压引线，降低了安全风险，减少了作业人员数量，提高了试验效率，节约了生产成本。总体来说，本工作法实用性强，可操作性高，可大大减少人工拆接头的时间，降低安全风险，有效提高工作效率。

阎国增

YAN GUOZENG

岁月往复，匠心筑梦特高压。

阎国增，中共党员，国家电网有限公司特高压建设分公司华中工程建设部教授级高工。他专注电网建设及技术创新 33 年，先后参与建成变电（换流）站 40 余座，解决现场疑难问题 500 余例，并多次参与关键技术攻关，有力支撑了特高压技术的快速发展。他带领团队申请发明专利 15 项、实用新型专利 32 项，发表论文 16 篇，编写专著 5 部。作为劳模创新工作室领头人，其研究成果先后获得国网科技进步特等奖、电力建设科技进步一等奖等省部级奖励 11 项，获评国网工匠、国家电网有限公司劳动模范等荣誉称号。

特/超高压变压器油全自动过滤工作法

工作法简介

阎国增针对特 / 超高压变压器 / 电抗器所需变压器油量大、品质要求高的工作实际，创新形成变压器油全自动过滤工作法，利用滤油管路中瞬时流量变化作为切换判据，真实准确反映油罐中油位变化，实现整个滤油过程的自动切换、全程记录，不仅大大降低了人工强度、提高了效率，而且有效提升了特高压工程现代化建设水平。

工作法背景

特高压变电站 / 换流站变压器、电抗器数量多，绝缘油用量大（每个变电站 / 换流站用量达上千吨）、品质要求高，变压器油一般由炼油厂直接提供，现场需要进行过滤才能达到注入标准。现场油处理工作量大，传统滤油方式包括单罐式滤油循环法和倒罐式滤油循环法，单罐循环滤油效率低、仅适合待处理油量比较少的场合；倒罐式滤油循环法靠人工操作，需要滤油机频繁停机切换油管路，工人工作量大、效率低、耗时长。

在此之前进行了很多探索，但囿于专业融合问题，在油罐油位判断、油管切换等环节无法做到自动判别自动控制，迫切需要全新的工作法实现变压器油全自动过滤。

工作法应用

该工作法可广泛应用于超/特高压变电站/换流站。

实现自动滤油需解决三个关键问题：油罐中油位判断、进出油管切换、油罐切换。油罐中油位判断是实现自动切换的基础，传统判决方法包括浮球式油位判决法、联通管式判决法。本工作法以滤油过程中瞬时流量变化作为判断依据，该方案对罐体剩余油量控制精准且对罐体大小、形状没有约束，不需要对油罐进行改装，成本较低、适用性广。

瞬时流量判断原理：在一次完整的倒罐式滤油工作周期内油管中瞬时流量呈现震荡上升、保持平稳和震荡下降三个阶段。全过程为，油管内部油的瞬时流量逐渐增大，表现为震荡上升，直至排出所有空气充满油管；瞬时流量达到滤油机额定功率所提供的瞬时流量值，并保持稳定；结束阶段再震荡下降，直至为0。

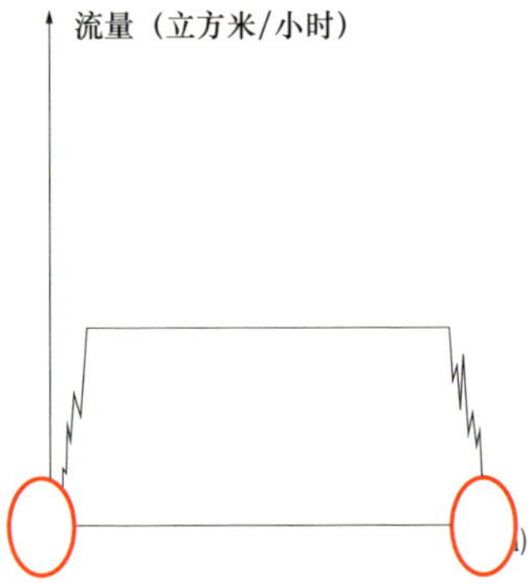

油管中瞬时流量三个阶段

利用瞬时流量震荡下降的过程，在设定的采样时间内（如2秒）低于设定流量值，此时出油油罐中的油基本排空，油位计发出动作信号，两位三通阀自动动作进行油管路切换，切换后原出油油罐将变成进油油罐，原进油油罐变为出油油罐，开始下一个循环。

全自动滤油工作法优点如下。

（1）通过底部接口作为出油口或入油口，完成滤油过程中的注油和出油过程。单接口连接减少了油罐与外部环境接触的接口。

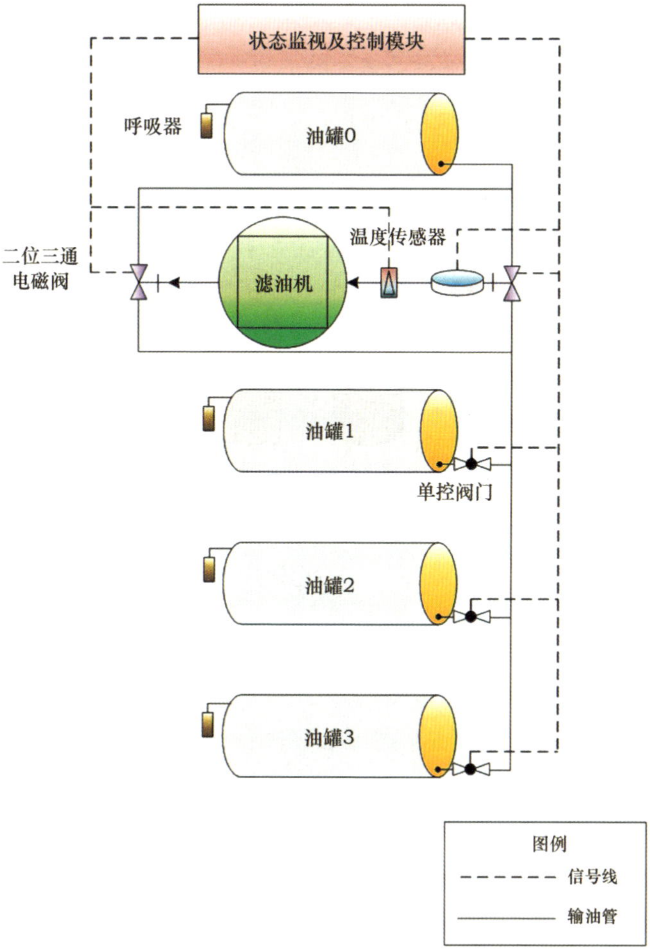

特/超高压变压器油全自动过滤工作法原理

（2）油处理过程中，使用集中呼吸器，使进出油罐中的空气只在内部循环、外部的空气不能进入罐体，最大限度地减少外界气体对变压器油的影响，整个滤油过程处于全封闭状态，保证变压器油的品质，提高滤油效率，同时减少了呼吸器维护检修成本，增强了系统的可靠性。

（3）全封闭滤油连接方案中每个油罐仅需一个电磁单控阀门，且切换次数大大减小，减少了维护检修次数，极大地降低了项目成本，并且一定程度上提高了系统的整体可靠性。

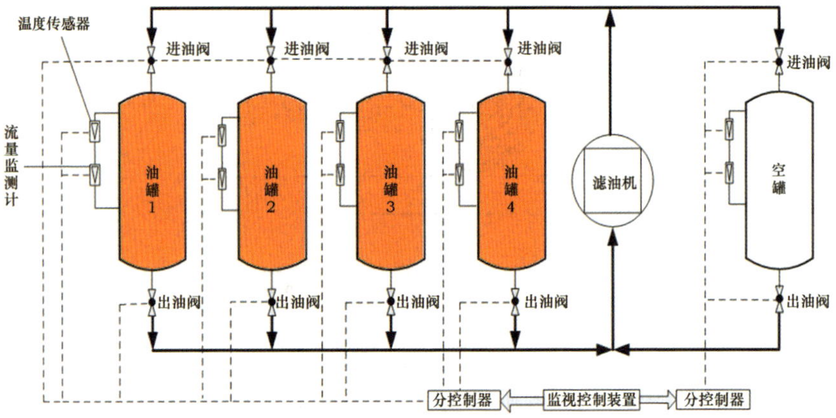

特/超高压变压器油全自动过滤工作逻辑

专家点评

变压器油是变压器/电抗器安全稳定运行的基础，超/特高压变压器/电抗器所需变压器油量大、品质要求高，本工作法利用滤油管路中瞬时流量变化作为切换判据，真实准确反映油罐中油位变化，开发自动控制系统，实现整个滤油过程的自动切换、全程记录，不仅大大降低了人工强度、提高了效率，而且有效提升了工程的现代化建设水平。

特/超高压GIS安装管理水平提升工作法

工作法简介

阎国增针对特 / 超特高压 GIS 现场安装对接精度和环境控制要求高的难题，创新提出了提升 GIS 安装管理水平工作法，研制基于框架式龙门吊做骨架形成的移动厂房。应用侧面及顶面为硬质结构、前进方向采用软质 + 水袖方式形成的移动厂房，满足了 GIS 安装的各项要求，实现了现场设备安装的工厂化。

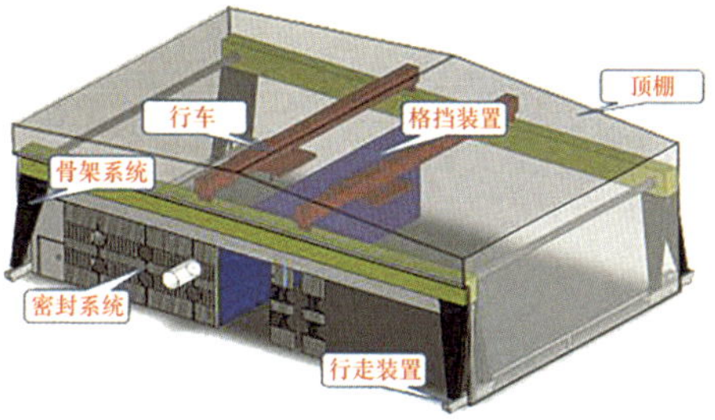

移动厂房示意

工作法背景

GIS 在特 / 超高压工程中应用广泛，其现场安装工作量大、工作时间长，且对接面多（每个对接面螺栓多且长）、精度要求高，吊车安装容易造成螺栓剐蹭螺栓孔壁，造成金属细丝进入 GIS 内部造成设备放电的风险。此外，安装过程对环境要求高，头发等杂物也会引起设备放电，造成系统事故。

传统对环境控制采用软质防尘棚，不仅不能实现全封闭环境安装，而且工作环境温湿度无法控制，有时甚至给工作环境的温度（尤其夏天）带来副作用。吊装时采用吊车，由于吊车司机看不到对接面、操控精准度较差，容易造成螺栓剐蹭螺栓孔的状况，带来设备隐患。

框架式龙门吊

改变安装方式和环境控制方式成为解决 GIS 安装的两大难题，本工作法创新性提出框架式龙门吊的概念，并在此基础上形成移动厂房，有效解决了此问题。

工作法应用

移动厂房采用框架式龙门吊和屋面支撑结构，框架式龙门吊由专业的起重设备公司生产，屋面支撑结构在框架式龙门吊基础上开展设计，面板材料采用夹芯板材料制作，通过整体结构设计、实现材料定型化，现场安装模块化。

移动厂房

移动厂房轨道基础设计是工程设计单位在 GIS 基础设计时同步开展的，施工单位在 GIS 基础施工时同步进行轨道基础施工并预埋好螺栓，移动厂房导轨采用分段使用方式，安装完成后即拆除移动到下一步位置。

厂房围护采用侧面硬质 + 前进

面软质结构，侧面外有轨道及行走机构，与设备基础有一定距离，需要进行密封。移动厂房前进方向采用软帘+洞口水袖方案，屋顶采用大沟+有组织排水方式，屋顶及侧面设置防风固定措施。

GIS 安装对环境要求较高，移动厂房设置空调通风除尘系统，空调加装新风系统，并保持移动厂房内微正压。厂房入口处设置风淋间，风淋间应有进出闭锁装置。厂房内环境温度在 15~28 摄氏度，湿度在 70% 以下，洁净度为百万级，照明度不小于 300 勒克斯。

GIS 对接时需要稳定、准确，吊车采用自稳定控制系统、减少抖动，采用行车安装，施工人员紧盯对接面自行控制行车移动，实现平稳对接，不易造成螺栓剐蹭。

厂房前进方向内侧行走机构上方有大梁，空调、电源箱、厂家工具箱、备料箱等布置在上面，跟房子成为一体；安装工具、备件、吊带等有序放置，成为真正的作业车间。

专家点评

特 / 超高压 GIS 安装工作量大、对接精度及环境要求高，现场安装的每个环节都会对设备的安全稳定运行带来影响。基于框架式龙门吊做骨架形成的移动厂房，一揽子解决了对接精度和环境控制两大难题，该工作法有效提升了现场安装管理水平和现代化作业水平，已经在 1000 千伏、750 千伏系统 GIS 安装中普遍采用，现已推广到 500 千伏系统 GIS 安装中。

李军

LI JUN

以技艺为翼，以责任为航，以创新为旗，为直流事业奉献智慧和力量。

李军，中共党员，国家电网有限公司直流技术中心技术部主任助理。他长期从事特高压直流控制保护运维和研究工作，开展了直流系统控制功能和控制参数标准化等一系列研究，获评国家电网有限公司特等劳动模范、国网工匠、杰出青年岗位能手、新建工程先进个人等荣誉称号。

特高压直流系统故障诊断分析五步工作法

工作法简介

李军针对直流故障分析难度较大的问题，基于长期积累的直流故障分析工作经验，总结提炼出了一套实用高效的隐患排查工作法。该工作法主要包括“看事件”“查录波”“比程序”“理逻辑”“做排查”五个步骤，使得隐患排查工作思路更加清晰、问题设备定位更快捷，有效支撑直流系统快速恢复运行。

工作法背景

直流输电工程作为电力大动脉，在清洁能源消纳和跨区能源配置方面发挥着举足轻重的作用。直流输电系统单条线路输电容量大，故障闭锁后将给送受端电力平衡带来巨大影响，若不能及时恢复运行将造成巨大经济损失。因此，在现场运维工作中采取一套行之有效的隐患排查方法，可以大大降低设备故障的发生，保障直流系统安全稳定运行。

工作法应用

1.看事件：了解故障发生过程

看故障事件是开展直流故障分析工作的基础，也是对故障事件细致的梳理。特别是对故障过程中异常时间的分析，可以全面了解故障发生和发展的过程，便于初步掌握直流一、二次设备在故障时的状态，有利于全面深入的了解掌握该类设备的整体运行情况。

2.查录波：分析故障发生原因

通过对故障录波中电流、电压、角度等模拟量及直流闭锁、保护动作、开关分合等数字量的详细分析，可以快速了解直流控制保护系统动作是否正确、直流一次设备是否存在故障。一般情况下，一次设备若发生故障，会引起不同测点的电流、电压等多个模拟量变化；若仅单个模拟量发生变化，很大可能是由于直流二次系统故障引起。通过开展不同维度的归类分析，形成设备故障树，为后续逐项开展排查奠定基础。

查录波，分析故障发生原因

3.比程序：梳理控制保护内部逻辑

通过梳理控制保护内部逻辑，可以分析出控制保护系统对于该故障的反应方式和动作后果，结合故障事件和录波现象判断控制保护系统是否正确动作，故障过程是否带来额外的附加隐患。

4.理逻辑：得出故障分析结论

将故障事件、故障录波、控制保护程序三方面分析得出的结论进行对比，梳理分析故障逻辑，统筹经济性和安全性，根据结论制定有针对性的隐患治理措施，对于短期内无法解决的问题制定临时管控措施和应急处置预案。

5.做排查：梳理“家族性”问题

根据故障分析结果，通过 PSCAD 仿真工具，在直流工程模型中设置同样故障，开展故障反向推演，查看直流电压、电流、角度、开关动作等信号的变化规律是否和故障时刻一致，进一步判断故障分析结论是否正确。同时开展在运工程同类问题梳理，举一反三排查是否存在类似隐患。

做排查，梳理“家族性”问题

专家点评

跨区直流输电系统由于重要等级高、设备种类多、技术难度大，不同设备之间关联耦合性强，隐匿性设备问题时有发生。设备故障导致直流闭锁后对电网稳定运行影响较大，因此深入排查设备隐患确保直流系统安全稳定高效运行对电网安全具有重要意义。根据本文中提到的方法，技术人员只要熟练地掌握五个步骤，便可较清晰的理清思路，发现设备隐患。通过对事件、录波、程序等重要信息的详细分析，深入梳理其内部关联性，同时通过排查验证，基本可以准确定位设备隐患。总体来说，该方法是对直流故障分析很好的提炼总结，有很强的指导意义，可大大提高直流故障分析效率。